Concordance to *The Prophecies* of Nostradamus (1568 Lyon edition)

Concordance to *The Prophecies* of Nostradamus (1568 Lyon edition)

with
A Concordance to the Letters
and
Reproductions of those Letters

Dedication

This book is dedicated to the memory of my loving wife, who passed away in late 2019. Joycelyn Tippett was a fellow Apostle; my partner in service to God. She was the editor of my books and everything I have written since we married in 2006. She is greatly missed by a world that needs more like her. I am comforted by her continued spiritual presence with me and the insight to this 2020 series of books I owe to that presence.

Copyright © 2020

All rights reserved. Produced in the United States of America. No part of this publication may be reproduced, or transmitted, in any form or by any means electronic, mechanical, photocopying, recording, or otherwise, without the prior written permission of the author.

ISBN 978-1-952076-12-1 - Print Book

ISBN 978-1-952076-13-8 - EPUB

Published by Katrina Pearls, LLC

Table of Contents

Introduction..................7

Quatrains Concordance

Foreword..................14
A,a..................15
B,b..................37
C,c..................46
D,d..................66
E,e..................81
F,f..................99
G,g..................111
H,h..................119
I,i..................125
J,j..................131
K,k..................134
L,l..................135
M,m..................155
N,n..................169
O,o..................177
P,p..................183
Q,q..................207
R,r..................211
S,s..................223
T,t..................243
U,u..................257
V,v..................261
W, w..................271
X, x..................271
Y, y..................271
Z, z..................271
Numerals..................271

Letters Concordance

Foreword..................274
A,a..................275
B,b..................283
C,c..................285
D,d..................291
E,e..................297
F,f..................301
G,g..................305
H,h..................307
I,i..................309
J,j..................313
K,k..................315
L,l..................317
M,m..................321
N,n..................325
O,o..................327
P,p..................329
Q,q..................337
R,r..................339
S,s..................343
T,t..................349
U,u..................353

V,v......................................355
W,w....................................359
X,x......................................359
Y,y......................................359
Z,z......................................359
Numerals...........................360

Preface Reproduction

Foreword............................362
3..363
4..364
5..365
6..366
7..367
8..368
9..369
10..370
11..371
12..372

Henry Reproduction

Foreword............................374
3..375
4..376
5..377
6..378
7..379
8..380
9..381
10..382
11..383
12..384
13..385
14..386
15..387
16..388
17..389
18..390
19..391
20..392
21..393
22..394
23..395

Introduction

One aid that I regularly utilized in my attempts to find meaning in the quatrains published by Nostradamus in his work *The Prophecies* was an online concordance for that work. That source was the "Index of the Centuries by M. Nostradamus, prepared by J. Flanagan," which was published on a Cal Tech alumnus website. A current check finds that web page taken down.

In the beginning of my research that web page was very valuable as it saved time in my efforts to find links between quatrains, which contained the same words. While that source was helpful, as I progressed I found there was a problem. That problem was the index was created from the 1566 Lyon edition.

It is my premise that the 1568 Lyon edition is the revised edition that corrected all the spelling mistakes that were made in the publishing of the 1566 edition. Nostradamus died on July 2, 1566. As long as the book was published prior to that date, he would have had time to read the "proof" and list corrections that needed to be made. He could have then assigned his secretary Jean-Aimé Chavigny to travel to Lyon and insist a revised edition be published. There would be no other logical conclusion to be reached, as to why a work published in 1566 would be re-published two years later, after the author was deceased.

From careful inspection of the two editions, comparing the differences in spelling in the 1566 Lyon edition and the 1568 counterpart, it becomes obvious that the person or persons setting the type became confused by the many words written by Nostradamus that appear to be misspelled, causing them to take liberties that resulted in them editing the work without approval. The fact that a 1568 reprint was demanded then says that the misspellings were not errors on the part of the author, but intended.

Michel de Nostredame was a man of letters. His writings published in *The Prophecies* show he had a command of Spanish, Italian, Catalan, and Latin, in addition to his native French. He had been publishing *Almanachs* for many years prior to publishing *The Prophecies* and there were no difficulties in understanding his verbiage, even when put in a poetic style that was designed to convey meaning metaphorically. It would be a great mistake to think The Prophecies were written hurriedly, without an afterthought for a need to edit his poems, as one could assume that was a routine practice for Nostradamus as a seasoned author.

Concordance to the Letters Explaining the Quatrains (1568 Lyon)

The letter that Nostradamus prefaced his work with appears to be one written to his infant son, Cesar. At the time of writing the letter (it is dated at the end as being penned on March 1, 1555) that is clearly stated to be a "PREFACE," the son named Cesar was born in 1553 and would have been no more than two years of age. Certainly, that son was too young to read much of anything, certainly not a letter naming him, published in a book written by his father. That means the naming of an infant-toddler son in the "PREFACE" to a book that was widely welcomed, until it was found to be impossible to decipher, was itself metaphor that explained what the book would be found to contain.

The metaphor of a book written to toddlers says "Cesar" was symbolic of the mental readiness of the French readers, across Europe, for a book of predictions that were well beyond their comprehension. As metaphor for history, the readers of 1555 were incapable of understanding what was written, because the words were of a future time, to which one would have to grow and develop, before understanding could begin. This means "Cesar" is metaphor that say *The Prophecies* would not begin to be foretellable before the death of Cesar de Nostredame (1629). The earliest quatrain in the 952 total (that I see) predicted the historic event that was the rule of Oliver Cromwell in England, Scotland, and Ireland, which covered a period of revolution between 1640 and 1660.

That means all who proclaim Nostradamus accurately predicted the death of King Henry II of France (without telling him, to prevent that death) are wrong. The death of Henry II occurred in 1559, with his wife, Queen Catherine de Medici making that proclamation, then naming Nostradamus "Counselor and Physician-in-Ordinary to her son, the young King Charles IX of France." [Wikipedia] To read that from one of Nostradamus' quatrains would be akin to someone reading a prophecy written by Jeremiah, divinely predicting the coming of one who would be named Jesus (who would come over six hundred years later), and then proclaiming some contemporary of Jeremiah was who he was referring to, propelling Jeremiah to star status due to that perceived accuracy. Queen Catherine wanted to protect Nostradamus from the Church and anyone else who would persecute him for having written a book well before its time.

Within the Preface are Biblical quotes, all of which are written in Latin, which was the official language of the Roman Catholic Church. While those quotes are not verbatim, as nothing in *The Prophecies* is found to be normal syntax, their closeness to Scripture makes it known that Nostradamus was a Christian. As a Christian, he would not practice arts of divination that would have deemed him a pagan, which would have been a death sentence for him. In addition to the Biblical references in Latin, Nostradamus wrote of God (*Dieu*) sixteen times. That repetition is a signal of importance and it states that Nostradamus was making reference to the source for *The Prophecies* as being divinely inspired. Simply by making that realization, one can see how the title of the work is a confirmation of that conclusion. Therefore, one must approach this body of work from the given premise that everything written came to Nostradamus through the Mind of God, as true Prophecy, meaning no misspelled words can be expected.

This awareness leads one to conclude that all of *The Prophecies* was written prior to the first publication date in 1555. The 1555 Bonhomme edition presents only three complete "*Centuries*," where the heading is a Latin reference to one hundred, with "*Centurie* IV" containing fifty-three additional quatrains. Following the last entry is the word "*FIN*," with the date stated to be May 4, 1555. Since the Preface ends with the date March 1, 1555, this would seem to indicate that Nostradamus wrote a letter to his little son, before he commenced to writing enigmatic poetry. Then, two years later, the 1557 Utrecht copy of the Lyon publication shows six full "*Centuries*, with the seventh only containing forty-three. It was this updated, second edition, which motivated the king to demand Nostradamus explain the meaning of his work that all the king's scholars could not figure out.

With the danger of imprisonment, torture, and other threats that could have resulted in a visit to Paris, refusing to explain a future that was beyond the comprehension of anyone else alive in the sixteenth century, Nostradamus penned his epistle to Henry II. That letter is dated June 27, 1568. Henry died as a result of a jousting accident on July 10, 1559. We know the date of that letter to the king, because it was published, along with three final "*Centuries*," in 1566. This brings out a difference between that edition and the one published in 1557. The incomplete seventh *Centurie* was not completed when the new additions were made; and, that makes a statement about the whole.

Assuming that there is no issue with censorship, as the Church of Rome was not as much of a concern as was King Henry II, the totality of *The Prophecies* (in 1566) was nine hundred forty-three. With the combined 1555 and 1557 editions producing six hundred forty-three quatrains and the 1566 edition producing three hundred more, the statement made is the last three hundred existed before the 1557 edition, such that the forty-third in Centurie VII constituted the final quatrain. If the final three hundred quatrains existed prior to 1557, then one can deduce that all existed prior to the 1555 release. The initial release was simply three hundred fifty-three selected quatrains of nine hundred forty-three.

In support of that theory, one needs to look at the one hundredth quatrain in *Centurie* VI. Of all the quatrains - a word that means "four-line verses" - there is one that contains a fifth line; and, that one is numbered *Centurie* VI-100. While the 1566 edition does not make this quatrain as pronounced as does the 1557 Utrecht copy, this one quatrain has a header with larger font than the four lines that follow; and, every word is Latin. This one quatrain (with a header) should be recognized as the first of all the quatrains that follow. Because it was not published until 1557, its placement as the last of a full six Centuries, in the language French Christians knew as holy, the whole of *The Prophecies* was written prior to Nostradamus writing his Preface.

When one recognizes this wholeness existing prior to publication, the next logical assumption that must be made is nothing about it was random. The whole of *The Prophecies* must be seen as an epic poem, which told a story that would make it more easily understood, as far as metaphor is concerned. Still, for that understanding to come, the timeline of history would have to develop naturally, in order to reach a point of reference that would make the words written by Nostradamus make sense. Therein lies the need to understand the divine nature of this work, as it would be (just as it always is) an impossibility for an educated man of the mid-sixteenth century write anything, much less an epic poem that detailed events so far into the future that people in distant times would marvel over that writing, because it cannot be done without the assistance of God.

One of the important markers in the letter that Nostradamus wrote to King Henry II, which acts as an indication that the letter has been divided into pieces and sewn back together in a most confusing way, is his references to Biblical figures, such as Adam, Noah, Abraham, Moses, David and Jesus. Those names appear in two parts of the letter, with pages of text in between that has nothing to do with Biblical figures. For that history to make sense, they all need to be read together. That says the letter written to his king was constructed in the same manner as *The Prophecies*, then divided and reassembled in a way that was intended to be impossible to discern. Just as Nostradamus wrote about his son in the Preface, causing those later to come to know it as "the letter to Cesar," the metaphor is missed; in the same way, the metaphor of Biblical figures is missed in the "epistle to Henry II," where the craziness of that letter explains the craziness of the quatrain presentations. The confusing element of Biblical figures is missed, so no one thinks Nostradamus is in that lineage of divine prophets, led by God, preferring to think he had some special gift that can be duplicated by magicians and wizards.

Because of this Christian prophet aspect, I have been divinely led to see this truth of Nostradamus, despite the fact that I seem to be the only on on planet earth with this insight. I first became enlightened to this, in most rudimentary ways, soon after the events that changed the world on September 11, 2001. In the decade following, I was led to a much deeper realization of this truth. I wrote and self-published several book that explained how to approach *The Prophecies*, including a book entitled *The Systems of Nostradamus: Instructions for Making Sense of The Prophecies*. In fact, the insight that led me to realize a special syntax was needed to understand what Nostradamus wrote (relative to that work) led me to see the same syntax could be applied to Biblical scripture, with amazing depth of meaning appearing.

That revelation led me to begin writing Christian-themed works of explanation. Because I was both writing about Nostradamus and Scripture, I had many irons in the fire (so to speak) when 2015 rolled around. In addition to a self-made commitment to write notes and sermons for each Sunday in the Episcopal lectionary cycle (a three year span), which I began in July 2013, I began writing what I told my wife would be "the longest book about Nostradamus in the history of mankind." That work, as of July 2015, was over seven hundred fifty pages and only half done. In addition to that planned book was to be the contents of this book. Then a sudden stop came to that work.

At first, both of my wrists began hurting and going numb. Because the pain was worse in my right wrist, because I am right handed, I began doing the repetitious work of cut and paste with my left hand. I had Word documents that I was cutting quatrains from and pasting into an In Design two-column text box. I did this over and over, until my left wrist felt as bad as my right. I had developed carpal tunnel syndrome in both wrists, to such a painful degree that I could do nothing work related. For three months I slept very little, and swear I actually saw balls of static electricity pop from my right wrist, lighting up a dark bedroom for an instant, due to nerve energy that shot up to my right shoulder and then down my right arm, out my right hand's fingers.

When I was finally allowed by the medical system that was unreasonably slow to see a specialist that confirmed I indeed did have carpal tunnel, I was told, "Congratulations! Your electrical impulse analysis shows you have the worst carpal tunnel than we have seen in our time at this hospital." After four moths in complete agony, I had two surgeries, a month apart from one another, and my life began to slowly return to normal. With arm braces on, I returned to do the work I had self-committed to do, writing sermons for each Sunday, but my work on Nostradamus was set aside.

Not long after my recovery from carpal tunnel, I decided to have hip surgery, which slowed me the first half of 2016. After a year of minimal writing, my wife and I found reason to move away and start anew in a different state. At about that time, I realized (another of my divine inspirations) what the star of Bethlehem was; and, I prepared a presentation that explained it was the sun, which was not physically followed by Magi, but seen in an astrological chart that had been cast well before the birth of Jesus. From that presentation, I began to visualize the need to write a book about that subject; but as I was gathering the necessary items in preparation a worse occurrence than carpal tunnel happened. My wife was diagnosed with stage four cancer, in late summer 2017.

My wife passed away in late 2019. She was the love of my life and truly a soul that has known my soul for ages. Her soul spirit remains with me now and will always. After mourning her loss until the new year 2020, my wife's soul spirit whispered inside my mind, "It is time to publish." Thus, my New Year's resolution was to publish books that have been gathering dust on my computer, in addition to finishing the book just recently released: The Star of Bethlehem: The Timing of the Life of Jesus.

That book is the Biblical evidence that can be timed by knowing the birth date data for Jesus. It is therefore a first volume of two, with the second (unwritten fully as of this moment) dealing with astrological analysis that supports that birth data and the known (an unknown) life of Jesus. With me taking a break with this book on the concordance and reproductions of the letters (which was already mostly prepared for publishing), I will finish writing the second book about

Concordance to the Letters Explaining the Quatrains (1568 Lyon)

the star of Bethlehem, before diving into completing the world's longest book ever written about Nostradamus.

My hope is this book will have a lasting effect as a useful tool for those seriously wanting to understand what Nostradamus wrote, first publishing in 1555. It is invisible to those who look at his words with eyes that do not love God with all their hearts, minds and souls. True meaning will never come prior to something happening, because no faith will ever be used to prevent that prophecy from coming true. Nostradamus will always be seen by many as a charlatan, who wrote meaningless words as an act meant to fool all readers.

As far as that idea goes, try to write ten meaningless four-line poems, all rhyming in an ABAB scheme. See how long that takes you. Then multiply that time by ninety-five and see how long that would take you to try to fool the world with nonsense. Tell me how anyone would do that. I will tell you, no one would ever do that.

It might be that Nostradamus began listening to the voice of God whispering to him soon after his son Cesar was born. When he was completed writing, Cesar would have reached two years of age, the time it took Nostradamus to construct meaningless poems. But, what is impossible to ignore is the aspect of a central theme that places focus on Christianity pitted against Islam. This is a current theme facing the Western world - the world previously the stronghold of Christianity. We are living in times that make taking a serious look at what Nostradamus very important.

Still, one must find reason to truly realize that Nostradamus was a holy prophet of the Lord, as a Saint, reborn as Jesus Christ. One must have faith that Nostradamus was a true Christian in that way. One must have complete faith that what Nostradamus wrote is the truth, which comes from the Mind of God. When one reaches that point of true belief, then one does not wait for Europe to be overrun by angry Muslims and Eastern European Communists, just so one can then tell everyone still alive to listen, "Nostradamus predicted that!"

One must see Nostradamus as the arrival of the prophet Jonah, when he was sent by God to Nineveh, to warn them that they were about to be destroyed, unless they changed their ways. It was belief in Jonah as a prophet that led them to change their way and not be destroyed (much to the dismay of Jonah). Without that faith being kindled and fanned to a roaring fire, the world is going to experience a very devastating end ... just as God told Nostradamus to write.

I am beyond the point of carrying this torch alone. I write this book as a way to keep the flame lit for the next David to come along and use this concordance as a river stone to load in a slingshot, before facing the Goliath of a sinful world. I wish whoever that might be well. May the Lord be with you.

The Concordance to the quatrains

of

The Prophecies

of

Nostradamus

Foreword

The words listed in this concordance come primarily from the 1568 Lyon edition of The Prophecies of Nostradamus. The quatrains listed in that book number nine hundred forty-two. The quatrains are separated into "chapters" called "*Centuries*," which is from the Latin word "*centuria*," meaning "a division of 100." Those chapters are then primarily groups of one hundred quatrains, with the only exception being "*Centurie Septieme*" ("Centurie Seventh"), where only forty-two quatrains appear. While each chapter is named ordinally in heading text that begins each chapter division, each page within the chapter is header with Roman numerals, such as "*Centurie VII*." Within each chapter's listing of individual quatrains, each quatrain is then assigned a "serial number," according to the numbering of the quatrains within the chapter, also incorporating Roman numerals. The numbering of individual quatrains begins at "*I*" in every chapter and ends at "*C*" in every chapter, except "*Centurie Seventh*," which ends with the quatrain numbered "*XLII*." Therefore, every quatrain can be identified by its "*Centurie*" and its number within the "*Centurie*" it is found.

To avoid the confusion of listing an individual quatrain's serial number wholly by Roman numerals, the identification of a quatrain shows a Roman numeral as the chapter in which it is found, with a standard numeral (Western Arabic Numeral), such that a quatrain numbered "V-23" is the twenty-third listed in "Centurie Fifth."

In addition to the base nine hundred forty-two, there are instances where later editions provide a forty-third quatrain in Centurie Seventh, along with a one hundred first quatrain in Centurie Sixth. Further, later editions produce "lost quatrains," which are listed as "Centurie XI" and "Centurie XII." The 1630 reprint of the 1568 edition lists two quatrains in Centurie XI and eleven in Centurie XII, and these additional quatrains are included in the concordance.

Words that appear in the quatrains as contracted compound words will be found listed as both a word beginning with the contracted first letter and also as the root word that follows.

Notes, as to the language of a word and a spelling variation that is listed separately, are also noted by such words.

A,a

1	A	41	I-14, I-24, I-39, I-90, II-14, II-21, II-55, II-85, III-50, III-62, III-67, IV-72, IV-86, IV-87, V-06, V-16 (2), V-42, V-49, V-96, V-98 (2), VI-42, VI-83, VII-29, VIII-19, VIII-44, VIII-82, VIII-92, IX-03, IX-05, IX-59, IX-71, IX-97, X-01, X-04, X-14, X-54, X-62, X-76, XII-65
2	a	21	III-24, III-94, IV-75, VIII-55, VIII-59, VIII-65, VIII-67, IX-21, IX-32, IX-41, IX-53, IX-60, IX-68, IX-100 (2), X-02, X-33, X-36 (2), X-65, X-94,
3	n' a	3	I-97, II-56, III-34
4	qu' a	3	II-56, VIII-01, IX-29
5	Qu' a	2	V-60, VIII-49
6	jusqu'a	1	X-24
7	à	315	I-01, I-03, I-06, I-16, I-18, I-22, I-24, I-34, I-36 (2), I-38, I-44, I-52, I-54, I-60, I-64, I-68, I-70 I-73, I-74, I-81, I-83, I-86, I-88, I-89, I-94, I-99, II-02, II-02, II-07, II-12, II-19, II-25, II-34, II-48, II-50, II-51, II-57, II-62, II-71, II-74, II-78, II-80, II-80, II-86, II-86, II-93, II-95, II-98, II-100, III-01, III-02, III-04, III-04, III-10, III-16, III-17, III-22, III-22, III-37, III-42, III-44, III-44, III-55, III-56, III-59, III-66, III-68, III-70, III-72, III-74, III-75, III-76, III-77, III-80, III-83, III-90, III-91, III-92, IV-02, IV-03, IV-07, IV-11, IV-14, IV-16, IV-17, IV-18, IV-25, IV-28, IV-34 (2), IV-35, IV-40, IV-41 (2), IV-43, IV-51, IV-52, IV-61, IV-63, IV-68, IV-69, IV-70, IV-71, IV-72, IV-78 (2), IV-81, IV-88, IV-92 (2), IV-95, IV-98, V-08 (2), V-09, V-12, V-15, V-17, V-20, V-22, V-23, V-30, V-33, V-35, V-36, V-38, V-43, V-55, V-59, V-61 (2), V-62, V-65, V-70 (3), V-71, V-72, V-75 (2), V-81, V-83, V-93, V-100, VI-02, VI-08, VI-11, VI-12, VI-18, VI-19, VI-22, VI-27, VI-28, VI-31 (2), VI-32, VI-35, VI-36, VI-37, VI-45, VI-46 (2), VI-47, VI-52, VI-53 (3), VI-57 (2), VI-59 (2),

Concordance to *The Prophecies* of Nostradamus (1568 Lyon edition)

à - abbé

(7)		à (Cont.)	(315)	VI-74, VI-76, VI-80 (3), VI-81, VI-82, VI-83, VI-85, VI-95 (2), VI-96, VII-02, VII-05, VII-08, VII-09, VII-11, VII-18, VII-21, VII-26, VII-27 (2) VII-30, VII-33, VII-36 (2), VII-37, VIII-04, VIII-05, VIII-06 (3), VIII-09 (2), VIII-11, VIII-13, VIII-14, VIII-20, VIII-21, VIII-24 (2), VIII-25, VIII-29, VIII-31, VIII-32, VIII-33, VIII-34, VIII-38, VIII-41 (2), VIII-44 (2), VIII-45, VIII-49, VIII-51, VIII-52, VIII-55, VIII-57, VIII-58, VIII-66, VIII-69, VIII-75, VIII-81, VIII-83, VIII-84, VIII-85, VIII-95, IX-03 (4), IX-04, IX-08, IX-11, IX-13, IX-18, IX-21, IX-25, IX-26, IX-28, IX-29, IX-31 (2), IX-39, IX-47, IX-49 (2), IX-50, IX-52, IX-56, IX-59, IX-61, IX-63, IX-65 (2), IX-67 (2), IX-71, IX-74, IX-77 (3), IX-86 (2), IX-88, IX-95, IX-98, X-07, X-08, X-11, X-12, X-18, X-21, X-22, X-23, X-30, X-40, X-41, X-43, X-44, X-47, X-53, X-54, X-57, X-64, X-70, X-76, X-78, X-79, X-80, X-84, X-85, X-88, X-90, X-95, X-97 (2), X-98, X-99, XII-36, XII-52 (2), XII-62
8	qu'	à	5	IV-33, V-16, V-22, VI-61, VIII-27,
9	Qu'	à	2	V-38, VI-90
10		jusqu'à	1	IX-42
11		aage (see also eage)	6	III-14, IV-14, V-50, V-56, VIII-97, X-97
12	l'	aage	2	III-46, VII-35
13		eage (as aage)	2	X-39, X-74
14		abandonné	1	IV-65
15		abandonnée	1	VI-96
16		Abandonner	1	IX-02
17		abandonnera	2	IV-13, IV-45
18		abas	1	III-63
19	n'	abayeront	1	IV-93
20		labbage (as l'abbage)	1	VIII-26
21		abbatre	2	I-33, V-10
22	l'	abbaye	1	IX-40
23	L'	abbe	1	VIII-12
24	L'	abbé	1	II-56
25		abbés	1	I-44

abbo - l'acco

26		abbois	1	X-59
27		abbreves	1	IX-12
28	d'	abelhos	1	IV-26
29	d'	abelle	1	X-24
30		abhominable	1	VI-90
31		labile (as l'abile or l'habile)	1	I-12
32		abillez	1	VIII-12
33		abismant	1	I-69
34		Abismes	1	VII-07
35		abolira	1	V-76
36		abondance	1	VIII-98
37	l'	abondance	2	VIII-14, VIII-100
38		abondant	1	V-32
39		habandonnera (as abandonnera)	1	X-03
40		habondant (as abondant)	1	VIII-100
41		Aboudera	1	I-30
42	l'	absence	1	VII-09
43		absent	1	V-15
44		absolution	1	III-60
45		Mabus (as M. abus)	1	II-62
46		abysme	2	I-21, IV-40
47		abysmera	1	IX-89
48		abysmes	1	IX-31
49		acablee	1	VIII-19
50		acablés	1	VI-47
51		Accompagné	4	VI-48, VII-04, VIII-32, X-86
52		Acompaigné (as Accompagné)	2	I-09, X-14
53		Accompaignés (as Accompagnés)	1	III-83
54		accomplie	1	III-52
55		accomplir	1	I-48
56		accomply	1	IV-05
57		Accord	1	I-57
58		accord	2	III-38, V-37
59	d'	accord	2	I-11, V-03
60	l'	accord	1	X-39
61	L'	accord	1	XII-59

Concordance to *The Prophecies* of Nostradamus (1568 Lyon edition)

accu - adve

62		accusé	2	IV-10, IV-91
63		accusera	1	VI-37
64		acheptees	1	VIII-20
65		aches	1	IX-40
66		acheve	2	I-25, I-38
67		Achilles	1	VII-01
68		aclamé	1	VI-78
69	d'	Aconile	1	IV-71
70		dacre (as d'acre)	1	III-26
71		acte	1	V-44
72		macter (as m'acter)	1	IX-74
73		acueil	1	VIII-74
74		acuillir	1	II-64
75		Adaluncatif	1	X-96
76		adherans	3	III-80, X-76, X-77
77		adherant	2	IV-87, VII-21
78	S'	adjoignant	1	II-22
79		adjutoire	1	VIII-85
80	n'	admet	1	II-80
81	n'	adoré	1	II-87
82		adresser	1	IV-70
83		Adrian	1	VIII-86
84	d'	Adrie	1	V-27
85		aduché	1	VIII-36
86	d'	adultere	2	VI-59, VIII-14
87	l'	adultere	1	VIII-63
88		adulteres	1	X-10
89	d'	adulterine	1	VIII-70
90		adust	1	IV-67
91		aduste	2	II-81, VI-92
92	s'	advance	1	V-32
93		advent	1	XII-65
94	l'	advent	1	IX-44
95		adversaire	6	I-36, III-15, IV-65, IV-75, IV-92, VIII-59
96		adversaires	1	X-77
97		advertir	3	V-83, VIII-22, X-62
98		advertira	1	V-57
99		adverty	1	VII-37
100		adveux	1	XII-62

advi - agde

101		adviendra	2	I-43, I-46
102	qu'	advienne	1	I-43
103		Advis	1	XII-55
104		advis	1	IX-47
105		advisé	1	VIII-58
106		Aegée	1	V-95
107		aelles	1	I-06
108		Aemathien	2	IX-38, X-58
109	L'	Aemathion	1	IX-64
110	L'	aemathien	1	X-07
111		lhaemathion	1	IX-93
112		aemulateur	1	V-79
113		laenées (as l'aenées [Latin])	1	IV-19
114		aenigmatique	1	V-07
115		Aenobarbe	1	V-59
116		Aenodarb. (as Aeno d'arbre)	1	V-45
117		laer(as l'aër)	1	VI-27
118		aerain	1	VII-25
119	d'	aerain	3	I-01, I-74, V-19
120	l'	aerain	1	V-41
121	L'	erain (also as L'aerain)	1	II-15
122	l'	aesle	1	III-52
123		aesles	2	VIII-96, X-95
124		affaire	1	IX-89
125	l'	affaire	1	II-76
126		laffaire (as l'affaire)	1	V-65
127		affames	1	VI-69
128		affliction	1	V-48
129		affligé	1	V-19
130		affligez	1	IX-98
131		afflit	1	I-91
132		affollée	1	VI-10
133		Affrique	1	V-69
134	d'	Affrique	3	IV-68, V-23, V-48
135	l'	Affrique	1	V-11
136		affublés	1	IV-98
137		agassas	1	VIII-01
138	d'	Agath.	1	IV-94
139		Agde	1	VIII-21

Concordance to *The Prophecies* of Nostradamus (1568 Lyon edition)

agen - aix

140		Agen	1	IV-72
141	d'	Agen	1	IX-38
142	D'	Agen	1	IX-85
143		Agennois	1	VII-12
144		Agine	1	I-79
145		agiter	1	IX-32
146		agora	1	IX-62
147	d'	Agripine	1	VI-04
148		Agrippe	1	VI-91
149		Agrippine	1	III-53
150		aguets. (as aguetters)	1	XII-62
151	l'	aict (l'laict)	1	VI-89
152		aide	1	III-07
153	l'	aide	1	III-87
154	s'	aidera	1	I-93
155		Aigle	2	I-23, I-31
156	l'	Aigle	4	II-85, III-52, V-42, VI-78
157		aigle	1	X-27
158	L'	aigle	1	II-44
159	l'	aigle	6	I-38, IV-70, VI-46, VIII-04, VIII-08, VIII-09
160	d'	aigle	2	III-37, VIII-46
161	d'	aigles	1	VI-71
162		aigre	1	III-99
163	d'	Aigues	1	XII-52
164		Ains	2	I-10, I-25
165	Qu'	ains	1	III-73
166		air	1	I-55
167	L'	air	2	IV-67, IX-83
168	l'	air	4	II-86, III-44, VIII-58, X-71
169		aisez	1	VIII-17
170		aisles	2	V-79, VIII-52
171	l'	aisnay	1	VI-95
172		aisné	1	IV-87
173	L'	aisné	3	IV-94, IV-99, VII-38
174	l'	aisné	3	V-45, VI-91, VII-42
175		aisnée	1	IV-96
176		aisnés	1	VI-11
177		ait	1	VI-71
178		Aix	5	I-71, II-88, IV-86, V-76, XI-91

d'alab - alus

179	d'	Alabrox	1	IX-88
180		alaine	1	X-59
181		Alane	1	V-54
182		Albanins	1	VIII-40
183		Albannois	1	VIII-94
184		Albanois	2	IV-98, V-46
185		Albanoys	1	V-91
186		Albe	1	IX-22
187	d'	Albe	3	VI-68, VII-29, IX-22
188		halbe (as albe)	1	IX-22
189		Albi	1	X-05
190		Albingne	1	VI-62
191		alegre	1	X-38
192		alegro	1	V-27
193	d'	Alein	1	III-99
194	d'	Alemaigne	2	III-78, IV-94
195		Allamaignes (as l'Alamaignes)	1	X-51
196	d'	alentour	2	III-43, V-07
197		allegués	1	II-47
198		Aleph	2	X-96 (2)
199		aliter	1	VI-100
200		aliesleve	1	X-69
201		Allant	1	X-35
202		allant	1	I-65
203		allee	1	X-68
204		alliance	1	V-04
205		Allobroges	11	VII-31
206		Allobrox	1	V-42
207		allumelle	1	IV-35
208	d'	Almatie (as d'Dalmatie)	1	IX-60
209		Alors	3	V-16, VII-44, X-101
210		alors	2	II-62, VI-22
211	l'	aloy	1	V-72
212		aloys	1	I-40
213		Alpes	5	V-20, V-68, VI-28, VII-20, VII-31
214		alpes	2	III-33, III-39
215		Alquiloye	1	I-58
216		Alus	1	VI-33

Concordance to *The Prophecies* of Nostradamus (1568 Lyon edition)

aman - d'amou

217		amander	1	IV-17
218	d'	Amant	1	I-42
219	l'	amant	1	VIII-25
220		Amas	1	IV-82
221		amas	3	I-61, VI-01, VI-28
222		amassez	1	III-08
223	l'	amateur	1	VIII-23
224		ambassade	1	IX-41
225		Ambassadeurs	2	I-85, VII-20
226	L'	ambassadeur	2	II-21, IX-16
227	d'	ambellon	1	X-69
228		ambigue	1	I-34
229		Damtibe (as D'ambite)	1	X-23
230		ambition	1	IV-62
231	d'	ambition	1	VI-93
232		Damboise (as D'Amboise)	1	VIII-52
233	l'	Ambraxie	1	IX-75
234		ame	2	II-13, III-02
235	l'	ame	4	II-13, V-22, VI-71, VII-25
236	d'	ame	1	VIII-70
237		lame (also as l'ame)	1	VI-80
238	l'	amecon	1	III-21
239		amené	1	X-54
240		amenee	2	IX-96, X-29
241		amenez	1	IX-61
242		amer	1	X-88
243		amere	1	VII-11
244		lamerich (as l'americh)	1	X-66
245		amertume	1	X-97
246	d'	amertume	1	IX-41
247		ames	1	IX-54
248		amisere	1	VIII-61
249		amitié	1	I-99
250		amitiez	1	XII-59
251		amors	1	X-83
252		amortis	1	II-35
253		Amour	1	X-38
254		amour	3	VI-89, VIII-13, VIII-67
255	d'	amour	2	VIII-25, X-46

256	d'	amours	1	VII-09
257	l'	Amphipolle	1	IX-91
258		ample	2	VIII-62, IX-71
259		lamprinse (as l'amprinse)	1	VIII-81
260		amy	3	III-55, VI-52, VIII-44
261	l'	amy	2	V-09, VIII-83
262		amys (as amis)	4	VII-33, VIII-70, X-20, X-85
263		amis	3	III-33, III-69, VII-22
264		An	1	X-74
265		an	6	I-47, I-64, II-39, IV-43, X-32, X-78
266	L'	an	11	III-77, IV-67, IV-86, IV-97, V-50, V-87, VI-54, VIII-71, IX-04, IX-55, X-72
267	l'	an	7	III-55, IV-68, IV-84, VI-02 (2), X-91(2)
268		Lan (as L'an)	1	I-49
269	d'	Anatheme	1	IX-57
270		ancienne	1	VI-37
271	d'	Ancone	2	I-75, III-43
272		dancone (as d'ancone)	1	VIII-09
273	d'	Anconne	1	II-74
274		Anconnois	1	VII-04
275	l'	Androgyn	1	II-45
276		Andronne	1	V-17
277	l'	aneau	1	VII-23
278		Anes	1	X-31
279		ange	2	I-56, VIII-69
280		Angelicque	1	X-56
281		Angiers	2	I-20, III-51
282	d'	anglaquitaine	1	IX-06
283		Angleterre	2	VIII-76, X-100
284	l'	Angleterre	1	III-70
285	d'	Angleterre	1	V-51
286		Anglican	1	VIII-58
287		danglique (as d'anglique)	1	X-42
288		Anglois	8	III-09, III-16, III-80, IV-54, V-34, V-59, V-93, VI-12,
289	l'	Anglois	1	IX-38
290	d'	Anglois	1	IX-06
291		Angloise	1	V-35
292		Angloyse (as Angloise)	1	VIII-60

Concordance to *The Prophecies* of Nostradamus (1568 Lyon edition)

d'angl - antr

293	d'	Angolesme	1	X-17
294		Dangolmois (as D'angolmois)	1	X-72
295	l'	Angon	1	I-90
296		Langon (as L'angon)	1	XII-65
297		Langoust (also as L'angouste)	1	IX-69
298	l'	animal	1	III-44
299		animaux	2	II-40, IX-71
300	d'	animaux	1	X-13
301		annees	1	X-89
302	d'	Annemarc	1	IX-33
303	d'	Annibal (as d'Hannibal)	1	II-30
304	l'	Annibalique	1	III-93
305		annichilez	1	VIII-77
306		ans	25	I-17 (2), I-48 (2), I-58, II-09, III-94, IV-07, IV-95, IV-96, V-78, VI-26, VI-63, VI-75, VII-13, VII-15, VIII-13, VIII-69, VIII-77, VIII-88, IX-89, X-04, X-32, X-36, X-100
307	d'	ans	3	I-31, III-42, X-15
308		antechrist	1	X-66
309		Lantechrist (as L'antechrist)	1	VIII-77
310	l'	antenne	1	IV-92
311	d'	antenoree	1	VI-76
312	l'	anthene	1	II-02
313	d'	Anthoine	1	IX-91
314		Anthoni	1	IX-86
315		Antibol	1	III-82
316		Antioche	1	I-74
317		Antipolique	1	X-13
318		Antipolles	1	X-87
319		anticipé	1	V-09
320		antique	7	I-45, II-50, II-51, III-37, V-39, VI-76, VIII-66
321	L'	antique	1	V-47
322	l'	antique	2	V-41, V-49
323	d'	antique	1	II-12
324		antiques	4	I-69, V-66, VI-99, VII-14
325		Antoine	1	IV-88
326		Antropophage	1	II-75

danv - n'apro

327		Danvers (as D'Anvers)	1	X-52
328	l'	aornement	1	III-94
329		apaiser	1	IV-10
330		apamé	1	IX-95
331	n'	aparoistra	1	I-17
332		Apennines	2	III-39, III-43
333		Apennis	2	II-29, V-61
334		aperceu	3	I-17, I-64, VIII-68
335	n'	aperceu	1	II-06
336		apopletique	1	III-36
337		aportera	1	IV-20
338		apouvris	1	VI-08
339		appaisée	1	XII-71
340		appaiser	1	VI-29
341		apparante	1	VIII-06
342		apparence	1	I-91
343	l'	apparence	1	VI-30
344		apparente	1	II-43
345		apparoir	1	II-41
346		Apparoissant	2	II-05, IV-33
347		Apparoistra	5	III-21, VI-06, VIII-05, VIII-12, X-74
348		apparoistra	6	VI-44, VI-61, VI-66, VIII-04, VIII-11, X-75
349		apparoistre	1	X-06
350	n'	apperceu	1	III-41
351		appreste	1	X-07
352	s'	appreste	2	II-46, VIII-50
353		apprests. (as appresters)	1	XII-69
354	S'	approchant	1	III-76
355		approche	1	I-16
356	s'	approche	8	I-08, I-56, IV-82, V-32, VI-96, VII-30, VIII-76, X-65
357	s'	aproche (as approche)	1	III-46
**		sapproche (as s'approche)	1	IX-52
358	n'	aproches	1	III-87
359		approcher	3	I-67, III-18, VI-97
360	t'	approcher	1	II-97
361		approchera	1	V-80
362	S'	approchera	1	III-32
363	n'	aprochera	1	IV-91

Concordance to *The Prophecies* of Nostradamus (1568 Lyon edition)

appr - d'aqui

364		Appropriant	1	V-53
365		appuy	3	III-57, III-67, VI-08
366		APRES	1	III-01
367		Apres	32	I-24, I-30, I-66, I-69, I-74, II-46, II-80, II-81, II-87, III-18, III-44, III-86, III-95, IV-01, IV-36, IV-56, IV-65, IV-77, IV-86, V-04, V-48, V-92, VI-17, VI-38, VI-90, VII-03, VIII-34, VIII-51, IX-08, IX-26, IX-84, X-36
368		apres	31	I-28, I-46, II-23, II-31, II-40, II-54, III-42, III-54, III-65, IV-06, IV-84, V-37, VI-24, VI-70, VI-75, VI-83, VI-86, VII-18, VII-30, VIII-13, VIII-41, VIII-59, VIII-88, IX-06, IX-99, X-03, X-04, X-19, X-22, X-72, X-92
369		capres (as c'apres)	1	IX-26
370		Qu' apres	2	IV-30, VIII-28
371		qu' apres	2	VI-82, X-76
372		aprest	1	VIII-84
373	s'	apreste	2	III-10, III-18
374		apretz	1	V-15
375		aprins	1	IV-87
376	s'	aproche	1	III-46
377		apuy	2	I-88, II-59
378		Apvril	1	I-80
379		aquatique	2	I-29, III-21
380	l'	aquatique	1	I-50
381	d'	aqueduct	1	V-66
382		laqueduct (as l'aqueduct)	1	V-58
383		Laqueduict (as L'aqueduict)	1	X-89
384		aquilee	1	V-99
385	d'	Aquilee	1	IV-69
386		Aquilleye	1	V-99
387		Aquilon	3	II-91, VIII-15, IX-99
388	d'	Aquilon	1	X-86
389		aquilon	1	X-69
390	l'	aquilon	1	II-68
391		Aquilonaire	1	I-49
392		aquilonaire	1	VIII-81
393		Aquin	1	VII-31
394	d'	Aquin	1	VIII-85

aqui - ardr

395		Aquitaine	1	II-01
396	d'	Aquitaine	1	IV-74
397		Aquitanique	2	III-33, III-83
398		Arabe	5	III-27, IV-39, V-25, V-27, V-47
399	L'	Arabe	1	X-63
400	d'	Arabe	2	III-27, III-31
401		Arabes	3	V-73, VI-54, IX-89
402	d'	Arabes	1	X-62
403		Arabesque	1	VI-55
404		Arabie	1	V-55
405		Arabique	1	V-74
406		Arabiq (as Arabique)	1	VI-44
407		araigner	1	VI-84
408		darain (as d'aerain)	1	X-80
409		arant	1	IX-74
410	d'	Araxes	1	III-31
411		Arbissel	1	IX-39
412	d'	Arbois	1	V-82
413	d'	arbon	1	VI-56
414	L'	arbre	2	III-11, III-91
415		arbres	2	II-07, II-31
416	L'	ARC	1	VII-01
417	l'	Arc (see also l'Arq)	1	II-65
418	l'	arc	2	IV-27, X-23
419	l'	arche	1	III-13
420		arcs	3	II-77, IV-47, X-30
421		arctique	1	VI-05
422		polleartiq (as polle arctique)	1	VI-21
423		arcz	1	III-40
424		ardant	2	IV-58, VIII-80
425	d'	ardant	1	X-35
426		Ardante	1	V-66
427		ardante	2	IV-59, X-70
428		ardent	1	II-96
429		ardente	1	IX-09
430	d'	ardeur	1	IV-67
431		ardoir	1	IX-53
432	d'	ardoise	1	VII-39
433		ardra	1	VI-35

Concordance to *The Prophecies* of Nostradamus (1568 Lyon edition)

ards - larm

434		ards	1	VIII-03
435	d'	arduenne	1	V-45
436	l'	are	1	I-19
437		Arethusa	1	I-87
438		Aretin	1	III-12
439		Lareyne (as L'areine)	1	IX-86
440		Argel	1	I-73
441		argent	1	III-13
442	l'	argent	1	III-03
443	d'	argent	6	I-53, VI-09, VII-25, VIII-14, VIII-28, IX-12
444		argille	2	I-21, IX-12
445		argilleuse	1	I-21
446		aride	1	I-17
447		Aries	3	III-57, III-77, VI-35
448	d'	Aries	1	I-51
449	D'	Arimin	1	IX-02
450		Aristocratique	1	V-67
451		Arles	4	I-71, VII-02, VIII-68, X-93
452	d'	Arles	1	X-94
453		larm. (as l'armee)	1	X-78
454	d'	arme	1	II-85
455		larme (also as l'arme)	2	VIII-100, XII-36
456		armee	3	IV-78, IX-96, X-08
457	L'	armee	2	VII-16, X-68
458		Larmee (as L'armee)	1	VIII-09
459	l'	armee	5	IV-81, V-44, IX-43, X-04, X-23
460		larmee (as l'armee)	1	X-38
461	d'	armee	1	IX-86
462		Armée	1	II-72
463	L'	armée	1	IV-63
464		armée	5	III-88, IV-62, V-20, VI-56, VI-75
465	l'	armée	4	III-81, V-22, V-57, VII-39
466		armées	1	I-75
467	l'	Armenie	1	V-54
468	d'	Armenie	3	III-31, V-50, V-94
469		armes	8	I-78, III-11, IV-43, V-27, VII-83, VIII-57, VIII-58, X-13
470		darmes (as d'armes)	1	X-80
471		larmes (also as l'armes)	4	IV-09, VII-83, IX-81, X-82

arme - arto

472		armez	1	III-06
473	l'	armoirie	1	V-39
474		Armonique	1	IV-95
475	l'	Armorique	1	VI-60
476		Harmorique (as Armorique)	1	X-36
477		Arnani	1	VIII-86
478		arpen	1	II-19
479	l'	Arq	2	II-35, II-48
480		arq	1	V-09
481		arrachant	1	VI-55
482		arraché	1	III-92
483		arracher	1	I-67
484		Arras	2	VIII-54, IX-88
485	D'	Arras	1	IV-03
486		arrest	2	III-83, III-86
487		arreste	1	VIII-20
488	n'	arreste	1	VII-73
489		arresté	1	VI-64
490	n'	arresteront	1	I-38
491		Arriens	1	X-05
492		arriere	2	IV-32, IX-50
493		Larrieregarde (as L'arrieregarde)	1	IV-75
494		arrivé	2	I-07, IX-25
495		Arrivera	1	IX-54
496		arrouse	1	II-97
497		arrousé	1	X-70
498		arrousées	1	IV-66
499		arrouser	2	IV-58, VI-43
500		arroy	2	IV-99, VI-23
501		art	1	VI-18
502	d'	Artemide	1	IV-27
503		dartemide (as d'artemide)	1	IX-74
504		larthemide (as l'arthemide)	1	X-85
505	d'	Arthemide	1	X-35
506		articles	1	II-47
507		artifice	1	I-22
508		artisan	1	VI-73
509		Artois	1	V-59

arto - asse

510		Artomiques	1	IV-72
511	D'	Arton	1	II-22
512		artz	1	VI-44
513		aruspices	1	III-26
514		Ascans	1	X-27
515		Asiatique	1	V-11
516		Asie	2	III-60, X-75
517	D'	Asie	1	IV-50
518	l'	Asie	1	IV-68
519	d'	Asie	2	III-03, VI-80
520		asiniers	1	VI-17
521	d'	asnes	1	III-23
522		lasne (as l'asne)	1	X-99
523	l'	asnier	1	II-11
524		Asommé	1	VI-82
525		Asop	1	II-22
526		Aspire	1	VI-12
527		Aspre	1	VI-57
528		aspre	4	II-11, II-90, III-22, VI-61
529	L'	aspre	1	X-65
530		aspres	1	IX-26
531	L'	assaillant	1	II-82
532		assaillie	2	I-41, I-73
533		assaillies	1	IX-94
534		assailir	2	IX-81, X-62
535		Assaillira	1	V-94
536		assaillis	2	VI-65, IX-43
537		assailly	2	VII-83, VIII-48
538		Assault	2	III-85, XII-36
539		assault	2	VIII-42, X-82
540	l'	assault	2	IV-38, VI-19
541	l'	assaut	3	III-22, III-37, V-30
542	d'	assaut	1	IV-08
543		assemble	1	VII-12
544		assemblé	1	VI-51
545		assemblée	2	I-42, I-82
546	l'	assemblee	1	IX-16
547		Lassemblee (as L'assemblee)	1	X-37
548		assemblees	1	VI-88

549	s'	assembleront	1	III-31
550		assemblés	2	V-64, VI-47
551		assemblez	3	IV-74, IX-67 (2)
552		assés	1	III-18
553		asseurance	1	IX-58
554		asseure	1	I-38
555		lasseuré (as l'asseuré)	1	IV-23
556		asseurés	1	VI-74
557		asseurez	1	VIII-71
558	s'	assied	2	I-02, IV-03
559		assiegé	2	IV-83, VII-04
560		assiegee	1	IX-82
561		assiegée	1	II-66
562		assiegés	6	II-37, III-71, IV-40, IV-59, VI-34, VII-18
563		assis	2	I-01, V-75
564		assise	1	X-25
565		assistans	1	VI-51
566		Lassocie (as L'associe)	1	IV-76
567		assomeront	1	VIII-19
568		Assommé	1	VI-82
569		Assommera	1	VII-24
570		assommés	1	VII-40
571		assomye	1	IX-02
572		assoumee	1	VIII-63
573		assoumez	1	IX-58
574		assoupie	2	VII-33, IX-31
575		Ast	2	II-15, IV-73
576		astre	2	II-15, VI-50
578		Astrologi	1	VI-100
579		astronomes	1	VIII-71
580		astuce	1	V-09
581		asyle	1	IV-16
582		Athenien	1	V-91
583		atraper	1	IX-39
577	S'	atrestera	1	XII-24
584		attachez	1	IX-62
585		attaincte	1	V-37
586		atteindre	1	VI-75
587		attendant	1	VI-50

Concordance to *The Prophecies* of Nostradamus (1568 Lyon edition)

atte - au

588		attendants	1	II-91
589		attendra	4	V-40, V-71, VI-02, IX-38
590		attendu	4	II-45, IV-01, VII-30, X-75
591	l'	attendu	1	V-96
592		attentif	1	IV-54
593		Attique	1	V-31
594		attractive	1	III-95
595		attraira	1	VIII-95
596		attrapé	6	II-66, III-85, V-09, V-14, V-100, VI-93
597		attrestato	1	VI-100
598		Attique	1	V-31
599		Au	65	I-23, I-57, I-59, I-65, I-94, II-06, II-26, II-42, II-46, II-71, II-73, II-89, III-03, III-21, III-38, IV-37, IV-65, IV-66, IV-91, V-06, V-28, V-44, V-59, V-71, V-82, V-87, V-91, VI-08, VI-54, VI-55, VI-60, VI-66, VI-67, VI-70, VI-92, VII-01, VII-08, VII-21, VII-27, VII-40, VIII-03, VIII-16, VIII-21, VIII-28, VIII-28, VIII-29, VIII-40, VIII-45, VIII-50, IX-21, IX-30, IX-35, IX-51, IX-57, IX-58, IX-62, IX-90, X-15, X-23, X-38, X-52, X-52, X-58, X-80, X-91
600		au	194	I-02, I-07, I-13, I-21, I-23 (2), I-24, I-29, I-32, I-38 (2), I-45, I-57, I-65, I-72, I-87, I-90, I-97, I-100 (2), II-04, II-06, II-11, II-14, II-58, II-61 (2), II-63, II-64 (2) II-67, II-73 (2), II-74, II-82 (2), II-85, II-94, II-96, II-97, III-02 (2), III-11, III-20, III-25, III-30 (2), III-32, III-35, III-41, III-64, III-65, III-69, III-78, III-90, IV-01, IV-09, IV-14, IV-21, IV-22, IV-27, IV-28, IV-31 (3), IV-32 (2), IV-42, IV-43, IV-44, IV-45, IV-46, IV-54, IV-55, IV-57, IV-63, IV-75, IV-76 (2), IV-80, IV-85, IV-87 (2), IV-91, IV-96, IV-100 (2), V-01, V-02 (3), V-05, V-09, V-14, V-18, V-28, V-37, V-43, V-47, V-58, V-59, V-67 (2), V-78, V-96, VI-18, VI-22, VI-31, VI-32, VI-34, VI-35, VI-40, VI-45, VI-46, VI-54, VI-63 (3), VI-65, VI-72, VI-74, VI-76, VI-85, VI-92, VI-93, VI-94, VI-95, VII-01, VII-03, VII-22, VII-27, VII-42, VII-43, VII-73, VII-83, VIII-02, VIII-04, VIII-05, VIII-10, VIII-12,

au - n'aura

(600)		au (Cont.)	(194)	VIII-28, VIII-34, VIII-53, VIII-54, VIII-59, VIII-61 (2), VIII-65, VIII-69, VIII-82, VIII-85, VIII-89, VIII-97 (3), VIII-98, VIII-100, IX-01, IX-05, IX-09, IX-12, IX-14, IX-16, IX-18, IX-19, IX-22, IX-23 (2), IX-24, IX-30, IX-32, IX-54, IX-68, IX-77, IX-78, X-13, X-15, X-16, X-17, X-21, X-22, X-35, X-40, X-46, X-50, X-58, X-63, X-67 (2), X-69, X-74, X-81, X-85, X-92, X-97
601	Qu'	au	1	VI-61
602	qu'	au	3	II-33, IV-73, V-38
603		jusqu'au	1	X-65
604	l'	aubereau	1	IV-85
605		aucun	3	I-22, V-79, VIII-23
606		aucune	1	VI-64
607		audacieux	1	III-81
608	L'	AUDE	1	III-85
609		AUGE	1	I-16
610		Auge	1	I-15
611		augment	1	II-86
612		augmenté	2	II-89, V-19
613		augmentés	1	IV-30
614	l'	Augur	1	V-06
615		augure	6	I-34, I-70, II-66, II-98, II-99, V-81
616		Augures	1	III-26
617	l'	aulbe	1	V-70
618		aulberge	1	VI-16
619		Aulbin	1	VIII-36
620		aultre	2	III-95, VI-67
621		aumi	1	VIII-44
622		Aupres	9	I-100, II-57, III-58, V-10, V-12. VI-39, VI-88, VIII-37, VIII-69
623		aupres	12	I-46, I-77, III-09, III-32, VIII-37, VIII-72, IX-85, IX-95, X-48, X-49, X-93, XII-24
624		Aura	3	II-05, III-30, IV-14
625		aura	24	I-12, I-24, I-76, I-88, II-04, III-34, III-73, III-96, IV-07, IV-28, IV-47, IV-96, V-21, V-24, V-46, V-96, V-99, VI-20, VI-50, VIII-63, VIII-67, VIII-74, VIII-75, VIII-76
626	N'	aura	2	I-73, VI-87

n'aura - aux

627	n' aura	5	VII-05, VIII-16, VIII-67, VIII-82, X-22
628	Qu' aura	3	VI-15, VIII-39, X-40
629	qu' aura	5	I-96, I-98, IV-11, IV-65, VI-83
630	daurade (also as d'aurade)	1	VIII-40
631	aurelle	1	IX-24
632	Auront	1	V-82
633	auront	9	I-05 (2), I-06, I-76, III-67, V-83, IX-47, IX-97, X-66
634	n' auront	1	IV-90
635	qu' auront	1	X-20
636	Ausch	1	I-79
637	Ausone	2	II-63, IV-34
638	d' Ausone	1	VII-22
639	Ausonne	1	IV-48
640	d' Ausonne	2	III-70, III-86
641	Auspourg	2	V-12, VII-04
642	d' Auspourg	1	III-53
643	D' Auster	1	I-82
644	aussi	3	VIII-59, X-31, X-67
645	austre	1	V-47
646	d' Austriche	1	I-82
647	Austun	1	I-22
648	Autant	1	II-02
649	autant	1	IX-37
650	auteurs	1	I-91
651	l' Automne	1	V-64
652	AUtour	1	VI-01
653	Autour	1	III-92
654	autour	7	I-23, III-09, III-82, VI-43, VII-26, VIII-02, IX-13
655	autre	10	I-48, I-76, II-42, IV-14, IV-57, VIII-20, VIII-27, VIII-38, VIII-93, VIII-99
656	l' autre	11	I-93, III-04, III-13, IV-15, IV-38, V-53, VII-43, VIII-27, VIII-67, X-23, X-39
657	Un' autre (as Undes autre)	1	VIII-50
658	autrement	1	III-34
659	autres	6	I-25, I-53, II-44, III-49, V-88, X-32
660	d' Autun	1	II-74
661	Aux	24	I-54, II-67, III-31, III-33, III-45, III-47, III-99, IV-59, V-78, V-100, VI-09, VI-38, VII-01, VII-12,

Concordance to The Prophecies of Nostradamus (1568 Lyon edition)

aux - aven

(661)		Aux (Cont.)	(24)	VII-19, VIII-02, VIII-78, VIII-85, VIII-97, IX-71, IX-96, IX-98, X-87, X-94
662	d'	Aux	1	I-46
663		aux	65	I-11, I-14, I-19, I-29, I-34, I-50, I-78, I-83, I-84, I-91, I-96, II-07, II-30, II-52, II-76, II-83, III-27, III-54, III-63, III-69, III-74, III-86, IV-09, IV-40, IV-52, IV-90, V-04, V-21, V-26, V-34, V-48, V-69, V-73, V-81, VI-07, VI-28, VI-30, VI-36, VI-46, VI-73, VI-94, VII-30, VII-43, VIII-01, VIII-02, VIII-15, VIII-57, VIII-58, VIII-60, VIII-71, IX-21, IX-26, IX-28, IX-74, IX-100, X-14, X-24, X-32, X-38, X-51, X-61, X-77, X-78, X-89, X-99,
664		Qu' aux	2	VI-58, VIII-74
665		qu' aux	1	I-96
666	d'	aux	1	II-31
667		auxelle	1	VIII-27
668	d'	Auxerre	1	IV-84
669		Lauxois (as L'auxois)	1	IX-13
670		avaller	1	IX-24
671	s'	avance	1	X-64
672		AVANT	1	V-01
673		Avant	17	I-34, I-43, I-62, I-91, II-10, II-57, III-37, III-86, III-97, IV-38, V-12, V-22, VI-71, IX-44, IX-63, X-39, X-72
674		avant	7	I-49, II-27, IV-91, V-47, VI-57, VIII-74, X-19
675		avare	2	IV-15, VI-93
676	L'	avare	1	VIII-73
677	l'	avare	1	V-44
678		avarice	1	VIII-42
679		Avec	5	IX-71, IX-75, IX-76, X-98, X-101
680		avec	15	I-58, I-60, III-78, IV-74, VI-12, VII-24, VII-35, VIII-12, VIII-48, VIII-78, VIII-88, VIII-95, X-26, X-82, X-99
681		avecque	1	X-73
682		Avecq	1	I-99
683		Avecques	1	IV-86
684		avecques	2	III-08, VI-82
685	l'	avenir	1	I-14
686		Aventin	2	V-57, IX-02

Concordance to *The Prophecies* of Nostradamus (1568 Lyon edition)

aven - dazur

687		Aventine	1	III-17
688		aversaire	1	III-01
689	l'	aveugle	1	VI-56
690		aveugler	1	VIII-14
691		aviendra	1	II-35
692		Avignon	5	I-71, III-56, III-93, VIII-38, VIII-52
693	d'	Avignon	1	IX-41
694	Qu'	avint	1	II-30
695	n'	avint	1	IV-40
696		avis	1	I-30
697		avoient	1	VII-23
698		avoir	13	I-39, I-64, II-95, III-14, III-36, III-85, IV-01, IV-77, V-04, VI-38, VIII-51, IX-49, IX-84
699	D'	avoir	1	VII-35
700	l'	avoir	1	II-99
701	d'	avoir	1	III-74
702	n'	avoir	3	I-36, II-54, VI-08
703		avoit	1	I-27
704	Qu'	avoit	1	III-36
705	qu'	avoit	1	VII-18
706	n'	avoit	1	II-42
707		avons	1	IX-34
708		Avril	3	VI-66, VII-20, IX-72
709	d'	Avril	1	I-42
710	l'	Avril	1	III-05
711	N'	ay	1	II-57
712	n'	ay	1	III-69
713		Ayant	1	VI-57
714		ayant	2	III-02, III-15,
715		aiant	1	II-82
716	n'	ayant	2	I-22, IX-64
717		aye	1	V-22
718	qu'	ayeulx	1	X-10
719		ayguë	1	II-58
720		Aymar	1	IX-68
721		aymé	2	III-16, VI-70
722		azard (as hazard)	1	VIII-92
723		azur	1	V-69
724		dazur (as d'azur)	1	III-26

B,b

1	Babel	1	II-30
2	Babilon (as Babylon)	1	X-86
3	Babylon	1	VIII-96
4	Babylonique	1	I-55
5	bagaige	2	VII-27, X-11
6	bagues	1	VI-49
7	baigner	1	VIII-38
8	baillif	1	III-66
9	Bailly	1	IX-69
10	baissant	2	VII-43, X-56
11	Baisser	1	X-95
12	baisser	2	V-79, VIII-69
13	baissés	1	IV-30
14	Balance	1	V-70
15	balance	3	IV-96, V-42, V-61
16	Balenne	1	II-32
17	Balez	1	IX-29
18	ban	1	IX-73
19	banc	1	VIII-54
20	Bande	1	VIII-86
21	bande	4	II-59, VIII-56, IX-52, X-11
22	bander	1	VI-69
23	banderont	1	IX-51
24	Bandes	1	IV-13
25	bandes	1	X-48
26	baniere	1	II-79
27	banniere	1	V-89
28	bannira	1	X-57
29	bannis	4	I-81, IV-53, VI-28, VIII-71
30	Bannys	1	X-77
31	banquet	2	II-55, V-02
32	banquetz	1	VII-22
33	baques	1	X-21
34	Barb' (as Barbare)	1	VIII-09
35	Barbar	2	IX-42, IX-60
36	barbar	1	X-38

Concordance to *The Prophecies* of Nostradamus (1568 Lyon)

barb - basl

37	Barbare	9	I-28, III-59, V-78, V-80, VI-21, VI-75, VII-82, VIII-73, IX-42
38	barbare	5	III-97, V-13, V-19, VII-06, IX-94
39	Barbares	3	I-71, II-04, X-61
40	barbares	3	I-08, IX-80, X-97
41	Barbari	1	VI-100
42	Barbarin	1	VIII-49
43	barbarique	1	V-80
44	Barbaris	1	IX-50
45	Barbe	1	I-74
46	barbe	4	II-79, II-85, V-59, X-29
47	barbeau	1	VII-24
48	Barbel	1	II-30
49	Barboxitaine	1	IX-06
50	Barcellonne (as Barcelona [Italian])	2	IX-42, X-14
51	Barsellonne (as Barcelona [Italian])	1	VIII-26
52	Barcelon	1	VI-56
53	Barcelone	2	VI-64, VII-10
54	Barcelonne (as Barcelona)	2	I-73, III-88
55	Barchinons	1	VII-03
56	Barcins	1	V-51
57	bardez	1	VIII-89
58	Barque	1	V-78
59	barque	5	I-04, I-28, VI-22, X-58, X-93
60	barre	1	V-89
61	barré	1	VIII-37
62	Barrée	1	IV-17
63	barril	1	X-24
64	barriques	1	V-34
65	Barroys (as Barrois)	1	VII-09
66	bas	18	I-10, I-12, III-80, IV-14, IV-30, VII-80, VIII-07, VIII-59, VIII-100 (2), IX-05, IX-66 (2), X-18 (2), X-39, X-51, X-84
67	Basas	1	IV-72
68	Basil	1	VI-78
69	Basilique	1	VIII-11
70	Basle	1	III-53

basl - beli

71	basle	2	VI-91, VII-03
72	basse	1	I-52
73	basses	1	X-51
74	bastard	6	III-73, III-80, V-15, VIII-24, VIII-50, IX-19
75	bastardz	1	V-45
76	Bastarnan	1	III-57
77	bastars	1	VIII-43
78	bastion	1	IX-93
79	bastis	1	IX-14
80	Baston	1	V-75
81	basty	1	II-19
82	bataille	6	I-64, II-26, III-01, III-22, VI-14, VI-36
83	batailler	1	X-83
84	bateulx	1	V-71
85	batre	1	IV-03
86	battra	1	IX-93
87	battre	4	I-64, III-11, IV-43, IV-91,
88	battu	1	VI-32
89	batus	1	IX-43
90	Bay. (as abbv. Bayonne)	1	I-79
91	Bayonne	3	VIII-85, VIII-86, IX-63
92	Bayse	1	VIII-35
93	Bazaz	1	I-79
94	Bearn	1	V-98
95	beau	5	III-85, IV-87, X-26, X-34, X-71
96	Beaucayre	1	X-93
97	Beaucoup	3	I-49, II-40, V-03
98	beaucoup	5	I-44, I-49, II-09, III-95, IV-74
99	Beaune	1	IV-17
100	beaute	1	IX-78
101	beauté	1	VI-92
102	beaux	1	VIII-97
103	bec	2	I-100, IV-17
104	befroy	2	III-01, V-42
105	Begich	1	VI-32
106	Begorn	1	IV-76
107	Begourdans	1	X-29
108	Belgique	3	IV-81, V-13, VI-83
109	Beli' (as Bellique)	1	VIII-36

bell - bien

110	Bellerophon	1	VIII-13
111	bellique	8	I-15, I-35, II-100, III-30, IV-28, VI-61, VI-83, X-27
112	belliq (as bellique)	1	II-73
113	belliqueux	1	II-88
114	Belvezer	1	VIII-30
115	Benac	1	II-73
116	bende	2	III-61, IV-35
117	bendee	1	VIII-45
118	bender	1	III-70
119	bendes	1	X-78
120	benevolence	1	X-43
121	benyra (as bénira)	1	V-78
122	bergiers	1	VII-07
123	Besier	1	III-56
124	Besiers	1	IX-25
125	besoing	5	IV-22, IV-45, V-96, VIII-59, IX-35
126	besson	1	I-95
127	Bestail	1	I-28
128	Beste	1	I-45
129	beste	3	I-80, IX-55, X-29
130	Bestes	1	II-24
131	bestes	2	I-64, II-62
132	Bethique	1	III-20
133	Betta	1	X-61
134	Beu	1	VIII-13
135	beuf	4	VIII-49, IX-74, X-67, X99
136	Beuvant	1	X-49
137	Bible	1	V-83
138	Bien	8	I-46, II-23, II-93, II-100, III-33, IV-46, IV-70, X-25
139	bien	53	I-29, I-32 (2), I-36, I-43, I-46, I-60, II-02, II-05, II-10 (2), II-36, II-63, III-16, III-45, III-46, III-49 (2), III-55, III-73, III-75, III-84, III-85, IV-01, IV-07, IV-43, IV-68, IV-84, IV-95, V-15, V-25, V-32, V-47, V-60, V-75, V-85, VI-02, VI-09, VI-26, VI-36, VI-45, VI-57, VI-93, VII-11, VIII-17, VIII-31, VIII-33, VIII-74, VIII-77, IX-42, IX-66, IX-93, IX-99

bien - bleu

140	bienfais	1	X-77
141	Biens	2	X-20, X-76
142	biens	1	X-77
143	Bigore	1	III-25
144	Bigorre	1	V-98
145	Bihoro	1	VIII-86
146	biremes	1	II-21
147	Bisance	11	I-40, II-49, V-25, V-54, V-86, VI-21, VI-53, VII-36, VIII-83, IX-30, IX-73
148	bisance	2	V-70, V-80
149	Bisantinois	1	V-47
150	biscuit	1	II-03
151	Bitannique	1	VIII-58
152	bitument	1	IX-29
153	Bizant	1	IV-38
154	Bizantin	2	VIII-39, VIII-51
155	bize	1	VIII-35
156	blaisme	1	IX-50
157	blanc	6	IV-75, IV-85, VI-10, VII-02, IX-01, IX-73
158	blanche	6	I-21, II-02, IV-33, VI-35, IX-20, X-53
159	blanches	1	VII-14
160	blancheur	1	IV-33
161	blancs	2	I-03, IX-21
162	blancz	1	X-86
163	blasmee	1	X-04
164	Blaue	1	VI-60
165	Blaye	1	IX-38
166	bled	1	III-42
167	bledz	1	IV-98
168	Blenni	1	VI-100
169	blesique	1	IV-77
170	blesme	1	X-17
171	blesmes	1	X-14
172	blesseront	1	IX-36
173	blessé	6	I-65, II-34, IV-09, V-10, VI-36, VIII-63
174	blesses	2	X-08, X-96
175	blessés	1	VII-11
176	Bleteram	1	VIII-36
177	bleux	1	VI-80

bloi - bouf

178	Blois	2	V-34, XII-62
179	Bloys (as Blois)	7	I-20, III-51, III-55, VIII-38, VIII-52, IX-21, X-44
180	blond	2	I-39, IV-29
181	blonde	3	II-67, IV-89, IX-35
182	blue	1	II-02
183	Blyterre	1	IV-94
184	boche	1	X-56
185	Boece	1	VI-06
186	Boesme	1	V-51
187	boeuf (as bœuf)	2	VI-19, VIII-90
188	boeufz (as bœufz)	1	II-06
189	boge	1	VIII-80
190	Boheme	1	V-89
191	boire	1	V-68
192	bois (see also Boys)	6	I-67, I-82, VI-93, IX-27 (2), IX-68
193	boisseau	1	II-75
194	boiteux	2	II-76, III-73
195	Bolongne	3	V-94, VIII-53, IX-13
196	bon	15	I-30, I-34 (2), II-66, III-72, V-32, V-56, VII-44, VIII-50, VIII-82, IX-26, X-12, X-43, X-72, X-97
197	boncin	1	IV-90
198	bondir	1	III-91
199	boni	1	VIII-52
200	bons	1	X-36
201	Bonté	1	VI-67
202	bonté	2	V-41, X-43
203	Boreas	1	II-99
204	Borget	1	X-37
205	Borne	1	VIII-05
206	Borsthenes	1	III-95
207	bormeant	1	IX-21
208	Borne	1	VIII-05
209	borneaux	1	IX-14
210	bornes	1	VII-43
211	bort	1	II-43
212	Bossu	1	III-41
213	Bouche	1	I-57
214	boucher	1	I-60
215	bouffons	1	III-63

bouq - bres

216	Bouq	1	I-28
217	Bour	1	VII-44
218	Bourc	1	IX-01
219	Bourd. (as Bourdeaux)	1	I-79
220	Bourdeaux	4	I-72, I-90, III-09, IV-44
221	Bourdelois	1	IV-79
222	Bourg	1	I-05
223	bourg	3	IX-86, X-50, XII-55
224	bourgeois	1	VII-44
225	Bourges	2	IV-03, IX-93
226	Bourgne	1	IX-01
227	Bourgoing	1	IX-15
228	Bourgongne	2	II-76, IX-59
229	bourgongne	1	I-80
230	bourlis	1	IX-40
231	bourreaux	1	I-68
232	Bourze	1	X-47
233	bouscade	1	V-82
234	bout	4	III-28, V-37, V-91, X-48
235	boutefeu	1	V-100
236	bouter	1	VI-76
237	boutés	1	II-06
238	bouviers	1	VII-30
239	Boys (as Bois)	1	VI-35
240	Braban	1	VI-30
241	Brabant	1	V-94
242	Braga	1	VIII-78
243	braise	1	V-65
244	brance	1	II-02
245	branche	2	IV-33, V-03
246	BRANCHES	1	I-02
247	Brannonices	1	IV-74
248	bransler	1	X-58
249	bras	5	I-58, II-42, II-73, V-28, V-86
250	brassieres	1	VIII-91
251	brave	1	VIII-27
252	breche	2	VIII-49, IX-97
253	bref	2	I-44, VI-59
254	bresche	1	II-61

bres - brut

255	Bresle	1	IX-69
256	bressans	1	X-59
257	Bresse	3	I-06, V-82, VII-31
258	Bretaigne	3	III-70, VI-53, X-26
259	Breton	1	IX-07
260	Bretons	3	III-09, IX-58, IX-59
261	Bretueil	1	VIII-05
262	breuvage	1	VIII-13
263	brigue	4	II-100, V-51, V-80, X-05
264	brique	2	IV-55, X-89
265	Brisanne	1	X-25
266	brises	1	I-65
267	Britaniques	1	II-01
268	Britanne	1	X-07
269	Britannique	7	III-57, IV-96, V-34, V-99, VI-07, VI-41, X-40
270	Britanniques	1	VIII-80
271	broche	2	I-74, VII-28
272	Brodde	1	III-92
273	Brodes	1	IV-03
274	brodes	1	VIII-34
275	Bruceles	1	IX-49
276	Brucelle	2	II-50, VI-47
277	Brucelles	3	II-16, IV-81, X-54
278	Bruge	1	VIII-49
279	Bruges	1	V-94
280	Bruict	1	I-64
281	bruict	1	VI-50
282	bruine (see also bruyne)	3	II-83, IV-46, V-35
283	Bruit	3	II-70, II-85, II-91
284	bruit	10	I-50, I-76, I-95, II-44, III-35, IV-28, V-01, VI-70, VII-41, X-13
285	Brundis	2	V-99, VII-31
286	brune	1	X-09
287	Brunsvic	1	X-46
288	Brusle	1	II-51
289	brusler	2	III-17, VIII-11
290	bruslera	4	II-41, IV-23, VI-97, VIII-79
291	bruslez	2	VI-17
292	brute	1	I-12

brut - byza

293	brutes	1	I-64
294	bruyne (as bruine)	3	VI-37, VIII-26, IX-100
295	bruynes (as bruines)	1	VI-27
296	bruyneux (as bruineux)	1	VI-25
297	Bude	1	X-62
298	bueyre (as bueire)	1	VIII-18
299	Buffalorre	1	VIII-12
300	Bugie	1	VI-54
301	Burançoys	1	IX-13
302	bureau	2	VI-65 (2)
303	burine	1	V-66
304	butin	3	III-12, V-21, V-57
305	buysson (as buisson)	1	X-69
306	Bygorre	1	IV-79
307	Byzance	1	XII-36
308	Byzantin	1	X-62

C,c

1	cable	1	IV-84
2	Cache	1	X-29
3	cache	1	IV-29
4	caché	8	I-19, I-25, I-27, I-84, II-17, IV-29, V-08, V-28
5	cachée	1	IV-33
6	cachées	1	I-41
7	cacher	1	X-33
8	cachera	1	X-02
9	cachés	6	II-47, II-48, V-34, V-65, VI-27, VI-35
10	cachez	2	X-13, XI-97
11	Cahors	1	VII-12
12	Cahours	1	IV-44
13	Caiche	1	VIII-75
14	caiché	1	VI-37
15	caichez	4	IX-54, IX-68, IX-69, IX-70
16	caige	6	I-10, I-35, II-24, III-10, IX-47, IX-95
17	cainct	1	VII-27
18	caindre	1	VI-75
19	Cais. (as abbv. Caissier)	1	IX-31
20	Calais	2	VIII-45, IX-88
21	calamité	4	II-65, III-10, VI-96, VII-83,
22	calamiteuse	1	VI-24
23	calamitz	1	IX-63
24	Calcine	1	IV-23
25	Calpre	1	I-77, III-78
26	calumnié	1	VI-95
27	Cambray	1	X-45
28	Camp	3	III-99, V-85, IX-56
29	camp	11	II-17, II-22, II-24, II-26, IV-09, IV-10, IV-12, IV-13, IV-41, VI-99, IX-10
30	Campaigne	1	II-84
31	campaigne	1	III-52
32	campane	1	I-90
33	Campanie	1	II-31
34	campano	1	IV-44
35	Cancer	6	V-98, VI-04, VI-06, VI-24, VI-35, VIII-48

: Concordance to *The Prophecies* of Nostradamus (1568 Lyon)

canc - carc

36	cancer	1	X-67
37	canine	1	IV-15
38	canon	3	II-75, III-84, IX-14
39	canons	2	III-37, IX-28
40	cantio	1	VI-100
41	canton	1	VIII-05
42	cantons	2	IX-70, X-51
43	Cap. (as Capitaine)	2	IX-30, IX-64
44	cap. (as capacité)	1	IX-20
45	Capadille	1	VIII-50
46	Caper	1	II-35
47	caper	1	X-67
48	Capion	1	VIII-29
49	capitaine	5	IV-83, IV-92, VII-09, VII-28, IX-90
50	captivité	2	II-65, III-10
51	capitole	1	VI-13
52	capitolin	1	IX-32
53	Capne	1	V-99
54	cappe	5	II-69, IV-11, V-78, VIII-19, IX-26
55	capres	1	IX-26
56	Capricorn	1	VI-15
57	caprine	1	X-29
58	Captif	4	VI-91, VII-29, IX-92, X-29
59	captif	19	II-66, III-66, III-76, III-78, III-83, III-87, IV-34, IV-38, IV-42, V-09, V-15, VI-32, VI-54, VII-34, VIII-77, VIII-92, X-24, X-85, X-97
60	captifs	2	II-79, VII-73
61	captifve	1	V-14
62	Captifz	3	I-14, V-70, VI-49
63	captifz	11	I-24, I-72, I-92, II-20, III-13, III-48, V-97, VI-85, VIII-6, IX-36, X-01
64	Captive	3	IV-58, IX-78, X-42
65	captive	3	IV-41, VII-18, X-54
66	Capue	1	X-60
67	caques	1	VIII-55
68	CAR. (as CARAVAN)	1	VIII-67
69	Car	2	I-79, VIII-46
70	Carcari	1	IX-39
71	Carcas	3	V-100, IX-10, X-05

carc - ce

72	Carcas. (as Carcassonne)	1	I-05
73	Carcassonne	2	III-62, IX-71
74	Cardinal	2	VIII-04, VIII-68
75	caresses	1	VI-83
76	Carmanie	2	III-90, X-31
77	carne	1	IX-46
78	Carpen	1	V-76
79	Carpentras	1	IX-41
80	carte	1	I-39
81	cas	6	I-43, II-55, II-76, II-95, IV-11, VII-16
82	casane	1	VII-32
83	case	1	IX-04
84	Caspre	1	VII-10
85	cassé	1	VIII-08
86	cassera	1	IX-25
87	cassés	1	VII-08
88	Cassilin	1	II-31
89	Castallon	2	VIII-48, X-09
90	caste	1	V-52
91	castel	1	IX-16
92	Castillon	1	X-09
93	Castor	2	II-15, II-90
94	Castres	2	IV-44, X-05
95	Castulon	2	I-31, I-93
96	Caton	1	VIII-26
97	Cause	1	I-46
98	cause	5	IV-39, V-85, VIII-18, VIII-73, IX-20
99	Cause	1	I-46
100	Caussade	1	X-41
101	cauteleux	1	XII-55
102	cautelleux (as l'cauteleux)	1	IX-86
103	Cavaillon	1	V-76
104	cavalerie	1	VII-27
105	cave	4	V-10, VI-73, VII-32, VIII-66
106	cavees	1	X-49
107	caverne	1	X-29
108	Ce	10	I-22, I-91, I-97, V-07, V-38, V-65, VI-16, VII-23, IX-19, X-71
109	ce	13	II-37, II-45, II-55, III-89, III-94, V-59, VI-31,

: Concordance to *The Prophecies* of Nostradamus (1568 Lyon)

ce - cerf

109	ce (Cont.)	13	VII-05, VIII-27, IX-11, IX-36, IX-52, X-54
110	cecy	1	XII-71
111	cejulee	1	IX-73
112	CELA	1	IV-01
113	celé	1	II-78
114	Celebrera	1	V-18
115	celebrera	1	I-58
116	celebreront	1	X-55
117	celeste	2	I-80, IV-100
118	celestes	2	II-16, IV-18
**	scelestes (as s'celestes)	1	IV-18
119	Celin (see also Pselyn, Selene, Selin, Selyn)		
		1	VIII-31
120	celique	2	III-02, VI-22
121	celiques	1	III-07
122	celle	2	VII-05, VIII-60
123	Celtes	1	I-93
124	celtes	1	II-71
125	Celtiq (as Celtique)	1	VI-04
126	Celtique	13	II-69, II-72, II-85, II-99, III-83, IV-63, V-01, V-10, V-99, VI-03, VI-28, VI-53, VI-60
127	Celtiques	2	IV-04, IV-99
128	Celuy	13	I-66, I-96, II-98, III-30, III-94, IV-11, IV-43, V-17, VI-57, VI-71, VI-83, VI-84, VII-20
129	celuy	4	V-82, VIII-27, IX-29, IX-71
130	cendre	2	IV-52, V-16
131	cendres	1	IX-99
132	cens	16	I-49, III-48, III-56, III-57, III-77, III-94, VI-02 (2), VI-19, VI-54, VII-36, VIII-71, VIII-80, IX-34, X-72, X-91,
133	censunto	1	VI-100
134	censurez	1	VIII-71
135	Cent	2	II-62, X-90
136	cent	5	IV-16, VI-05, VI-41, VI-49, IX-67
137	centre	1	I-87
138	cents	1	V-37
139	ceptre (as sceptre)	1	X-57
140	Cercueil	1	VIII-05
141	cerf	1	V-04

cerv - cham

142	cerveau	2	I-11, IV-31
143	cervoise	1	VII-34
144	ces	1	IV-25
145	Cesarées	1	I-33
146	cessée	1	I-70
147	cesser	1	IX-66
148	cessera	1	II-53
149	cest (as c'est)	1	IV-90
150	Ceucalion (as c'Deucalion)	1	II-81
151	Ceulx	7	I-49, III-51, III-71, IV-69, IV-72, VI-08, VI-54
152	ceulx	10	III-89, III-90, III-96, V-68, VI-21, VI-30, VI-41, VI-55, VI-60, VII-35
153	Ceux	16	II-56, III-71, IV-03, V-07, V-11, V-21, V-83, VI-40, VI-69, VII-03, VIII-49, VIII-56, VIII-64, IX-15, IX-16, IX-70
154	ceux	31	I-15, I-71, I-89 (2), II-33, II-50, III-42, III-53, III-77, IV-19, IV-42, IV-74 (3), IV-76, IV-84, V-12, V-42, V-43, V-61, V-82, V-100, VI-80, VI-82, VII-04, VII-22, VIII-12, IX-51, X-51, X-86, X-95
155	ch. (as chateau)	1	IX-31
156	chacun	3	III-98, VIII-30, X-32
157	chaine	2	I-27, IX-56
158	chaines	4	I-65, II-21, IV-84, VII-24
159	Chair	1	IV-90
160	chair	4	IV-32, IV-56, V-16, VIII-18
161	chaisne	2	III-79 (2)
162	Chaldondon	1	VIII-48
163	chaleur	1	II-03
164	chalmé	1	VI-55
165	Chalon	3	I-22, III-69, XI-97
166	Chalons	1	IV-17
167	Chambry	1	X-37
168	Chameau	2	IV-85, V-68
169	Champ	2	VIII-72, X-70
170	champ	5	I-23, I-35, I-43, V-05, V-91
171	champaigne	1	IV-36
172	Champs	1	I-78
173	champs	11	II-19, II-31, II-95, III-31, III-99, V-04, V-30, V-64, VIII-91, IX-97, XII-52

: Concordance to *The Prophecies* of Nostradamus (1568 Lyon)

chan - chas

174	Change	1	IX-47
175	change	7	I-56, III-46, III-93, IV-21, VI-02, VI-08, VIII-81
176	changé	7	II-10, II-83, II-90, III-49, IV-14, IV-16, VI-50
177	changeant	4	I-08, I-40, IX-57, X-36
178	changée	2	I-72, II-66
179	changees	1	III-36
180	changemens	1	IX-63
181	changement	8	I-20, I-40, I-43, I-59, III-19, IV-21, IX-66, XII-56
182	Changer	3	IV-17, X-64, XI-97
183	changer	6	III-57, V-06, VI-17, VII-17, VIII-97 (2)
184	changera	8	II-41, III-15, IV-21, V-11, VI-04, IX-01, IX-44, X-64
185	Changeront	1	V-26
186	changeront	2	II-60, V-92
187	changés	2	I-96, VI-20
188	Changez	1	VII-73
189	changez	1	V-77
190	Chanignon	1	IX-41
191	chansons	1	I-14
192	chant	2	I-64, VI-54
193	chantz	1	I-14
194	chanu	1	IX-01
195	chapeaux	1	V-46
196	chapelle	1	VIII-20
197	char	1	X-64
198	charbon	1	IV-85
199	Charge	1	VIII-87
200	charge	4	I-96, V-60, VI-13, VIII-68
201	Chargé	1	V-71
202	chargé	1	X-15
203	charient	1	X-52
204	chariotz	1	IX-93
205	Charlieu	1	IX-29
206	Charlus	1	X-41
207	charpin	1	I-80
208	Chartres	3	III-49, IV-61, IX-86
209	chartreux	1	X-14
210	chascun	3	II-11, II-29, VI-61
211	Chassant	1	II-08

chas - chem

212	chassant	1	IV-04
213	chasse	5	IV-77, VIII-15, VIII-59 (2), IX-25
214	Chassé	4	IV-84, V-80, VI-61, XII-04
215	chassé	7	IV-12, IV-21, IV-85, V-04, IX-08, X-22, X-76
216	chassée	1	II-44
217	Chasser	2	VI-49, VI-13
218	chasser	1	IV-70
219	chassera	6	II-67, III-17, V-13, V-74, VI-87, VII-21
220	chasseront	1	III-09
221	Chassés	2	I-05, IV-52
222	chassés	3	IV-18, IV-69, IV-94
223	Chassez	1	VIII-71
224	chassez	2	X-30 (2)
225	Chasteau	3	II-93, XII-62 (2)
226	chasteau	2	VII-03, IX-67
227	chastiera	1	II-12
228	Chatres	1	IV-42
229	chats	1	II-42
230	chaulderons	1	IX-14
231	chauls (as anagram - l'chaux)	1	IX-99
232	chault (as anagram - l'chaut)	1	IV-67
233	chaulveron	1	IX-76
234	chausses	1	X-09
235	chaut	2	VII-80, VII-83
236	chaux	1	IV-52
237	chef. (as abbv. chefcier)	1	XII-52
238	Chef	8	I-19, I-51, III-96, IV-38, IV-58, IV-75, VII-26, X-62
239	chef	59	I-75, I-78 (2), I-98 (2), II-93, III-51, III-53, III-64, III-68, III-74, III-78, III-86, III-90, III-93, IV-09, IV-10, IV-41, IV-45, IV-52, IV-64, IV-70, V-06, V-09, V-10, V-14, V-19, V-31, V-34, V-58, V-59, V-64, V-67, V-99, VI-01, VI-07, VI-34, VI-41, VI-57, VI-68, VI-70, VI-77, VI-92 (2), VII-10, VIII-36, VII-37 (2), VIII-49, VIII-55, VIII-65, VIII-95, IX-04, IX-46, IX-79, IX-98, X-03, X-66, X-91
240	chefs	2	III-02, IX-79
241	chemin	6	I-07, II-21, III-72, VIII-44, VIII-51, X-49

: Concordance to *The Prophecies* of Nostradamus (1568 Lyon)

chem - chri

242	cheminees	1	IX-53
243	chemise	3	V-73, VIII-37, X-01
244	cheoir	1	IX-09
245	cher	4	I-44, I-60, IV-07, VIII-94
246	chera	1	X-99
247	Cheramon	1	IX-62
248	Cherchant	3	I-42, V-07, IX-56
249	cherchant	2	IX-12, IX-97
250	cherchera	1	IX-57
251	chere	1	V-22
252	Cherra	2	II-39, VIII-37
253	cherra	4	II-09, II-51, V-81, VI-37
254	Cherrenosse	1	III-68
255	cherrouesse	1	V-90
256	Chersonnez	1	IX-91
257	Cherté	1	III-34
258	cherté	1	III-05
259	Cheval	1	X-88
260	cheval	4	I-77, I-86, VIII-72, X-34
261	chevallier	1	VIII-50
262	chevance	1	IV-64
263	chevaulx (as anagram - l'chevaux)	2	VII-07, VIII-89
264	Chevaux	2	III-06, III-23
265	chevaux	1	V-91
266	chevelue	3	II-43, V-09, VI-06
267	cheveulx	1	III-83
268	chief	6	I-58, II-48, II-54, IV-25, X-05, X-92
269	chiefz	2	VIII-39, VIII-42
270	chiens	2	II-42, IV-93
271	Chio	1	VI-55
272	chiona	1	IV-32
273	CHIREN (see also CHYREN)	1	II-79
274	Chivaz	1	VIII-08
275	choir	1	VIII-07
276	choses	2	VIII-43, VIII-53
277	chrestien	1	IV-77
278	Chrestienté	1	I-53
279	Christ	1	VI-18

chyr - cite

280	CHYREN (see also CHIREN)	1	IV-34
281	Chyren (see also CHIREN)	4	VI-27, VI-70, VIII-54, IX-41
282	cicle	1	I-62
283	cicles	1	IX-72
284	ciel	48	I-23, I-24, I-27, I-46, I-55, I-56, I-57, I-63, I-64, I-91, I-98, I-100, II-18, II-27, II-29, II-43, II-45 (2), II-46, II-56, II-70, II-81, II-85, II-92, II-96, III-02, III-07, III-11, III-16, III-17, III-18, III-46, IV-29, IV-43, IV-49, IV-50, IV-93, V-32, V-98, V-100, VI-97, VII-36, VIII-02, VIII-10, IX-44, IX-57, IX-83, X-72
285	cierge	3	VI-35, VIII-05, VIII-80
286	cieulx	2	VI-02, VI-70
287	Cimbres	1	III-08
288	Cinq	4	I-98, V-92, VI-97, X-59
289	cinq	13	I-73, III-45, III-94, IV-26, VI-02 (2), VI-27, VII-11, VII-26, VIII-38, IX-15, IX-34, X-03
290	cinquante	1	X-89
291	cinquieme	1	X-27
292	cinquiesme	1	II-88
293	Cipres	2	V-17, VI-53
294	circonvoisins	1	V-85
295	circuir	1	I-19
296	circuit	1	II-88
297	circunder	1	V-87
298	cire	1	I-44
299	cita	1	IX-61
300	citadins	5	III-06, IV-69, VII-19, VIII-74, X-81
301	cite	6	I-87, V-33, VI-73, IX-48, X-13, X-50
302	Cité	4	IV-01, IV-21, VII-15, VIII-17
303	cité	60	I-05, I-08, I-24, I-33, I-41, II-04, II-26, II-53, II-54, II-66, II-81, II-90, II-97, III-11, III-13, III-22, III-33, III-36, III-46, III-50 (3), III-79, III-81, III-84, III-85, IV-08, IV-16, IV-52, IV-69, IV-80, IV-82, V-04, V-05, V-08 (2), V-12, V-35, V-81, V-84, V-86, V-97, VI-48, VI-55, VI-76, VI-85, VI-92, VI-96, VI-97, VI-98, VII-13, VII-15, VII-22, IX-74, IX-82, IX-92, IX-96, X-49, X-63, X-68

: Concordance to *The Prophecies* of Nostradamus (1568 Lyon)

cite - cloz

304	Cités	1	I-20
305	Citoyens	1	X-68
306	citoyens	2	VII-22, X-59
307	Ciutad	1	IV-26
308	civil	1	IX-66
309	civile	1	IV-78
310	civiles	1	III-63
311	clade	1	IV-05
312	clair	1	VI-58
313	claire	2	I-80, X-98
314	clam	1	IX-96
315	clame	1	IX-59
316	clamée	1	I-92
317	Clarté	2	IV-48, VIII-06
318	clarté	2	II-91, III-94
319	Classe	10	II-59, II-60, II-64, III-64, III-87, IV-02, V-48, VIII-13, IX-32, X-77
320	classe	29	I-09, I-73, I-75, I-77, I-90, II-05, II-22, II-86, II-99, III-13, III-90, IV-23, IV-37, IV-92, V-08, V-23, V-34, V-35, VI-44, VI-45, VI-64, VI-75, VII-33, VII-37, IX-42, IX-79, X-02, X-68, XII-36
321	classes	3	I-35, V-02, VI-77
322	Claude	1	VI-84
323	clause	1	IX-86
324	clef	1	X-27
325	clemence	1	VII-17
326	Clement	1	X-27
327	clerc	3	VIII-95, VIII-98, IX-18
328	clercz	1	V-15
329	Clerge	1	X-91
330	clerge	1	X-73
331	clers	1	III-46
332	climat	2	I-55, III-77
333	climaterique	1	V-98
334	cloistres	1	IX-24
335	clos	3	II-12, III-06, IX-27, X-17
336	close	2	III-62
337	closture	1	X-42
338	cloz (as clos)	1	IX-27

coch - comb

339	coche	1	X-65
340	Coeur (as Cœur)	6	III-15, IV-05, IV-21, VI-81, VII-34, VIII-25
341	coeur (as cœur)	10	I-05, I-09, I-11, III-16, III-76, IV-73, V-01, V-74, IX-73, XII-65
342	coffres	1	VIII-23
343	cogneu	4	VI-59, VIII-14, X-22, X-83
344	cogneuz	1	VII-42
345	cognoissance	1	VII-17
346	cognoistra	1	X-57
347	coin	1	VIII-56
348	coing	3	I-49, III-32, IX-65
349	colier	1	V-67
350	coller	1	IV-58
351	collet	1	VIII-82
352	colleur	1	VIII-54
353	colleurs	1	VIII-88
354	collisee	1	IV-80
355	collon	1	IX-32
356	Collonne	1	VIII-67
357	collosse	1	X-06
358	Cologne	2	V-43, VI-40
359	Coloigne	1	V-94
360	Colomne	1	X-64
361	colomnes	2	I-82, X-93
362	Colongna	1	VIII-51
363	colonne	1	V-51
364	coloree	1	IX-100
365	Columna	1	IX-02
366	Combat	2	II-14, IV-83
367	combat	6	I-05, II-34, II-01, IV-05, VII-07, X-37
368	combatans	1	III-07
369	combatre	2	I-23, IV-75
370	combats	1	VIII-59
371	combatu	1	VII-19
372	Combien	2	I-08, II-23
373	combien	2	II-02, IV-99
374	comble	2	VI-29, VIII-90
375	comboulz	1	X-41
376	combust	1	IV-67

: Concordance to *The Prophecies* of Nostradamus (1568 Lyon)

come - cond

377	comette	1	II-62
378	Cominge	1	V-100
379	Comme	2	VIII-98, X-86
380	comme	11	III-02, IV-18, VI-51, VIII-18, VIII-57, IX-86, X-21, X-29, X-56, X-92, XII-71
381	commencée	1	I-70
382	commencement	1	III-04
383	comment	1	VII-01
384	commettant	2	II-67, VI-69
385	commettra	1	V-44
386	commettre	2	II-67, III-51
387	commettront	1	III-17
388	commis	5	II-86, VI-38, VI-50, VIII-36, X-25
389	commune	1	IV-32
390	Compagnie	1	X-91
391	compaignie	3	I-99, III-08, III-61
392	competans	1	VIII-97
393	Competiteur	1	III-73
394	complaire	1	III-74
395	Comprins	1	III-02
396	comprins	4	III-77, IV-25, IV-87, V-42
397	comprinse	1	III-70
398	compte	2	III-94, X-19
399	Comptés	1	VI-09
400	comte	1	VII-32
401	comté	1	I-32
402	concavant	1	VII-41
403	concaver	1	V-07
404	concedera	1	V-38
405	concedés	1	I-78
406	concerne	1	IV-80
407	conciliés	1	II-38
408	conciter	1	V-95
409	conclud	1	V-82
410	concorde	4	III-39, VI-03, VIII-67, XII-59
411	concubit	1	X-54
412	condamner	2	VIII-62, X-94
413	condemné	2	IV-65, VI-52
414	condemner	1	I-24

cond - conj

415	condescendent	1	II-27
416	Condon	4	I-79, IV-72, V-97, VIII-02
417	conducteur	3	VI-91, VII-39, X-04
418	conduict	3	II-17, III-69, IX-93
419	conduicte	3	I-56, I-82, IV-58
420	conduicts	1	X-13
421	Conduictz	1	IX-03
422	conduira (see also conduyra)	3	III-62, VII-28, X-86
423	conduire	2	V-02, V-12
424	conduiront	1	X-59
425	Conduis	1	IX-13
426	conduit	1	I-98
427	conduitz	1	IX-39
428	conduyra (as conduira)	1	IX-95
429	confederés	1	I-93
430	confin	1	IX-27
431	confins	3	VI-36, VI-46, VI-49
432	conflagration	1	II-93
433	Conflict	5	I-37, II-32, III-07, VI-79, IX-60
434	conflict	17	I-34, I-41, I-91, II-39, II-55, II-57, II-72, II-80, III-18, III-99, IV-56, IV-80, V-10, V-14, VII-08, VIII-94, IX-34
435	Conflit	3	I-26, III-77, IX-85
436	conflit	5	IV-45, VIII-48, VIII-72, IX-08, X-07
437	conflite	1	IV-51
438	confond	1	VII-07
439	confondues	1	VI-62
440	conforme	1	V-92
441	Confus	1	IV-92
442	confus	2	I-45, VI-99
443	Confusion	1	VII-37
444	confusion	4	I-55, III-24, IX-36, XII-69
445	congie	1	VIII-82
446	conjoinct	3	I-52, IV-86, VI-24
447	conjoindra	1	VIII-88
448	conjoint	2	III-25, VIII-02
449	conjoints	1	III-09
450	Conjurateur	1	VIII-73
451	conjuration	1	I-13

conj - cont

452	conjure	1	III-51
453	conjurer	1	VI-59
454	conjureront	1	IV-89
455	conjurés	4	VI-74, V-02, V-17, VI-11
456	conjurez	2	VIII-47, X-61
457	conjures. (as conjurers)	1	I-07
458	connestable	1	IX-01
459	connisse	1	V-90
460	conquerants	1	II-49
461	conquester	1	V-55
462	conquestes	1	IV-86
463	Conseil	2	I-88, VI-32
464	conseil	7	I-81, I-97, III-14, III-41, V-64, VIII-83, X-14
465	conseiller	1	III-80
466	conseilliers	1	II-49
467	conseils	1	XII-55
468	consens	1	VII-03
469	consent	1	VI-78
470	consentir	5	I-36, III-50, VI-45, VIII-22, X-22
471	consequent	1	III-79
472	consolé	2	III-93, VI-88
473	consort	1	IX-77
474	consorte	1	X-52
475	conspiree	1	VIII-87
476	constitué	1	I-06
477	constrainct	1	IV-91
478	Constraint	1	V-40
479	constraint	1	X-83
480	consumera	1	IV-23
481	consumeront	1	X-05
482	contaminees	1	IV-94
483	Conte	1	X-08
484	conte	1	VIII-36
485	contemner	1	X-94
486	contemnera	1	VII-11
487	contempler	1	II-20
488	contendens	1	V-53
489	contendra	1	VI-12
490	contens	4	V-23, VIII-95, X-84, X-100

cont - conv

491	content	2	VI-31, VII-80
492	contenté	1	VI-70
493	contentieux	1	III-81
494	contigue	1	IV-70
495	contra	1	VI-100
496	contract	1	I-61
497	contrade	2	III-20, V-55
498	contrades	1	I-69
499	contraicte	1	VIII-20
500	Contrainctz	1	VI-17
501	contraindra	1	XII-65
502	contrains	1	VI-69
503	contraint	2	IX-11, IX-98
504	contraire	9	I-07, III-15, III-23, III-38, IV-32, IV-92, VI-25, VI-45, VII-13
505	Contraires	1	X-78
506	Contre	16	I-90, II-69, IV-62, IV-89, V-02, V-89, VI-12, VI-62, VI-68, VI-73, VII-36, IX-10, IX-42, IX-51, IX-67, X-96
507	contre	28	I-13, II-63, III-15, III-64, III-70, III-71, IV-63, IV-70, IV-74, IV-95, V-46, V-50, V-82, VI-23, VI-83, VI-84, VII-04, VII-31, VII-40 (2), IX-35, IX-44, IX-47, IX-49, X-44, X-86, XII-56 (2)
508	contrebandé	2	V-64, VI-75
509	contree	2	VII-15, X-79
510	contrée	2	II-33, VII-82
511	contrees	1	III-20
512	contrées	1	II-87
513	contrefaict	1	VI-42
514	contrefera	3	I-85, VIII-25, VIII-47
515	contremandé	1	V-64
516	contremander	1	IX-45
517	Contreminant	1	IX-98
518	Contrevenans	1	I-44
519	convaincu	1	X-14
520	convertir	1	X-62
521	Convertira	1	IX-56
522	convertiront	1	X-30
523	converty	1	VII-83

: Concordance to *The Prophecies* of Nostradamus (1568 Lyon)

conv - cors

524	conviera	1	IX-77
525	cop	1	VIII-41
526	copee	1	III-96
527	Copie	1	III-33
528	copie	6	II-48, III-31, IV-22, IV-70, V-26, VII-32
529	copies	4	III-54, IV-90, VI-07, VI-12
530	coppies	2	IX-97, X-100
531	cops	1	VIII-43
532	Coq	2	II-42, III-52
533	coq	13	I-31, I-93, V-14, V-68, VI-28, VI-54, VIII-04 (2), VIII-05, VIII-06, VIII-09, VIII-46, VIII-61
534	coqueluges	1	IX-81
535	coqz	1	IV-04
536	cor	1	I-38
537	corbeaux	1	III-07
538	corde	1	IX-51
539	Cordes	1	II-21
540	cordes	1	X-92
541	Cordube	3	III-20, VIII-51, X-44
542	Corinthe	2	II-52, III-26
543	corn	1	VI-22
544	Corne	1	III-26
545	corneille	1	IV-55
546	Cornere	1	IX-60
547	cornet	1	IV-01
548	cornu	1	VIII-90
549	coronal	1	VI-03
550	coronnel	1	IV-62
551	corporel	1	VIII-99
552	Corps	5	III-02, IV-20, IV-25 (2), VII-01
553	corps	8	II-13, II-60, IV-31, IV-92, VIII-25, VIII-77, IX-74, XII-52
554	corriger	1	IX-05
555	corrompuë	1	XII-59
556	Corruer	1	VI-67
557	corruer	1	III-97
558	cors	1	X-101
559	corsaires	1	X-77
560	Corse	1	IV-35

cors - cour

561	Corsegue	1	III-87
562	Corsibonne	1	IX-54
563	Corsicque	1	VII-06
564	corss. (as corsaires)	1	VII-80
565	coste	1	IX-61
566	costé	3	IV-68, IX-52, IX-58
567	costez	2	V-78, IX-02
568	coteaux	1	X-82
569	cottez	1	IX-43
570	couarde	1	III-39
571	coucher	1	IV-77
572	couchette	1	IX-08
573	coudra	1	IV-30
574	coulant	1	VI-98
575	coulé	1	V-40
576	Couleur	1	IV-06
577	couleur	4	I-84, II-92, IV-66, VI-73
578	couleurs	1	VI-10
579	coulorée	1	VI-38
580	couloureront	1	VII-18
581	coulpables	1	XII-62
582	coultre	1	VIII-55
583	coup	12	I-88, II-26, II-62, III-17, III-41, III-100, IV-09, VII-26, VIII-63, IX-36, X-24, XII-65
584	coup. (as couperant)	1	III-94
585	couper	1	VI-76
586	coups	2	IX-28, IX-40
587	cour	1	IX-45
588	courage	1	I-86
589	courant	1	II-46
590	courges	1	IX-48
591	Courir	3	VIII-07, VIII-20, XII-71
592	courir	1	VII-38
593	Courira	1	II-84
594	courira	1	X-11
595	couronne	1	VI-71
596	couronneront	1	I-31
597	couronnes	1	II-73
598	courra	1	II-62

: Concordance to *The Prophecies* of Nostradamus (1568 Lyon)

cour - crie

599	cours	7	I-89, IV-39, V-72, VI-53, IX-38, IX-90, X-63
600	Course	1	I-72
601	course	1	I-31
602	coursier	2	V-01, VII-38
603	court	4	III-55, VI-84, IX-01, IX-22
604	courte	2	III-62, VIII-57
605	cousine	1	X-35
606	cousins	1	V-85
607	coustume	1	IX-75
608	coutaux	1	IX-34
609	couvers	2	I-03, VI-17
610	couvert	5	I-18, IV-28, V-27, V-67, X-30
611	couverte	4	I-82, V-19, VI-66, VIII-66
612	couverts	2	II-31, X-31
613	cracher	2	II-97, XII-04
614	craigne	1	IV-14
615	craindra	5	I-28, II-11, II-99, VI-01, X-96
616	Crainte	1	X-12
617	crainte	5	VI-21, VI-56, VIII-80, IX-50, X-14
618	craintif	2	III-78, IV-54
619	crapaux	1	X-101
620	crappe	1	X-52
621	credence	1	VII-36
622	credit	2	I-88, VIII-14
623	crée	1	VIII-87
624	Cremone	1	I-24
625	cresme	1	IX-79
626	crespe	3	I-74, II-79, III-43
627	crest	1	IX-67
628	Crete	1	I-98
629	creu	1	III-14
630	creuz	1	III-26
631	crevé	1	I-27
632	crevera	2	I-35, III-41
633	Criant	1	III-91
634	criant	2	VI-70, VIII-86
635	criar	1	III-81
636	crie	4	II-90, III-07, VIII-09, VIII-84
637	Crier	2	II-06, VI-78

crie - crys

638	crier	3	II-86, IV-55, IX-30
639	criera	2	V-70, VII-07
640	crime	1	II-53
641	crinite	1	II-15
642	Cris (see also Crys)	3	II-77, X-17, X-82
643	cris (see also criz, crys)	3	II-91, IV-80, X-78
644	cristal	1	IX-48
645	criticos	1	VI-100
646	criz (as cris)	1	IV-57
647	croc	1	III-10
648	croira	2	VII-34, X-43
649	croiras	1	III-87
650	croire	2	I-01, VI-61
651	croisars	1	V-16
652	croisé	1	VIII-13
653	croisez (see also croysez)	2	VIII-90, IX-62
654	croissant	5	VI-27, VI-78, VII-07, VII-25, X-95
655	Croistra	1	VIII-71
656	croistra	4	I-17, I-50, III-35, X-75
657	croistre	2	I-32, VIII-97
658	Croix	2	III-20, IV-05
659	croix	6	III-47, III-77, VI-26, VI-49, VI-71, VI-80
660	Cron	1	III-91
661	crosse	1	VIII-95
662	croyans	1	IV-43
663	croysez (as croisez)	1	VIII-91
664	cruches	1	VII-14
665	Crucigere	1	IX-43
666	crucigere	1	III-61
667	crue	1	VIII-18
668	cruel	8	I-59, II-42, IV-53, VI-57, VI-81, VIII-31, VIII-65, X-57
669	cruelle	6	I-35, II-79, V-49, V-51, VII-18, X-33
670	cruelles	1	II-50
671	crustamin	1	III-21
672	Cry	1	II-32
673	cry	1	VI-22
674	Crys (as Cris)	2	IV-68, V-33
675	crys (as cris)	6	I-10, I-38, VI-81, VIII-56, IX-63, X-88

: Concordance to *The Prophecies* of Nostradamus (1568 Lyon)

cuid - cyrr

676	Cuidant	1	VII-39
677	cuidant	2	VI-43, VIII-24
678	cuider	1	VI-93
679	cuidoit	3	VI-30, VII-05, VII-42
680	cuir	1	VII-25
681	cuisine	2	VII-42, X-16
682	cuisses	1	IV-09
683	cuit	1	V-98
684	cuits	1	II-03
685	cultements	1	II-08
686	cultre	1	IX-36
687	cunicules	1	II-77
688	Cupid	1	X-97
689	cupide	2	IV-51, IV-88
690	curieux	2	I-83, II-34
691	Curseur	1	IX-21
692	cuser	1	VII-25
693	custode	1	X-99
694	custodes	1	IV-41
695	Cuve	1	X-49
696	cuydera (as cuidera)	1	IX-25
697	Cyclades	1	III-64
698	cyclades	1	V-90
699	Cydron	1	X-63
700	cymbes	1	VI-89
701	cymbres	1	II-44
702	Cyphe	2	VI-89, XII-36
703	Cypre	1	XII-36
704	Cypres	1	III-89
705	Cyrrene	1	III-62

D,d

1	D.	2	VIII-56, VIII-66
**	d'	97	
2	Dace	2	V-51, VI-07
3	dacre (as d'acre)	1	III-26
4	Dalmatie	2	II-32, II-84
5	d' Almatie (as d'Dalmatie)	1	IX-60
6	Dalmatiens	1	X-44
7	dama	1	X-99
8	Damazan	1	VIII-35
9	Damboise (as D'Amboise)	1	VIII-52
10	Dame	5	I-94, VI-59, VII-09, VII-18, VIII-25
11	dame	18	I-85, II-44, II-51, II-53, II-87, IV-24, IV-58, IV-93, V-09, V-65, VI-19, VI-63, VII-11, IX-54, IX-77, IX-78, X-25, X-47
12	Dames	1	IV-02
13	Damne	1	X-01
14	damne	1	II-53
15	damner	1	VI-72
16	damnera	1	III-36
17	damneront	1	I-47
18	damns	1	IX-40
19	Damtibe (as D'ambite)	1	X-23
20	dancone (as d'ancone)	1	VIII-09
21	danger	1	III-04
22	dangereux	1	X-11
23	dangie	1	VIII-82
24	dangiers	1	II-66
25	danglique (as d'anglique)	1	X-42
26	Dangolmois (as D'angolmois)	1	X-72
27	Dannemarc	2	IV-27, VI-41
28	Annemarc (as d'Dannemarc)	1	IX-33
29	d' Annibal (as d'Hannibal)	1	II-30
30	Dannube	2	V-68, VI-49
31	DANS	1	IX-01
32	Dans	41	I-12, I-35, II-35, II-52, II-55 (2), II-66, III-06,

dans - de

(32)	Dans (Cont.)	(41)	III-91, ,III-93, IV-22, IV-51, IV-81, IV-90, V-03, V-68, V-90, V-97, VI-20, VII-18, VII-42, VIII-25, VIII-88, IX-19, IX-22, IX-28, IX-31, IX-40, IX-48, IX-68, IX-72, IX-73, IX-74, IX-96, X-06, X-23, X-25, X-49, X-81, X-95, XI-97
33	dans	54	I-10, I-19, I-39, I-41, I-57, I-59, I-84, I-89, II-05, II-17, II-25, II-37, II-56, II-90, III-28, III-71, III-73, IV-23, IV-34, IV-53, IV-58, V-10, V-34, V-49, V-72, V-78, VI-19, VI-31, VI-57, VI-77 (2), VI-87, VI-88, VI-91, VII-07, VII-27, VII-38, VIII-02, VIII-08, VIII-37, VIII-38, VIII-42, VIII-45, VIII-52, IX-18, IX-53, IX-70, IX-92, X-08, X-17, X-18, X-29, X-49, X-66
34	Danvers (as D'Anvers)	1	X-52
35	darain (as d'aerain)	1	X-80
36	dard	1	II-70
37	dards	2	I-20, II-59
38	darmes (as d'armes)	1	X-80
39	dartemide (as d'artemide)	1	IX-74
40	darts	1	VIII-43
41	Dauffois	1	IX-18
42	Daulphin	1	IX-27
43	daurade (also as d'aurade)	1	VIII-40
44	dazur (as d'azur)	1	III-26
45	De	149	I-02, I-09, I-12, I-14, I-18, I-36, I-39, I-50, I-54, I-64, I-80, I-81, II-01, II-03, II-21, II-26, II-37, II-51, II-62, II-68, II-72, II-74, II-76, II-78, II-97, II-98, III-04, III-07, III-10, III-13, III-14, III-15, III-21, III-24, III-28, III-30, III-35, III-44, III-53, III-56, III-64, III-66, III-75, III-88, III-89, III-94, III-98, IV-04, IV-07 (2), IV-13, IV-15, IV-16, IV-29, IV-33, IV-36, IV-44, IV-50, IV-54, IV-58, IV-59, IV-88, IV-100, V-06, V-08, V-10, V-17, V-18, V-19, V-27, V-36, V-52, V-55, V-57, V-58, V-63, V-66, V-74, V-87, VI-01, VI-10, VI-29, VI-34, VI-43, VI-44, VI-49, VI-52, VI-53, VI-64, VI-65, VI-80, VI-86, VI-89, VII-02, VII-07, VII-13, VII-21, VII-30, VII-31, VII-44, VII-83, VIII-18, VIII-19, VIII-26, VIII-36,

de - de

(45)   De (Cont.)   (149) VIII-44, VIII-46, VIII-57 (2), VIII-69, VIII-79, VIII-80, VIII-81, VIII-84, VIII-94, VIII-96, VIII-100, IX-04, IX-16, IX-20, IX-27, IX-32, IX-33, IX-39, IX-41, IX-42 (2), IX-43, IX-67, IX-75, IX-81, IX-97, X-08, X-09 (2), X-11, X-25, X-29, X-39, X-41, X-46, X-47, X-69, X-83 (2), X-86, X-89, X-94, X-95,

47   de   767 I-01 (2), I-02, I-03, I-06 (2), I-08, I-09, I-10 (3), I-11, I-12, I-15, I-16 (3), I-18, I-24, I-25, I-27 (3), I-28, I-30 (2), I-33, I-34, I-40, I-41 (3), I-42, I-43, I-44, I-45, I-46, I-48, I-52, I-55, I-57, I-59, I-61, I-62 (2), I-63, I-67, I-69, I-71, I-72, I-77, I-78, I-80, I-82 (2), I-84, I-85, I-86, I-87 (2), I-89 (2), I-90 (2), I-91, I-93, I-94, I-95, I-96, I-98 (2), I-100 (2), II-02, II-04, II-05, II-06, II-07, II-11, II-13, II-14, II-16, II-17, II-18, II-22, II-24 (3), II-25, II-26 (3), II-29 (2), II-31 (2), II-32, II-33 (2), II-35 (2), II-39, II-41, II-42 (3), II-44 (2), II-45, II-47, II-48 (2), II-49, II-50 (2), II-51 (2), II-52, II-53, II-57, II-58, II-59, II-61, II-64 (2), II-66, II-69 (2), II-71 (2), II-73 (3), II-74, II-75, II-78, II-80, II-82, II-96, II-97 (2), III-01, III-05, III-09, III-10, III-11, III-12 (2), III-16 (3), III-18 (2), III-19, III-20 (2), III-21, III-24, III-25, III-31, III-32 (2), III-33, III-35, III-38, III-40, III-42, III-43 (2), III-46, III-47, III-50, III-53, III-55, III-56, III-58, III-59, III-60, III-64, III-66, III-67, III-71 (2), III-72 (2), III-74 (2), III-76, III-77, III-78, III-81 (3), III-82 (2), III-83, III-85, III-87 (3), III-88 (2), III-89 (2), III-90 (4), III-92, III-93, III-94, III-96 (2), III-99 (2), III-100, IV-01, IV-03 (2), IV-08, IV-09 (2), IV-11, IV-12, IV-15 (2), IV-16 (2), IV-17, IV-19 (2), IV-20, IV-22, IV-23, IV-24, IV-27, IV-30, IV-31, IV-33, IV-35 (2), IV-36, IV-37, IV-39, IV-40, IV-41, IV-42, IV-44 (4), IV-46 (2), IV-48, IV-51, IV-55 (2), IV-56, IV-59, IV-61 (2), IV-62, IV-63, IV-64 (3), IV-65, IV-66 (3), IV-68 (2), IV-72, IV-74, IV-76 (2), IV-77, IV-78 (2), IV-79 (3), IV-81 (2), IV-83, IV-84 (2),

de - de

(47)   de (Cont.)   (767) IV-87, IV-88 (2), IV-89 (2), IV-92, IV-96 (2),
IV-97, IV-99, IV-100 (2), V-01, V-02, V-03 (2),
V-04 (2), V-05 (2), V-09, V-10 (2), V-11, V-14,
V-17, V-22, V-27 (2), V-28 (2), V-30, V-31 (2),
V-33, V-34 (2), V-35, V-37, V-39 (3), V-40 (2),
V-41, V-42 (2), V-43, V-45, V-49 (2), V-51 (2),
V-53, V-55, V-56 (2), V-57, V-61, V-63, V-64 (2),
V-65, V-68, V-73, V-77, V-82 (2), V-84, V-87,
V-88, V-89, V-92, V-98, V-100, VI-01, VI-03 (2),
VI-04, VI-05 (2), VI-06 (2), VI-07, VI-10, VI-14,
VI-16 (4), VI-18, VI-19, VI-20, VI-21, VI-23,
VI-26 (2), VI-27 (4), VI-30 (2), VI-32, VI-35,
VI-36, VI-38 (2), VI-40 (3), VI-41 (2), VI-42,
VI-46, VI-49 (2), VI-54 (4), VI-55, VI-56, VI-59,
VI-60 (3), VI-61, VI-63, VI-66, VI-67, VI-68,
VI-69 (2), VI-73, VI-79, VI-81, VI-82, VI-83 (2),
VI-85, VI-86 (2), VI-89, VI-91 (2), VI-92 (2),
VI-94, VI-97, VI-98 (2), VII-03 (2), VII-04 (2),
VII-05, VII-06 (2), VII-07, VII-09, VII-10, VII-11,
VII-12 (2), VII-15 (2), VII-17, VII-20 (2), VII-21,
VII-22 (2), VII-23, VII-24 (3), VII-25, VII-26 (3),
VII-27, VII-29, VII-31, VII-32, VII-33, VII-35,
VII-36, VII-37, VII-39 (2), VII-42, VII-44, VII-73,
VIII-02, VIII-03 (3), VIII-04, VIII-08 (2), VIII-10,
VIII-11 (2), VIII-12 (3), VIII-17, VIII-18, VIII-20,
VIII-21, VIII-23 (2), VIII-24 (3), VIII-25 (2),
VIII-26, VIII-30, VIII-31, VIII-32 (2), VIII-33,
VIII-34, VIII-35 (3), VIII-36 (2), VIII-37, VIII-38
(2), VIII-39 (2), VIII-43 (2), VIII-44 (2), VIII-45,
VIII-46, VIII-47, VIII-48 (2), VIII-49 (2), VIII-50
(4), VIII-52 (2) VIII-58, VIII-64, VIII-65, VIII-68,
VIII-70, VIII-72, VIII-73, VIII-74, VIII-75,
VIII-79 (2), VIII-80 (2), VIII-83 (2), VIII-84 (3),
VIII-85 (2), VIII-87, VIII-89, VIII-90, VIII-93,
VIII-97, VIII-98, VIII-99, VIII-100, IX-01 (2),
IX-02, IX-05, IX-08, IX-09, IX-12, IX-13 (5),
IX-15 (2), IX-16, IX-18, IX-19, IX-20, IX-21 (4),
IX-22 (2), IX-23, IX-26 (2), IX-28, IX-30 (4),
IX-31, IX-32, IX-33 (2), IX-35, IX-36, IX-38,

de - dece

47	de (Cont.)	767	IX-40 (2), IX-41, IX-42, IX-43, IX-44, IX-45 (2), IX-46, IX-47, IX-48 (2), IX-49, IX-50, IX-52, IX-53 (3), IX-54 (3), IX-56 (2), IX-57, IX-58 (2), IX-61 (2), IX-62, IX-63, IX-65, IX-67, IX-68 (2), IX-69 (2), IX-70, IX-72, IX-74, IX-75 (2), IX-76, IX-77, IX-78 (2), IX-79 (3), IX-81, IX-82 (3), IX-83, IX-84, IX-85 (2), IX-90 (3), IX-93, IX-95 (2), IX-96, IX-98 (2), X-02, X-04, X-05, X-08, X-09 (2), X-10 (2), X-12, X-13, X-14 (2), X-15, X-16 (3), X-22, X-24, X-25, X-26, X-27, X-28, X-29, X-31, X-32, X-35 (2), X-37, X-38, X-41 (3), X-42, X-43, X-44, X-45 (3), X-46 (2), X-47, X-48 (3), X-49, X-50, X-51, X-52, X-53, X-56, X-58, X-59, X-62 (3), X-63 (2), X-64, X-65 (2), X-66, X-67, X-68, X-69, X-74, X-75, X-76, X-77, X-79, X-82, X-83 (2), X-85, X-86 (2), X-87 (2), X-88, X-91 (2), X-92, X-93, X-97, X-100, X-101, XI-97 (2), XII-04 (2), XII-24 (3), XII-36, XII-65, XII-69, XII-71
**	De + les (see Des)	28	(see below)
**	de + les (see des)	82	(see below)
**	De + le (see Du)	52	(see below)
**	de + le (see du)	245	(see below)
49	debat	1	I-05
50	debatre	1	IV-43
51	debats	1	III-63
52	debatu	1	VII-19
53	debatz	2	IX-66, X-84
54	debeller	1	VII-29
55	debife	1	V-15
56	debiffe	1	V-56
57	debile	1	I-11
58	debonnaire	2	II-09, X-90
59	debonnaires	1	III-05
60	debotez	1	IX-02
61	debout	1	IV-27
62	Decembre	1	IX-37
63	decepuante	1	VIII-06
64	deces	1	VIII-93

Concordance to *The Prophecies* of Nostradamus (1568 Lyon)

dece - deff

65	Deceu	1	VII-35
66	deceu	8	IV-41, VI-60, VI-77, VII-01, VIII-04, VIII-24, VIII-68, IX-38
67	deceue	1	II-25
68	Deceuz	1	VI-43
69	deceuz	2	III-37, VI-60
70	decevoyr (as decevoir)	1	IV-41
71	dechassé	2	II-23, III-47
72	dechassera	1	VI-80
73	decide	1	VIII-43
74	decollé	1	V-45
75	decouvrement	1	VIII-61
76	Dedans	32	II-77, II-91, II-100, IV-71, V-01, V-08, V-89, V-90, VI-22, VI-27, VI-34, VI-50, VII-40, VIII-03, VIII-04, VIII-07, VIII-08, VIII-30, VIII-31, VIII-35, VIII-38, VIII-43, VIII-48, VIII-53, VIII-64, IX-22, IX-65, IX-70, X-15, X-59, X-75, X-88
77	dedans	26	I-52, II-06 (2), II-32, II-35, II-67, III-06, III-45, III-68, III-86, IV-78, IV-98, V-54, VI-01, VI-28, VII-03, VII-04, VII-16, VII-37, VIII-12, VIII-37, VIII-47, VIII-75, IX-20, XI-91, XII-62
78	defaict	1	VI-99
79	defaictz	2	IV-74, V-48
80	defaillans	1	IV-75
81	defaillie	1	I-41
82	defaillir	1	II-64
83	defaillira	2	III-99, IV-100
84	defaite	1	II-62
85	defaut	2	III-04, III-05
86	defection	1	IV-75
87	defence	1	II-19
88	defendra	1	III-58
89	defendu	1	IV-46
90	defense	1	IV-46
91	defension	1	IV-75
92	deffaillant (as defaillant)	1	IV-64
93	deffaillir (as defaillir)	1	III-95
94	deffailliront (as defailliront)	1	I-47

deff - dema

95	deffaire (as desfaire)	1	I-36
96	deffait (as desfait)	3	VIII-10, VIII-11, VIII-87
97	deffaite (as desfaite)	4	VII-16, VIII-72, X-47, X-48
98	deffaiz (as desfais)	1	X-43
99	deffault (as default)	4	III-34, VIII-100, IX-05, X-18
100	deffendre	1	IV-57
101	deffera	1	IX-88
102	defflotez	1	V-95
103	deffraieur	1	X-72
104	defiance	1	V-04
105	definer	1	II-56
106	Degenerant	1	I-78
107	degousteront	1	IV-89
108	degré	3	IV-30, V-26, V-98
109	degrés	1	VI-97
110	degrez	1	V-77
111	Dehors	1	II-23
112	dehors	5	I-82, II-67, III-21, III-71, IX-92
113	del	3	III-62, VI-88, VIII-30
114	Dela	1	V-20
115	Delai	1	II-53
116	delaissant	1	VIII-65
117	delaissé	1	VI-18
118	delaissée	1	IV-39
119	Delaisseront	1	VI-47
120	delateur	1	I-45
121	delay	1	VIII-94
122	delivrance	2	II-80, IX-47
123	delivrant	1	II-28
124	delivré	1	IX-18
125	delivrer	2	II-71, VI-39
126	delivrez	1	X-77
127	Delues	1	VIII-34
128	deluge	9	I-62, V-88, VIII-16, VIII-29, VIII-91, IX-03, IX-04, IX-82, X-50
129	deluges	1	I-17
130	demande	1	X-40
131	demander	1	IX-45
132	demanderont	1	IV-39

Concordance to *The Prophecies* of Nostradamus (1568 Lyon)

deme - des

133	demeurance	1	IX-64
134	demeure	1	II-71
135	demeurera	1	X-53
136	demi	1	IV-98
137	demie	1	VI-65
138	demis	2	II-03, II-89
139	demolue	1	V-09
140	demoly	1	X-80
141	demoura	1	III-84
142	demourée	1	VI-63
143	demourer	1	VII-35
144	Demourra	1	V-75
145	demourra	2	II-04, VI-88
146	demy	10	I-25, I-64, III-69, III-80, VI-61, VIII-25, IX-31, X-28, X-42, X-101
147	dend (as d'endo)	1	II-58
148	Denier	1	V-02
149	Denis	1	IX-24
150	Denté. (as Dentelé) [1627 = Derité.]		
		1	XII-04
151	dents	2	II-07, III-42
152	Denuech	1	IV-26
153	depart	1	I-81
154	deploree	1	X-96
155	Depopuler	1	III-08
156	deportés	2	I-59, II-07
157	deprimee	1	X-28
158	Depuis	2	II-04, III-56
159	Derité. (as D'etiré) [1630 = Denté.]		
		1	XII-04
160	Dernier	1	IX-99
161	dernier	7	II-55, II-82, III-92, III-100, IV-88, VIII-38, X-82
162	derniere	2	IV-64, VI-33
163	Derrier	3	II-50, II-61, IX-39
164	Des	28	II-38, II-80, III-13, III-16, III-26, III-66, III-67, III-84, IV-02, IV-16, IV-18, V-33, V-65, V-70, V-80, V-86, V-88, VI-11, VI-20, VI-44, VI-62, VIII-47, VIII-80, III-98, X-44, X-51, X-71, X-96
165	des	82	I-56, I-71, I-72, I-93, II-02, II-06, II-08, II-10 (2)

des - dese

(165) des (Cont.) (82) II-11, II-12 (2), II-30, II-44, II-87, II-100, III-04, III-07 (2), III-39, III-47, III-54, III-58, III-69, IV-12, IV-24, IV-70, V-31, V-43, V-44, V-61, V-68, V-71, V-85, V-91, V-92, V-95, V-97, V-100, VI-01, VI-10 (2), VI-29, VI-51, VI-74, VI-97, VII-07, VII-11, VII-14, VII-16, VII-28, VII-41 (2), VIII-41, VIII-64, VIII-71, VIII-78, VIII-90, VIII-91, VIII-99, IX-02, IX-09, IX-14, IX-24, IX-25, IX-26, IX-46, IX-67, IX-89, IX-90, X-22, X-24, X-48, X-49, X-51, X-57, X-75, X-77, X-96, X-100, X-101, XII-69

166	desarmé	1	VIII-68
167	desarroy	3	IV-22, IX-49, XI-97
168	desborderont	1	X-06
169	descendre	2	IX-43, IX-88
170	descendu	1	VII-05
171	descent	1	II-33
172	deschassé	2	III-80, V-04
173	deschassee	1	VI-74
174	deschassée	1	IV-22
175	deschassez	1	X-76
176	desconfit	1	VIII-94
177	desconfiture	1	V-93
178	descotte	1	IX-35
179	descouvers	4	VIII-26, IX-13, X-59, X-61
180	descouvert	4	IV-28, IV-30, IV-62, VIII-28
181	descouverte	3	VI-55, VIII-66, X-33
182	descouvertz	1	IX-04
183	descouvrant	1	VI-99
184	Descouvrira	1	X-50
185	Descouvriront	1	II-14
186	descovers	1	VIII-56
187	descoverte	1	II-68
188	descriées	1	VI-23
189	descroissance	1	X-70
190	desdaigneront	1	X-55
191	desert	1	IV-20
192	deserte	1	VI-55
193	desertes	1	VI-48

dese - dess

194	deserteur	1	IV-65
195	deserts	1	VI-82
196	Desesperez	1	IX-97
197	desespoir	3	V-82, VI-34, VIII-64
198	deshonneur	1	VIII-14
199	deshonoré	1	I-25
200	desiroit	1	VI-31
201	desjoinct	1	V-23
202	deslie	1	I-40
203	desloial (as desloyal)	1	X-73
204	desloyal	2	II-58, VI-45
205	desloyale	1	I-12
206	desloyaux	1	XII-55
207	desmerites	1	X-77
208	desmis	1	VIII-17
209	desniant	1	X-15
210	desniee	1	IX-96
211	desniera	1	IX-77
212	desnieront	1	IX-16
213	desnuees	1	V-85
214	desolation	1	VIII-81
215	desolé	3	III-93, V-45, VI-88
216	desolee	1	IV-82
217	desoleé	1	III-84
218	desolée	1	II-04
219	desordre	1	VI-32
220	desoux (as pl. dessous)	1	IX-46
221	despartir	1	II-34
222	despectacle	1	VIII-30
223	despendre	1	VI-41
224	despit	2	VIII-63, X-21
225	Desplaisant	1	II-20
226	despolle	1	VIII-47
227	despouse (as d'espouse)	1	X-43
228	Despuis	1	V-13
229	desrobe	1	X-16
230	Dessoubz	6	I-27, I-47, VI-15, VI-24, IX-32, X-11
231	dessous	1	IV-26
232	dessouz	2	IX-23, X-59

dess - deux

233	dessus	6	II-27, II-85, II-87, IV-18, VI-15, X-60
234	destinrer	1	X-85
235	destitué	1	I-06
236	Destornay	1	IX-88
237	destorné	1	VIII-05
238	destorner	1	VIII-44
239	destranchés	1	IV-45
240	destresse	1	V-98
241	destrois	1	VIII-46
242	destruicte	1	VI-85
243	destruire	3	I-96, IV-24, V-84
244	desvoyé	1	VI-46
245	detenus	1	IX-15
246	determine	1	III-97
247	deterrés	1	VII-41
248	detracteur	1	VI-95
249	Detrencher	1	V-33
250	detrenchés	1	IV-81
251	detresse	2	II-82, IV-09
252	detriment	1	I-04
253	deu	1	V-70
254	Deucalion	1	X-06
255	Deux	22	I-35, I-54, I-87, III-31, III-98, IV-44, IV-59, IV-60, IV-94, V-48, VI-77, VII-05, VII-26, VII-33, VII-36, VII-42, IX-04, IX-13, IX-20, X-32, XII-36, XII-52
256	deux	92	I-06, I-15, I-22, I-28, I-37, I-52, I-54, I-58, I-59, I-75, I-77, I-85, I-99, II-06 (2), II-07, II-18, II-35 (2), II-38, II-41, II-52 (3), II-89, II-97, III-05 (2), III-12, III-13, III-16, III-29, III-42, III-57, III-99, IV-57, IV-59, IV-68, IV-90, IV-95 (2), V-01, V-02, V-22, V-23, V-45, V-57, V-78 (2), V-80, V-86, VI-10, VI-11, VI-33, VI-47 (2), VI-58 (2), VI-65, VI-89, VI-98, VII-42, VII-43, VIII-13, VIII-14, VIII-25, VIII-30, VIII-43, VIII-46, VIII-55, VIII-59 (2), VIII-64, VIII-69, VIII-83, VIII-91, IX-02, IX-03, IX-04, IX-24, IX-40, IX-56, IX-72, IX-76, X-07, X-18, X-39, X-54, X-63, X-93, X-96, X-101

deva - diro

257	Devant	8	I-95, II-31, IV-19, IV-49, VII-15, VIII-52, VIII-94, X-92
258	devant	23	I-37, I-88, II-12, II-15, II-27, II-39, II-50, II-82, II-93, III-19, III-22, IV-61, IV-92, IV-96, V-20, V-47, V-81, VII-15, VII-40, VIII-18, VIII-37, VIII-87, X-68
259	Devastant	1	III-54
260	devenu	1	III-58
261	devenus	1	IV-16
262	Devers	2	V-25, V-59
263	devers	1	III-92
264	deviendra	3	IV-48, V-74, VI-22
265	deviendront	2	II-36, VI-08
266	devoir	1	X-32
267	devorateurs	1	IV-66
268	devorera	1	II-37
269	dextre	2	II-69, V-75
270	dez	1	III-40
271	dhuile (as d'huile)	1	IX-34
272	diabolique	1	I-42
273	Diane	2	II-28, IX-12
274	dict	3	III-68, V-56, V-91
275	Dieu	5	I-25, I-51, II-06, V-73, VII-36
276	dieu	1	IX-83
277	Dieux	1	IV-55
278	dieux	4	I-91, II-30, VII-12, VIII-78
279	different	2	II-54, IV-87
280	difficile	1	IV-21
281	difforme	1	V-97
282	dignité	1	VI-40
283	Dijon	1	IV-17
284	Diminuant	1	IV-25
285	diminue	1	I-63
286	dinnocence (as d'innocence)	1	VIII-87
287	diphlongue	1	X-33
288	dira	8	I-12, I-76, I-95, II-02, III-03, IV-68, X-04, X-07
289	dire	6	II-30, III-24, V-60, V-96, VI-59, IX-92
290	Diront	1	I-60
291	diront	1	VIII-42

disa - doib

292	disant	2	VI-73, VI-94
293	disciples	1	IV-31
294	discord	2	I-57, X-39
295	discorde	5	I-13, II-69, VI-03, VIII-67, XII-59
296	disernera	1	X-76
297	diserte	1	VI-48
298	disgrace	1	IX-71
299	disme	1	III-76
300	disperue	1	VI-06
301	dissension	1	XII-56
302	dissention	1	II-95
303	dissimulant	1	I-40
304	Dissimulee	1	VII-21
305	dissimulés	1	VII-02
306	distant	2	III-04, VI-67
307	dit	1	IX-14
308	diurne	1	I-26
309	Divers	1	XII-62
310	divers	4	II-20, III-29, IV-66, VI-17
311	diverses	2	III-76, V-63
312	divin	7	I-02, I-88, II-13, II-27, III-02, IV-05, VII-36
313	divine	3	I-02, IV-24, VI-72
314	divins	2	I-14, IV-43
315	divisé	3	I-81, V-21. VIII-58
316	divisee	1	IV-80
317	divisees	1	IX-97
318	divisera	1	I-83
319	divisés	1	I-78
320	divisez	1	XII-52
321	division	1	II-95
322	divorce	1	X-22
323	Dix	3	VII-37, VIII-69, X-02
324	dix	4	I-42, V-71, VII-31, IX-43
325	dixhuict	1	X-39
326	dixsept	2	V-92, VI-59
327	docte	1	VI-99
328	doctrine	1	VI-72
329	dogmion (as d'ogmion)	1	VIII-44
330	doibt (as anagram - d'obit)	1	IX-07

Concordance to *The Prophecies* of Nostradamus (1568 Lyon)

dois - dort

331	dois	1	III-24
332	Doit	1	VIII-44
333	doit	1	IX-05
334	Dole	2	I-100, IV-42
335	dole	1	IV-42
336	doleance	1	VIII-98
337	doleances	1	X-23
338	Dolle (as l'Dole)	3	V-82, VI-47, VII-04
339	domaine	1	II-54
340	domestique	1	III-44
341	dominateur	1	V-93
342	Don	1	III-90
343	don	2	IV-26, VIII-61
344	Donnant	1	IX-59
345	donnant	1	VIII-94
346	donne	2	V-36, IX-29
347	donné	9	I-37, II-32, III-22, III-48, III-85, IV-01, VI-79, VII-08, X-83
348	donnee	1	VIII-87
349	donnée	1	VI-18
350	Donner	1	V-30
351	Donnera	1	V-38
352	donnez	1	X-77
353	donnra	1	III-02
354	donoient	1	VI-69
355	donra	11	III-94, IV-32, V-52, VI-56, VII-02, VIII-07, VIII-49, IX-08, IX-87, X-40, X-45
356	donront	2	V-04, X-82
357	donrra	1	IV-15
358	dons	2	III-95, IV-19
359	donzere	1	IX-67
360	dor (as d'or)	1	IX-17
361	Dordonnois (as D'ordonnais)	1	VIII-35
362	doré	1	II-87
363	doree	1	VI-14
364	dorée	1	III-26
365	dormans	1	VI-11
366	dormir	1	VI-30
367	dort	1	VIII-42

dose - du

368	doser	1	VIII-27
369	Dou	1	IX-21
370	Double	1	IV-13
371	double	5	III-55, IV-57, VIII-17, VIII-68, IX-03
372	doublé	1	I-85
373	doublee	1	V-44
374	doubler	1	XI-91
375	doubtance	1	IV-90
376	doubte	2	III-55, III-57
377	douce	1	I-97
378	doulce	1	X-99
379	douleur	1	VI-63
380	doulx	1	X-12
381	doux	1	X-97
382	douze	1	IV-11
383	drap	1	VIII-22
384	dressant	1	I-57
385	dressé	2	I-45, VII-29
386	Dresser	4	V-69, VI-12, VII-32, IX-66
387	dresser	3	III-43, V-51, IX-10
388	dressera	3	I-77, II-63, III-61
389	dresseront	2	III-26, VI-79
390	droit	2	IX-27, IX-86
391	droite	1	VIII-95
392	DRUX	1	IX-57
393	Du	52	I-45, I-47, I-67, I-72, II-27, II-36, II-53, II-59, II-63, III-31, III-35, III-61, III-65, III-79, III-80, III-99, IV-54, IV-68, IV-74, IV-93, IV-97, V-07, V-32, V-34, V-39, V-54, V-85, V-91, V-95, V-100, VI-12, VI-25, VI-37, VI-42, VI-91, VII-32, VIII-27, VIII-35, VIII-100, IX-02 (2), IX-05, IX-06, IX-46, IX-67, IX-68, IX-86, IX-87, X-34, X-48, X-72, X-83
394	du	245	I-03, I-10, I-23, I-26, I-27, I-31, I-42, I-46, I-48, I-54, I-61, I-77, I-87, II-11, II-17, II-20, II-22, II-24, II-27, II-28 (2), II-29, II-34, II-36, II-42, II-43, II-48, II-49, II-51, II-56 (2), II-57, II-58, II-60, II-70, II-72, II-73, II-75 (2), II-78, II-79, II-80, II-81, II-83, II-88 (2), II-92 (3), II-93 (2),

du - duei

(394)	du (Cont.)	(245)	II-96, II-98, III-07, III-14, III-20, III-31, III-32 (2), III-34, III-49, III-58, III-63, III-65, III-72, III-92, III-96 (2), III-99, IV-01, IV-03 (2), IV-07, IV-09, IV-12, IV-14, IV-28, IV-32, IV-38 (2), IV-41, IV-49, IV-73, IV-77, IV-80, IV-81, IV-85, IV-87, IV-88, IV-92, IV-93, IV-97, IV-99, V-12 (2), V-17, V-21, V-29, V-31, V-35, V-48, V-50, V-53 (2), V-56, V-58, V-61, V-63, V-64, V-68 (2), V-71, V-72, V-79, V-84 (2), V-88, V-93, V-96, V-97, V-100, VI-01 (2), VI-05, VI-13, VI-16 (2), VI-21, VI-22, VI-27, VI-30, VI-39 (2), VI-41, VI-45, VI-49, VI-52, VI-53, VI-54 (2), VI-61, VI-66, VI-67, VI-70 (2), VI-71, VI-72, VI-77, VI-78, VI-79, VI-82, VI-84, VI-85, VI-91, VI-92, VI-99, VII-01 (2), VII-05, VII-09 (2), VII-10 (2), VII-24 (3), VII-40, VII-42, VII-82, VIII-02, VIII-10, VIII-33, VIII-34, VIII-37, VIII-40, VIII-43, VIII-44, VIII-45, VIII-46, VIII-53, VIII-54, VIII-56, VIII-61 (2), VIII-62, VIII-64, VIII-65, VIII-67, VIII-69, VIII-73, VIII-75, VIII-81, VIII-82, VIII-83, VIII-84, VIII-90, VIII-92, VIII-96, VIII-97, IX-01, IX-02, IX-05, IX-11, IX-15, IX-19 (2), IX-22, IX-23 (2), IX-27, IX-28, IX-30, IX-46, IX-70, IX-75, IX-76, IX-81, IX-86, IX-87, IX-93, IX-95, X-11, X-21, X-30, X-35, X-36, X-37 (2), X-41, X-45, X-48 (2), X-49, X-51 (3), X-74 (2), X-75, X-80, X-95, X-96, XII-59, XII-62, XII-69
395	dubieuse	1	VI-95
396	dubieux	2	I-37, VI-13
397	Duc	9	IV-38, IV-73, IV-98, VI-55 (2), IX-95, IX-96, X-64, XII-56
398	duc	19	IV-17, IV-51, IV-91, V-09, V-94, VI-31, VI-53, VII-04, VII-29, VIII-66, IX-22, IX-27, IX-41, IX-80, IX-87, X-11, X-15, X-33, X-80
399	Duché	1	V-03
400	ducteur	1	III-96,
401	Dueil	1	X-78
402	dueil	5	II-47, IV-07, V-18, VIII-03, X-58

duel - duyr

403	duelle	4	I-35, II-34, II-67, IV-94
404	duelles	1	III-16
405	duero	1	III-62
406	duict	1	VI-29
407	dune (also as d'une)	1	I-07
408	dur	2	III-45, V-16
409	Durance	2	III-99, VIII-01
410	Durant	2	II-43, IV-55
411	durée	1	VI-20
412	durera	1	VIII-77
413	dureront	1	I-31
414	DUUMVIRAT	1	V-23
415	duyra (as duira)	1	VIII-92

E,e

1		eage (see also aage)	2	X-39, X-74
2		eau	9	IV-86, VIII-07, VIII-77, IX-09 (2), IX-51, X-10, X-60, X-71
3	d'	eau	3	IV-20, IV-98, V-87
4	l'	eau	6	V-71, VI-01, VIII-49, VIII-57, VIII-98, IV-80
5		eaue	3	II-54, VI-38, VII-34
6	d'	eaue	2	IV-58, VI-10
7		eaux	7	I-11, II-29, II-87, III-70, V-86, VI-94, X-49
8	l'	Ebrieu	1	VI-18
9		Heb. (as Hebro: Ebro)	1	III-12
10		Hebro (as Ebro)	1	VI-88
11	l'	Ecclesiastique	1	I-15
12		ecclesiastique	2	V-77, VI-03
13		eclipse	1	IV-29
**		Recloing (as R'eclore-ing)	1	X-84
14		eclypses (as eclipses)	1	VIII-15
15		Edict	1	I-40
16		edict	2	II-07, V-18
17	L'	edict	1	V-97
18	d'	edict	1	V-72
19		edifice	1	IV-100
20	l'	édifice	1	VIII-29
21		edifices	2	V-66, IX-37
22	R'	edifier	1	IX-17
23	d'	Edit	1	IV-18
24		effacer	1	VII-20
25	l'	effaict	1	IX-89
26		effect	2	III-51, VIII-87
27		effors	2	II-52, II-68
28		effort	1	X-24
29		efforts	1	VIII-15
30		effraié	1	IV-47
31		effraieur	3	V-23, VI-21, VI-81
32		Effrayera	1	VI-56
33		Effrayeur	1	V-22
34		effrayeur	2	I-75, II-30

Concordance to *The Prophecies* of Nostradamus (1568 Lyon)

l'effr - emmy

35	l'	effrayeur	1	V-65
36		effrené	1	VI-91
37		effrenee	1	VIII-13
38		effroy	3	I-33, III-01, V-42
39		effusion	2	I-55, IX-96
40		egaux	1	I-54
41		Egée	1	III-89
42		egeste	1	IV-80
43	d'	Eglise	2	III-17, V-25
44	l'	Eglise	2	I-52, V-73
45		eglise	1	VIII-57
46	d'	eglise	1	VIII-98
47	l'	eglise	2	V-74, VIII-78
48		Eguillon	1	IV-79
49		eguillons	1	IV-79
50		Egypte	2	II-86, V-25
51	d'	Egypte	2	I-40, III-77
52		EIOVAS	1	XII-69
53		el	1	X-25
54		electeur	2	IX-18, X-46
55	L'	election	1	VI-87
56		election	3	VIII-20, VIII-67, X-91
57		lHelisees (as l'Elisees)	1	IX-97
58		Elle	1	II-14
59	d'	elles	1	IV-48
60	l'	eloquence	1	II-80
61		embausmé	1	VIII-68
62		embelys (as embellis)	1	X-79
63		emblee	1	X-68
64		embleront	2	VI-10, VIII-21
65	l'	embousque	1	IV-26
66		embrassees	1	X-78
67	l'	embusche	2	V-22, IX-79
68		embusches	3	III-37, VI-99, IX-81
69		emmené	1	II-58
70		emmenee	1	VIII-08
71		emmenées	2	I-49, IV-02
72		Emmy	1	IX-76

emon - en

73		emonopolle (as anagram - le monopole)		
			1	VIII-38
74		Emorie	1	X-61
75		Empereur	2	I-60, V-06
76	L'	Empereur	1	IV-65
77	d'	empereur	1	VIII-27
78		Empeschant	1	V-95
79		empeschant	1	IV-51
80		empeschee	1	VII-27
81		Empeschera	1	II-18
82		Empire	2	V-45, V-95
83	l'	Empire	4	I-60, I-74, VI-03, VI-12
84		empire	14	I-32, III-59, III-92, III-97, V-24, VI-67, VIII-57, VIII-65, VIII-81, IX-45, X-31, X-32, X-87, X-100
85	L'	empire	1	IV-39
86	d'	empire	1	I-43
87	l'	empire	8	I-39, III-28, III-49, III-93, VIII-20, VIII-76, IX-18, X-93
88	qu'	empire	1	X-34
89		empirées	1	VI-23
90		empliant	1	X-84
91		Empoisonné	2	III-65, VII-24
92		emportera	1	III-53
93		Lemprin (as L'emprin)	1	IX-81
94		emprinse	1	IX-25
95		emprise	1	V-63
96		En	53	I-16, I-21, I-32, I-35, I-44, I-93, II-24, II-31, III-18, III-19, III-33, III-47, III-49 (2), III-52, III-55, III-71, III-76, III-89, IV-52, IV-68, IV-71, IV-80, IV-84, V-15, V-32, V-43, V-58, V-76, V-77, VI-02 (2), VI-21, VI-52, VI-73, VII-34, VIII-24, VIII-53, VIII-74, VIII-78, VIII-79, VIII-90, VIII-99, IX-37, IX-39, IX-54, IX-64, X-03, X-10, X-30, X-41, X-55, X-84
97		en	273	I-02, I-04, I-12 (2), I-17, I-19, I-31 (2), I-37, I-41, I-45, I-46, I-53, I-68, I-70 (2), I-74 (2), I-79, I-80, I-81, I-83, I-97, I-98 (2), II-07, II-09 (2), II-13 (3), II-15, II-20, II-21, II-32, II-33, II-34, II-47, II-48, II-60, II-65 (2), II-68, II-70 (2), II-71, II-72, II-76,

Concordance to *The Prophecies* of Nostradamus (1568 Lyon)

en - enfe

(97) en (Cont.) (273) II-82, II-83, II-84, II-86, II-89, II-92, II-93, II-98, III-01, III-03, III-08, III-10, III-11, III-13, III-14, III-17, III-23, III-27 (2), III-28, III-29, III-31, III-38, III-39 (3), III-40, III-41, III-42 (2), III-44, III-51, III-52 (2), III-53, III-54, III-55 (2), III-57 (2), III-60, III-61, III-74, III-77, III-78, III-88, III-96, III-99, III-100, IV-02 (2), IV-06, IV-09, IV-10 (2), IV-12, IV-22, IV-31, IV-36, IV-38, IV-40, IV-45 (2), IV-56, IV-59, IV-60, IV-64, IV-77, IV-84, IV-86, IV-93, IV-95, IV-99, V-07, V-08, V-14, V-16, V-23, V-26, V-36, V-39, V-41, V-42, V-50, V-59 (2), V-65 (2), V-69, V-72, V-73, V-74 (2), V-75, V-76, V-77, V-80, V-82, V-85, V-90, V-92, V-94, V-98 (2), VI-02, VI-03, VI-04, VI-08, VI-09, VI-11, VI-15, VI-18, VI-19, VI-23, VI-25, VI-29, VI-30, VI-41, VI-43, VI-44, VI-46, VI-52 (3), VI-55, VI-59, VI-66 (2), VII-02, VII-05, VII-28, VII-35, VII-37, VII-44, VII-82, VIII-07, VIII-12, VIII-15, VIII-17, VIII-26, VIII-27, VIII-30, VIII-37, VIII-48, VIII-49 (2), VIII-55, VIII-57 (2), VIII-58, VIII-60 (2), VIII-61, VIII-64 (2), VIII-65, VIII-73, VIII-76, VIII-80, VIII-81, VIII-82, VIII-87, VIII-91, VIII-92, VIII-94, VIII-95, VIII-98, VIII-100, IX-11, IX-14, IX-15, IX-16, IX-18, IX-19, IX-20, IX-36, IX-37, IX-41, IX-44, IX-47 (2), IX-48, IX-49, IX-55, IX-56 (2), IX-58, IX-60, IX-63, IX-65, IX-67, IX-69, IX-75, IX-94, IX-97 (2), IX-100, X-01, X-07, X-09, X-12, X-16 (2), X-18 (2), X-20, X-28, X-31, X-39, X-50, X-54, X-56, X-67, X-68, X-70, X-75, X-81, X-89, X-94, XI-97 (2), XII-36, XII-52, XII-62, XII-71

98	Qu' en	5	I-04, II-05, III-54, IV-97, VI-34
99	qu' en	3	III-30, VI-84, IX-55
100	j' en	1	VIII-76
101	n' en	5	III-28, VIII-53, IX-69, X-53, X-100
102	s' en	2	I-75, V-68
103	t' en	1	III-87
104	enfera (read as en fera)	1	X-87

ench - enfl

105		enchainé	1	IV-34
106		enclin	1	II-65
107		enclos	2	III-23, XI-91
108		encloz	1	X-17
109	l'	enclume	1	VII-03
110		encombres	1	V-95
111		encontre	5	II-24, IV-13, IV-52, VIII-22, IX-99
112		Encor	1	IX-72
113		encor	5	I-42, II-81, III-24, III-92, IV-27
114		encores	2	V-35, IX-74
115		encunder	1	IV-60
116		dend (as d'endo)	1	II-58
117		endormie	1	VII-22
118		endroict	1	I-54
119		lendroit (as l'endroit)	1	IX-58
120		endurée	1	VI-20
121		endurera	1	V-24
122		Endymion	1	II-73
123		enfance	1	III-15
124		Enfans	1	VIII-55
125		enfans	7	I-10, IV-60, VIII-64, VIII-89, VIII-97, X-39, X-57
126		Enfant	2	I-65, IX-09
127		enfant	4	I-95, II-24, III-35, IV-60
128	L'	enfant	6	I-65, III-42, V-61, V-73, VI-39, VII-11
129	d'	enfant	1	IX-10
130	l'	enfant	3	I-67, VIII-63, X-92
131		Enfants	1	I-99
132		enfantz	1	II-11
133	l'	enfer	1	I-10
134		enfera (also as en fera)	1	X-87
135		enfermée	1	II-05
136		enfermés	1	IV-19
137		enfermez	1	VIII-08
138		enferre	1	VIII-55
139		enferrés	1	VII-41
140	s'	enflamme	1	VI-19
141		enflammer	1	III-27
142		enfle	1	VIII-75
143		enfles	1	VIII-28

enfo - ense

144		enfoncée	1	III-37
145		enfondrez	1	IX-31
146		enfouetz	1	VI-66
147	S'	enfuira	1	VII-43
148		engaigé	1	VII-23
149		engin	2	II-76, II-79
150		engloutira	1	VI-19
151		enguerris	1	III-29
152		ennemie	1	III-61
153		Ennemis	1	IV-52
154		ennemis	21	I-13, I-29, II-23, II-43, II-76, II-80, II-90, III-29, III-33, III-69, III-71, IV-43, V-48, V-81, VI-30, VI-38, VI-74, VII-15, VII-28, VIII-17, IX-81
155	d'	ennemis	3	III-91, V-10, V-82
156	qu'	ennemis	1	II-50
157		Ennemy	1	VI-68
158		ennemy	3	III-100, IV-51, X-10
159	D'	ennemy	1	VIII-83
160	L'	ennemy	2	II-47, VI-99
161		Lennemy (as L'ennemy)	1	X-01
162	l'	ennemy	6	I-97, III-79, V-08, V-49, VI-14, VI-56
163		lennemy (as l'ennemy)	1	X-01
164		Ennemys	1	IX-94
165		ennemys	4	IX-92, IX-93, X-54, X-76
166	d'	ennemys	1	IX-92
167		ennobli	1	I-45
168		ennobly	1	III-72
169		Ennosigée	1	I-87
170		enorme	1	X-61
171		lenorme (as l'enorme)	1	VIII-72
172		enormes	2	VI-95, X-10
173		enragé	1	XII-04
174		ensegne	1	X-48
175		enseigne (see also lensigne)	4	III-47, V-52, VI-42, IX-56
176	d'	enseigne	1	IX-84
177	l'	enseigne	1	VIII-43
178		enseignes	1	IV-03
179		ensemble	8	II-38, III-03, IV-05, V-22, V-23, VI-21, VIII-75, IX-94

ense - entr

180		enserre	1	VIII-55
181		enserres	2	VIII-01, IX-03
182		Ensevely	1	III-36
183		ensevely	1	III-72
184	L'	ensevely	1	VII-24
185		lensigne (as l'ensigne)	1	X-83
186		ensuivant	1	IX-55
187		ensuyvant (as ensuivant)	1	IX-04
188		entamée	1	I-92
189		entamer	1	II-03
190		entant	1	VIII-79
191		entendant	1	VI-29
192		entendens	1	V-53
193		entendra	1	IX-81
194	s'	entendra	1	VIII-84
195		entendre	2	I-15, VII-23
196		entendu	1	IV-49
197		ententifz	1	II-20
198		enterreront	1	V-01
199		entiers	1	I-58
200		entour	1	II-44
201	d'	entour	1	II-44
202	l'	entour	2	I-99, V-30
203		Lentour (as L'entour)	1	X-82
204		lentour (as l'entour)	3	VIII-50, IX-67, X-83
205		entrans	1	II-14
206		Entre	14	I-77, II-07, II-36, II-84, III-100, V-57, VI-33, VI-47, VI-58, VI-89, VII-09, VIII-55, VIII-85, X-54
207		entre	9	III-05, VI-58, VIII-12, VIII-89 (2), VIII-96, IX-36, X-92, XII-56
208	Qu'	entre	1	III-98
209	d'	entre	1	V-86
210		entré	1	VIII-74
211		Entree	1	VII-16
212	L'	entree	1	IX-38
213	l'	entree	4	IV-69, VIII-24, VIII-35, IX-16
214		entrée	6	VI-83, VII-15, VIII-01, IX-86, X-79, X-88
215		entrée	2	II-33, VII-82

Concordance to *The Prophecies* of Nostradamus (1568 Lyon)

entr - ephe

216		entrees	1	VIII-91
217		entrelassez	1	IV-85
218		entremeslée	1	VI-10
219		entreprins	1	V-83
220		entreprinse	1	VIII-83
221	l'	entreprinse	2	III-24, VII-30
222		entreprinses	2	I-07, II-36
223	l'	entreprise	1	IV-89
224		Entrer	1	XII-62
225		entrer	4	IV-37, VIII-86, IX-92, IX-96
226		Entrera	1	V-34
227		entrera	8	III-06, III-33, IV-51, VI-28, VIII-70, IX-19, IX-96, X-88
228		entreront	1	VIII-21
229		entres	1	X-74
230		entrés	1	III-45
231		entretien	2	IX-38, X-58
232		entrez	2	IX-73, IX-97
233		enuie	1	VI-18
234		envahir	1	II-96
235		envenimées	1	X-49
236		Envers	1	IX-49
237	l'	envers	1	I-03
238		lenvers (as l'envers)	1	IX-49
239		envie	5	I-85, IV-57, VI-26, IX-59, X-16
240		envieillie	1	XII-59
241		envieillir	1	IV-97
242	l'	envieux	1	III-100
243		environne	1	VIII-02
244		Environné	1	VII-28
245		Environnee	1	IX-48
246		Environnez	1	X-41
247		Envoiera	1	IX-80
248		envoyé	1	II-21
249		envoyera	1	II-37
250		envoyés	1	VII-37
251	s'	enyurer	1	VI-39
252		enyvrés	1	I-68
253		Ephese	2	II-52, III-03

l epit - l'esco

254	L	epithalame	1	VII-83
255		Epire	1	I-74
256	L'	erain (also as L'aerain)	1	II-15
257		Eretrion	1	VI-06
258		Ergaste	1	X-17
259		errans	1	V-63
260		errer	1	VI-82
261		erreur	1	VIII-35
262		Leryn (as L'erin)	1	VII-37
263		Es	1	IV-32
264		es	3	IV-99, VI-87, VIII-26
265	s'	esbatans	1	III-07
266	s'	esbatre	1	I-23
267		esbrotés	1	II-07
268		escandales	1	VI-09
269	n'	escappe	1	II-82
270		eschapé	2	I-41, II-66
271		eschapees	1	VII-26
272		eschapés	1	VI-27
273		eschapez	1	VII-28
274		eschappé	5	II-92, V-100, VI-14, VI-91, VIII-82
275		eschapper	1	II-82, II-94
276		eschappez	1	X-94
277		escharpe	1	VIII-45
278	L'	eschelle	1	III-50
279	l'	eschele	1	II-61
280		esclaire	1	V-81
281	l'	esclaircir	1	VIII-19
282		esclandre	3	VI-69, IX-17, IX-65
283		esclandres	1	III-17
284		esclave	3	I-14, V-26, V-88
285		esclavonie	1	II-32
286	d'	Esclavonie	1	IV-82
287	l'	escolle	1	II-39
288	s'	esconse	1	I-37
289	d'	Escosse	3	III-78, V-93, X-66
290		Escotiques	1	VII-80
291		escoudre	1	II-32
292	l'	escoute	1	X-53

lesc - esme

293		lescoutte (as l'escoutte)	1	IX-88
294		escript	1	VIII-28
295	L'	escript	1	VIII-27
296	l'	escripture	1	VIII-66
297		escriptz	2	IV-57, IX-32
298		escris	1	VIII-56
299		Escrit	1	IX-08
300		escroueles	1	IV-10
301	l'	escueil	1	II-56
302		esgarés	2	I-81, V-86
303		esgaulx	1	IV-67
304		esgaux	1	VIII-69
305		esgrongnez	1	IX-93
306		Esleu	6	IV-97, VI-21, VIII-41, VIII-87, IX-20, X-12
307		esleu (see also L'eslu)	12	I-39, III-41, III-65, III-81, IV-89, V-15, V-46, V-49, V-56, V-92, VII-35, X-18
308	d'	esleu	2	IV-88, X-12
309		esleuz	1	IX-04
310		esleve	1	X-69
311		eslevé	6	I-12, I-95, II-11, V-24, V-42, VII-73,
312		eslevee	1	V-26
313		eslever	1	VI-26
314		eslevés	2	III-26, III-29
315		eslevéz	1	V-52
316		eslire	2	V-60, VI-86
317		eslite	1	IX-95
318		eslites	1	IX-43
319		eslogné	1	X-74
320	s'	esloigne	1	V-43
321		esloigné	2	II-17, IV-68
322		esloigner	2	IV-49, XII-69
323		esloignés	1	VI-58
324		esloignez	1	V-66
325		eslongez	1	IX-93
326		eslongné	1	VIII-73
327		eslongnes	1	X-25
328		Leslu (as L'eslu)	1	VIII-08
329		esmeu	4	IV-83, V-71, X-12, XII-55
330		esmeuë	1	II-86

emeu - l'espo

331		Esmeus	1	I-79
332	s'	esmeut	1	II-52
333		esmeux	1	I-73
334		esmeuz	1	VI-23
335	d'	esmotion	1	VI-72
336	l'	esmotion	1	VIII-81
337		esmotions	2	I-55, V-89
338		Espagne	1	V-14
339		Espaigne	3	III-78, IV-02, VI-12
340	L'	Espaigne	1	IV-05
341	d'	Espaigne	2	III-68, IV-94
342	l'	Espaigne	6	III-08, IV-36, IV-54, V-49, V-55, X-48
343	l'	espaigne	1	V-59
344		Espaignes	4	I-19, III-54, IV-03, X-95
345	L'	Espaignol	1	VI-15
346		espaignolz	1	IX-25
347	d'	Espaignolz	1	V-87
348	D'	espaignolz	1	VIII-54
349		espancher	1	VI-81
350		espandre	1	I-15
351		espandu	6	IV-01, V-96, VII-08, VII-30, VIII-98, IX-60
352		espargie	2	II-60, X-77
353		esparse	1	VI-97
354	l'	espase	1	IX-03
355		espectre	1	V-16
356		Lespe (as L'espe)	1	X-27
357		espée	1	I-91
358	l'	espee	2	IV-63, IV-78
359	l'	esperance	1	XII-59
360	d'	Esperie	1	IV-36
361		esperons	1	II-10
362	l'	espie	1	VII-33
363	l'	esplendeur	1	IV-28
364		espluché	1	VIII-36
365		Espoir	2	II-25, II-64
366		espoir	2	III-48, VIII-65
367	L'	espoir	1	VI-52
368	l'	espoir	1	VIII-64
369	l'	esponce	1	VI-55

lesp - l'est

370		lesponge (as l'esponge)	1	VIII-57
371		espouse	1	VIII-08
372		despouse (as d'espouse)	1	X-43
373	d'	espousailles	1	VI-73
374	L'	espouse	1	IV-71
375	d'	espouse	1	IV-71
376	l'	espouse	1	VIII-39
377		espousée	1	I-88
378		espouses	1	X-57
379		espouventable	1	V-08
380		espouvental	2	VII-19, IX-48
381		esprit	1	III-02
382	D'	esprit	1	VI-23
383	L'	esprit	3	II-13, IV-49, IV-56
384	l'	esprit	2	V-53, VIII-99
385		esprouvee	1	VIII-66
386		esprouvera	1	IV-73
387		esprouvés	1	I-05
388	qu'	esprove	1	VI-03
389		Esquadrons	1	V-22
390		essartee	1	IX-87
391		essayé	1	IV-47
392		essien	1	IX-26
393		Est	1	V-32
394		est	14	I-27, I-30, I-41, II-17, II-66 (2), II-86, III-49, IV-04, IV-27, V-31, V-32, V-34, VI-18
395	n'	est	2	I-01, VIII-27
396		estache	1	VIII-95
397		estaché	1	III-91
398		estachés	1	VI-89
399		estachéz	1	III-48
400		estaige	1	II-75
401		estainct	2	I-42, VIII-28
402		estainctz	1	IV-59
403		estaindre	2	IV-82, VI-40
404		estaint	4	IV-35, VI-63, IX-11, X-06
405		estainte	3	IV-71, VIII-06, X-12
406	d'	Estampes	1	IX-87
407	l'	estang	2	I-16, III-12

esta - estr

408		ESTANT	1	I-01
409		estant	1	IV-76,
410	n'	estant	1	V-61
411		estat	2	IV-21, V-32
412	L'	estat	2	II-10, VI-50
413		Estatz	1	IX-66
414		esté	5	I-27, II-54, IV-84 (2), VIII-39
415		estendra	1	VI-42
416		estendu	1	III-13
417		estendue	1	II-70
418	d'	esté	1	VI-85
419		estés	1	I-59
420		estincelle	1	II-46
421	l'	estinique	1	V-80
422		esto	1	VI-100
423	d'	estoc	1	IV-60
424		estoient	2	VI-08, VI-28
425		estoille	2	II-41, V-59
426	l'	estoille	2	II-43, VI-06
427		estoilles	1	III-46
428	qu'	estoit	3	III-91, III-94, VI-57
429	l'	estomach	2	V-35, X-17
430	s'	estonnera	1	IV-13
431		estonnés	1	VII-02
432	l'	Estore	1	IV-72
433		Lestore (as L'estore)	3	I-46, I-79, VII-12
434		estoufées	1	II-35
435	s'	estouffer	1	VIII-63
436		estoupé	1	II-27
437		estourdis	1	IX-40
438		estraine	1	VII-09
439		estrange	21	I-29, I-30, I-83 (2), I-98, II-25, II-54, II-71, III-33, III-38, III-49, V-12, V-74, VI-01, VI-02, VII-11, VII-19, VII-39, VIII-79, IX-65, IX-81
440	L'	estrange	1	II-84
441	d'	estrange	2	III-83, IV-34
442	l'	estrange	3	II-88, IV-78, V-04
443	l'	estrangier	1	IV-61
444		estranger	1	VIII-10

estr - etic

445		estranges	5	I-20, I-37, III-45, VI-09, IX-80
446		estrangiere	1	V-22
447		estraingiers	2	IV-54, IV-78
448		estrangle	1	I-39
449		estrangler	1	IX-46
450		estranglera	1	VIII-63
451		estre	18	I-21, I-67, I-70, II-07, II-10, II-98, III-69, IV-01, IV-31, IV-88, VI-36, VI-43, IX-07, IX-92, X-01, X-32 (2), X-57
452	d'	estre	2	IV-20, VIII-56
453	n'	estre	2	II-13, VI-90
454	l'	estrein	1	VII-38
455		estrennes	2	X-44, X-60
456		estres	1	II-89
457		Estroit	1	IX-61
458		estrillé	1	VII-17
459		estude	1	I-01
460		esvanoira	1	X-87
461		esvanoy	1	X-04
462		Esveiller	1	VII-33
463		esveillera	1	IX-31
464		esvertue	1	X-92
465		Et	90	I-03, I-13, I-15, I-17, I-53, I-58, I-64, II-28, II-29, II-42, III-12, III-32, III-52, IV-07, IV-18, IV-24, IV-30, IV-34, IV-42, IV-62, IV-80, V-10, V-11, V-12, V-14, V-40, V-45 (2), V-46, V-47, V-51, V-52, V-54, V-55, V-56, V-61, V-63, V-65, V-68, V-73, V-76, V-78, V-87, V-89, VI-07, VI-23, VI-50, VI-70, VI-83, VI-95, VI-98, VIII-15, VIII-20, VIII-21, VIII-30, VIII-31, VIII-35, VIII-66, VIII-68, VIII-69, VIII-72, VIII-91, VIII-95, VIII-98, IX-07, IX-16, IX-35 (2), IX-47, IX-52, IX-56, IX-57, IX-72, IX-73, IX-74, IX-77, IX-86, X-17, X-18, X-23, X-40, X-51, X-54, X-59, X-73, X-75, X-86, XII-24, XII-52, XII-59
466		eternel	1	I-51
467		eternité	1	II-13
468	d'	Ethne	1	II-17
469		eticque (as c'etique)	1	X-28

deri - exig

470		Derité. (as anagram - D'etiré) [1630 ed. = Denté.]	1	XII-04
471	d'	Hetrurie (as d'Etrurie)	1	V-39
472		Etrusque	3	I-26, IV-35, IV-58
473		Euge	1	II-61
474		eulx	3	IV-16, VII-35, IX-69
475		eulz (as pl. l'eus)	1	I-19
476		Eureux	2	IV-100, V-84
477	L'	Europe	1	I-52
478	d'	Europe	4	II-22, III-35, VI-80, X-86
479	l'	Europe	2	VIII-15, X-48
480	l'	europe	1	X-75
481		Eussouis	1	XII-52
482		eust	1	VI-96
483		eux	14	I-13, II-01, II-07, II-63, III-70, III-98, V-48, V-86, VI-78, VIII-62, IX-49, X-13, X-99, XII-52
484	d'	eux	2	III-18, V-50
485		Euxine	1	V-54
486	l'	exaltation	1	I-16
487		Exalteront	1	VII-82
488		examine	1	I-75
489		exancle	1	I-39
490		excellant	1	X-78
491		excellence	1	IV-46
492		excersit	1	IX-96
493		exces	1	I-86
494		excroissance	1	X-70
495		excubies	1	IV-08
496		excusé	1	VI-90
497		excusés	1	VII-12
498		executer	1	VI-47
499		execution	1	II-70
500	l'	execution	1	I-07
501		exemple	2	III-45, IX-87
502		exempt	1	VI-05
503		exercite	2	III-69, VII-10
504	l'	exercite	3	V-71, VI-19, IX-95
505	l'	exercité	1	VII-25
506		exercites	1	II-18

estr - etic

507		exigue	1	I-01
508	d'	exigue	1	I-32
509		exil	2	V-86, VI-46
510	l'	exil	1	I-61
511		exiles	2	I-13, II-67
512		exilés	4	I-59, II-71, IV-69, VI-08
513	d'	exilés	1	VI-28
514		exilez	2	VIII-77, IX-13
515		exilléz	1	V-52
516		expectacle	1	VI-51
517	d'	expectacles	1	II-92
518		expiation	1	II-70
519		expiler	1	VIII-62
520		expillez	1	IX-72
521		expiration	1	IX-46
522		exploicter	1	VI-41
523		explorateurs	1	IV-66
524		exploré	1	III-100
525		explorée	1	VI-63
526		Expolié	1	VI-39
527		expolier	1	VII-33
528	s'	expolier	1	V-67
529		expoliez	1	V-73
530		exposant	1	II-49
531		exposé	2	IX-10, IX-84
532		exposer	1	VII-14
533		expousera	1	VII-20
534		expugner	1	IX-92
535		expuise	1	VII-25
536		expuiser	1	VII-32
537		extaint	1	IX-14
538		extend	1	I-23
539		exterminees	1	IV-70
540		exterminer	2	III-45, IX-80
541		exterminera	1	IX-44
542		extipices	1	III-26
543		extrait	1	X-29
544		extreme	3	II-82, III-03, X-15
545		extremes	2	I-56, II-87

546	extremité	1	III-52
547	eyssame	1	IV-26

F,f

1	fabriquer	1	VIII-16
2	face	7	I-57, III-11, III-21, IV-61, V-09, VI-89, VI-92
3	faces	1	I-03
4	faché	1	IV-04
5	fachés	1	V-65
6	facheux	1	III-55
7	facit	1	VI-100
8	facteurs	1	IX-14
9	faction	1	X-33
10	façon	1	II-08
11	fagots	1	XI-97
12	Faible	1	IX-94
13	Faict	1	I-01
14	faict	35	I-04, I-34, I-42, I-45, I-54, I-76, II-02, II-40, II-85, II-88, III-30, III-73, III-74, III-96, IV-16, IV-46, IV-56, IV-73, IV-85, IV-88, V-67, VI-23, VI-37, VI-42 (2), VI-45, VI-61, VI-90, VI-92, VI-98, VI-99, VII-01, VII-19, VII-42, IX-95
15	faicte	9	I-07, I-19, IV-06, IV-29, IV-32, V-30, V-49, V-88, VII-16
16	faictes	1	X-23
17	faicts	3	V-96, VI-95 (2)
18	faictz	3	I-54, V-48, VI-09
19	failir	1	III-95
20	failleront	2	III-42, IX-97
21	failli	1	V-17
22	faillie	2	I-73, VIII-22
23	faillir	8	IV-97, IV-98, V-15, V-57, V-59, VI-51, IX-81, XII-04
24	faillira	5	IV-45, IV-100, VIII-39, VIII-59, IX-35
25	failliront	1	I-06
26	failloit	1	II-55
27	Faim	4	II-19, IV-90, VII-60, VIII-17
28	faim	25	I-55, I-69, I-70, II-07, II-24, II-60, II-62, II-64, II-71, II-82, II-91, III-06, III-10 (2), III-19, III-42, III-71 (2), IV-30, IV-79, V-63, VI-10, VII-34,

Concordance to *The Prophecies* of Nostradamus (1568 Lyon)

faim - fasc

(28)	faim (Cont.)	(25)	VIII-50, XII-04
29	Fainct	1	VI-15
30	fainct	3	V-44, VI-14, VI-76
31	Faincte	1	VII-09
32	faincte	11	IV-66, V-05, V-37, VI-20, VI-22 (2), VI-30, VI-48, VI-72, VII-02, VII-14
33	fainctes	1	V-89
34	fainctz	1	VII-33
35	Fains	1	II-06
36	faint	1	II-80
37	fainte	5	IV-24, IV-62, V-94, VIII-06, VIII-20
38	faintise	1	VII-36
39	faire	18	I-05, I-56, I-97, II-16, II-18, II-76, III-24, IV-02, IV-15, V-01, VI-62, VI-73, VI-87, VI-97, VIII-33, VIII-74, IX-46, X-68
40	fais	2	II-43, III-24
41	Faisant	4	VII-16, VIII-30, VIII-41, X-79
42	faisant	5	VIII-07, VIII-32, VIII-51, VIII-53, VIII-82
43	faisoit	1	III-66
44	Fait	3	VIII-54, IX-74, X-21
45	fait	14	II-38, II-76, II-92, IV-13, IV-16, VIII-54, VIII-57, VIII-73, IX-08, IX-61, IX-74, X-19, X-34, X-69
46	faite	4	VIII-07, IX-61, IX-78, X-47
47	faits	1	IV-18
48	faitz	2	VIII-60, VIII-80
49	Faiz	1	X-43
50	falcigere	1	I-54
51	fame	1	X-04
52	fameliquesl (as anagram - l'fameliques)	1	X-81
53	famille	1	VIII-19
54	Famine	1	II-96
55	famine	7	I-16, I-67, II-37, II-46, IV-15, V-90, VI-05
56	fantasie	2	I-96, II-12
57	fara	1	X-25
58	fardeaux	1	VI-27
59	farouche	5	I-76, VI-82, XII-04, XII-36, XII-55
60	farouches	1	II-24
61	farouohe (as farouche)	1	IV-47

fasc - feme

62	Fasche	1	X-90
63	fasché	1	V-04
64	faschee	1	V-29
65	Fascher	1	I-09
66	fascherie	1	III-74
67	fascheront	1	I-47
68	faschés	1	VI-89
69	fatal	1	III-79
70	fato	1	I-76
71	faucher	1	XII-04
72	faudra	4	II-03, II-49, IV-14, V-38
73	faudront	1	II-71
74	faugnars	1	IV-63
75	faulce	1	I-12
76	faulcée	1	IV-22
77	faulse	1	I-40
78	faulsement	1	IV-10
79	faulte	3	II-51, IV-71, IX-98
80	Faulx	5	I-16, VII-14, X-03, X-46, X-47
81	faulx	6	V-69, IX-92, IX-94, X-28, X-43, X-66
82	fausse	1	III-72
83	fautes	2	V-85, VIII-53
84	faux	3	V-90, VIII-20, X-43
85	fauxbourg	1	II-04
86	Favence	1	III-74
87	Favene	1	VII-32
88	faveur	1	II-26
89	favorable	2	V-08, VI-90
90	favory	1	V-15
91	feincte	1	II-53
92	feirent	2	VIII-28, X-21
93	feit	2	VIII-16, IX-17
94	felice	2	II-13, V-55
95	felicité	2	VI-67, VI-90
96	felin	1	X-58
97	Felix	1	IV-72
98	felonnie	1	III-60
99	feme	1	X-09
100	femelle	1	III-28

Concordance to *The Prophecies* of Nostradamus (1568 Lyon)

femm - ferm

101	Femme	2	I-41, VIII-63
102	femme	9	I-88, IV-54, IV-57 (2), VI-72, VIII-13, VIII-63, IX-52, X-35
103	femmes	1	IV-52
104	fendroit	1	VI-93
105	fendu	1	VIII-29
106	fendus	1	III-40
107	fenera	1	II-65
108	fenestre	1	V-75
109	fenestres	1	IX-24
110	fenix	1	VIII-27
111	Fer	1	X-65
112	fer	24	I-10, I-71, I-84, I-86, I-97, II-05, II-06, II-24, II-34, II-46, III-30, III-84, IV-34, IV-35, IV-47, V-02, V-28, VI-49, VI-68, VIII-79, IX-44, IX-51, IX-95, X-10
113	Fera	27	I-33, I-40, I-61, I-86, I-87, II-30, II-34, II-76, III-69, III-93, IV-24, IV-87, V-39, V-41, V-42, V-61, VI-41, VII-24, VIII-13, VIII-14, IX-53, IX-79, X-11, X-42, X-45, X-80, XII-04
114	fera	94	I-15, I-22, I-36, I-50, I-66, I-86, I-97, I-99 (2), II-01, II-02, II-05, II-13, II-24, II-26, II-41, II-51, II-55, II-63, II-65, II-67, II-69, II-70, II-76, II-82, III-19, III-27, III-43, III-51, III-70, III-86, III-91, IV-06, IV-21, IV-22, IV-37, IV-41, IV-46, IV-55, IV-65, IV-75 (2), IV-81, V-02, V-05, V-42, V-60, V-81, V-89, V-93, VI-29, VI-33, VI-46, VI-57, VI-84 (3), VI-86, VII-12, VII-15, VII-19, VII-21, VII-23, VII-28, VII-29, VIII-08, VIII-25, VIII-32, VIII-38, VIII-46, VIII-50, VIII-62, VIII-72, VIII-79, VIII-83 (2), VIII-93, IX-16, IX-17, IX-26, IX-44, IX-45, IX-59, IX-64 (2), IX-90, IX-99 (2), X-18, X-42, X-65, X-70, X-83, X-84
115	enfera (also as en fera)	1	X-87
116	feras	1	X-91
117	Ferdinand	1	IX-35
118	fermee	1	III-88
119	fermes	1	VIII-08
120	fermés	1	VII-40

fero - fez

121	Feront	8	I-13, III-76, V-70, V-83, VI-16, VIII-12, IX-86, X-88
122	feront	30	I-28, I-49, I-62, I-87, I-91, II-01, II-40, III-08, III-30, III-49, III-51, IV-72, IV-95, V-02, V-22, V-51, VI-02, VI-88, VII-18, VII-27, VII-40, VIII-18, VIII-56, IX-80, IX-86, X-05, X-23, X-37, X-38, X-63
123	Ferrare	6	I-58, II-15, IV-73, V-99, VII-27, VIII-67
124	ferré	1	IV-38
125	ferrée	1	III-10
126	ferreure	1	II-54
127	ferrugine	1	I-84
128	Fert	1	IX-74
129	Ferte	1	IX-59
130	fertile	2	IV-48, VI-53
131	fertive	2	VIII-25, X-54
132	ferveur	1	IV-59
133	feste	4	I-50, VIII-72, VIII-74, IX-23
134	festes	2	I-58, II-16
135	Fesulan	1	VIII-16
136	Feu	11	I-62, II-92, IV-98, VI-38, VI-80, VI-97, VIII-10, IX-29, IX-51, X-60, XII-04
137	feu	60	I-42, I-46, I-71, I-87, I-97, II-35, II-46, II-61, II-65, II-81, II-91 (2), III-07, III-22, III-37, III-80, III-84, IV-23, IV-28, IV-31, IV-34, IV-35, IV-40, IV-47, IV-80, IV-100, V-08 (2), V-21, V-27, V-60, V-98, V-100 (2), VI-10, VI-16, VI-19, VI-34, VII-18, VII-28, VII-30, VIII-01, VIII-02, VIII-07, VIII-11, VIII-17, IX-03, IX-09 (2), IX-13, IX-20, IX-55, IX-96, IX-100, X-06, X-10, X-24, X-53, X-61, XII-69
138	feuilles	1	VIII-75
139	Feus	1	II-40
140	feut	8	VIII-94, IX-52, X-09, X-19, X-20, X-57, X-71, X-91
141	feux	7	I-11, II-18, II-26, II-77 (2), IV-67, V-61
142	feuz	2	II-16, V-34
143	Fevrier	3	III-96, VIII-48, VIII-49
144	Fez	2	VI-54, VI-80

fina - flam

145	fiance	1	V-49
146	fiancée	1	II-98
147	fidelle	1	III-41
148	fiel	1	III-16
149	fier	2	II-34, V-29
150	fiere	4	II-70, II-79, VIII-31, X-19
151	fiers	1	IX-69
152	figuieres	1	X-09
153	figulier	1	IX-12
154	fil	3	II-48, IV-63, X-15
155	filer	1	IV-58
156	Fille	1	II-54
157	fille	3	IV-99, VIII-96, X-17
158	fillera	1	IV-85
159	filles	1	IV-71
160	Fils	1	XII-04
161	fils	1	X-96
162	filz	28	I-41, II-11, III-18, IV-07, IV-53 (2), IV-58, IV-60, IV-61, IV-83, IV-87 (2), IV-91, V-67, VI-77, VI-91, VIII-32, VIII-63, VIII-75 (2), IX-77, X-08, X-15, X-18, X-21, X-39, X-40, X-63
163	fin	12	II-96, III-21, III-56, IV-25, V-98, VI-09, VII-06, VII-12, VIII-69, IX-32, X-55, X-99
164	finera	1	I-100
165	finie	1	I-70
166	fins	2	VIII-97, X-48
167	finy	1	I-98
168	fitine	1	VI-89
169	fixes	1	III-46
170	flagrand	1	X-35
171	Flamans	2	III-09, VI-12
172	Flamant	1	III-53
173	Flambe	1	I-01
174	Flambeau	1	II-96
175	flambeaux	1	IX-70
176	flame	1	XII-71
177	Flamens	1	IX-40
178	flaminique	1	V-77
179	flamme	6	I-97, IV-24, IV-82, VI-19, VI-97, XII-04

flan - fond

180	flancz	1	II-50
181	Flandres	4	III-17, IV-19, V-94, IX-18
182	flanguards	1	X-33
183	flateurs	1	X-16
184	fleaux	2	I-63, II-06
185	fleche	1	IV-09
186	fleiche	1	VIII-49
187	flesche	1	II-61
188	fleur	5	IV-20, V-39, VI-83, IX-35, X-79
189	fleurira	1	II-97
190	fleurs	2	V-89, VI-62
191	Fleuve	1	VI-03
192	fleuve	13	I-86, I-87, II-23, II-57, II-61, III-20, III-61, III-72, IV-17, IV-80, V-98, VI-04, VI-99
193	Fleuves	2	I-20, XII-71
194	fleuves	11	II-17, II-24, II-35, II-97, VI-27, VI-33, VI-52, VI-98, VII-30, VIII-55, IX-76
195	fleux	1	X-56
196	Flora	3	II-84, VII-08, VIII-18
197	Florance	1	X-64
198	Florence	10	III-74, IV-60, V-03, V-39, VI-36, VI-48, VI-77, VII-32, VIII-07, X-33
199	florir	2	II-69, V-39
200	florira	1	V-52
201	foible	2	III-28, VIII-56
202	Foibles	1	IX-94
203	foibles	2	III-06, IX-96
204	Foiblesse	1	VIII-04
205	Fois	2	IX-10, IX-73
206	fois	9	I-71, III-10, III-31, III-57, IV-30, VII-05, VIII-59 (2), X-90
207	Foix (see also foyx)	4	V-100, VIII-12, VIII-39, IX-63
208	folie	2	I-40, III-68
209	folies	1	III-63
210	fond	2	I-21, III-03
211	fondation	1	I-69
212	fondement	1	VI-66
213	fondements	1	II-08
214	fonds	1	VII-73

fond - fort

215	fondu	1	III-13
216	fondz	1	V-09
217	fons	2	X-41, X-80
218	font	1	X-28
219	fontaines	1	IV-66
220	forbe	1	VIII-12
221	Force	2	II-16, III-100
222	force	12	I-15, I-33, I-94, III-71, VIII-04, VIII-11, VIII-42, VIII-76, IX-32, X-22, X-49, X-80
223	forcenee	1	VIII-13
224	forces	5	IV-50, IV-70, IV-73, VI-62, VII-33
225	forche	1	II-67
226	forens	1	X-24
227	forest	6	V-58, VIII-35, IX-19, IX-20, IX-40, IX-87
228	forestz	1	VI-07
229	forge	2	II-07, VI-76
230	Formande	1	X-47
231	forme	2	I-29, IV-28
232	Fornase	1	IX-03
233	forneaulx	1	IX-14
234	forneron	1	IX-17
235	fornix	1	VIII-27
236	forrier	1	IX-10
237	Fors	3	VI-61, VI-96, IX-51
238	fors	2	II-11, II-67
239	Fort	2	IV-82, XII-69
240	fort	55	I-05, I-74, I-75, I-80, I-95, II-25, II-37, II-39, II-54, II-58, II-61, III-06, III-73, III-76, III-82, III-98, IV-21, IV-32, IV-52, IV-57, IV-59, IV-66, IV-67, IV-86, IV-90, IV-97, V-33, V-50, V-68, V-86, VI-39, VI-40, VI-56, VI-70, VI-72, VI-87, VI-98, VII-19, VII-24, VII-27, VII-44, VIII-03, VIII-37, VIII-44, IX-55, IX-77, IX-83, IX-89, IX-93, IX-94, X-17, X-45, X-67, XII-04, XII-65
241	forte	4	I-29, II-58, III-22, IX-82
242	forteresse	4	II-25, IV-65, V-82, VIII-37
243	forteresses	1	IV-40
244	fortes	1	III-98
245	fortune	4	II-66, III-16, V-32, IX-89

fort - fran

246	fortz	1	IX-80
247	Fossan	1	III-96
248	fosse	2	IV-80, VIII-95
249	fossé	1	VII-07
250	Fossen	1	I-58
251	Foudre	1	II-76
252	foudre	4	I-65, III-06, III-44, IV-43
253	foudre. (as foudre de guerre)	1	XII-52
254	foudres	1	IV-99
255	fougeres	1	IX-19
256	Fouldre	2	IV-35, VIII-02
257	fouldre	5	I-26, III-13, IV-54, IX-19, IX-36
258	fouldres	1	II-51
259	fouleront	1	I-06
260	fourchu	1	X-101
261	Foussan	1	VII-30
262	fouyr (as fouïr)	2	IX-11, X-82
263	foy	16	I-70, I-86, II-09, II-60, IV-22, VIII-21, VIII-39, VIII-76, VIII-87, VIII-100, IX-67, IX-85, X-01, X-16, XII-04, XII-59
264	foyblira	1	VIII-59
265	foyole	1	I-34
266	foys	4	I-08, I-15, VIII-38, IX-63
267	foyx (as foix)	1	III-25
268	fragile	1	I-12
269	fragues	1	VI-94
270	franc	2	V-18, V-87
271	France	27	I-73, I-78, II-02, II-34, III-15, III-23, III-24, III-55, III-99, IV-02 (2), IV-93, V-42, V-49, V-77, VI-12, VI-16, VII-03, VIII-04, VIII-46, IX-52, IX-55, IX-58, X-16, X-26, XII-56, XII-71
272	Franche	2	III-57, X-41
273	franche	3	IV-16, V-35, V-80
274	Ville-franche	1	XI-97
275	Franco	1	IX-16
276	Francois	2	III-27 (2)
277	Francoise	1	VII-39
278	Françoys	1	I-34
279	Frankfort	2	III-53, VI-87

fran - frui

280	franque	1	VIII-86
281	Frappé	1	II-92
282	frappé	5	I-27, II-27, II-56, III-59, V-14
283	frappée	1	IV-33
284	frapper	1	I-83
285	frappera	3	II-29, VIII-73, IX-27
286	Frappés	1	II-43
287	Fratricider	1	VI-11
288	fraud	1	VII-03
289	fraude	3	III-85, V-83, IX-79
290	Frauder	1	II-36
291	fraudulente	2	IV-42, VI-77
292	fraulde	1	VII-33
293	fraux	1	V-05
294	frayeur	4	I-94, III-88, VIII-80, IX-50
295	Freins	1	III-82
296	Frejus	1	X-23
297	fremissent	1	I-02
298	frenaisie	1	II-12
299	frenetique	1	II-28
300	frere	8	I-84, IV-61, IV-96, V-36, VIII-13, X-26, X-34 (2)
301	Freres	1	II-20
302	freres	11	I-85, II-34, II-95, III-98, IV-94, V-50, VI-07, VIII-17, VIII-46, VIII-58, IX-36
303	fresch	1	IX-23
304	fresz	1	IV-63
305	Frise	1	VI-41
306	frivole	1	VI-32
307	Frize	1	IV-89
308	frofaim	1	VI-81
309	Froid	1	III-04
310	froid	1	VI-69
311	froissant	1	XII-04
312	froit	2	V-63, VII-34
313	froment	2	II-75, IV-15
314	front	5	II-20, IV-25, V-02, V-09, X-08
315	frontiere	2	IX-99, X-41
316	frontieres	1	III-04
317	fruict	4	I-10, I-19, IX-66, X-89

frui - fuyt

318	fruit	3	VIII-18, VIII-31, VIII-96
319	fruitz	1	IX-65
320	frustre	1	III-89
321	frustré	1	VIII-65
322	frustrés	1	III-87
323	Frymy	1	VIII-91
324	Fucin	1	II-73
325	fugitifs	1	III-07
326	fugitifz	1	IV-53
327	fuict	1	V-17
328	fuir	1	VIII-01
329	fuira	2	III-54, IV-92
330	Fuis	2	II-26, VIII-46
331	fuis	5	II-72, II-77, IV-79, VII-08 (2)
332	fuit	1	VIII-62
333	fuite	3	II-49, IX-12, VII-44
334	fulgure	1	VIII-06
335	fulgures	2	I-65, II-16
336	fum	2	IX-14, IX-23
337	fumée	1	XII-04
338	furent	1	XII-65
339	Fureur	1	V-13
340	fureur	12	V-13, V-60, V-71, VI-27, VI-32, VI-59, VI-68, VI-72, X-16, XI-91, XII-56, XII-65
341	furieuse	1	VI-68
342	furieux	2	I-83, II-34
343	furt	1	XII-04
344	fuste	2	I-28, II-81
345	Fustes	1	VII-26
346	fustes	1	VIII-21
347	fut	5	IV-54 (2), VI-23, VIII-53, IX-68
348	fuy	3	VIII-64, VIII-84 (2)
349	Fuyant	1	X-69
350	fuyant	1	I-98
351	fuyez	1	IX-46
352	fuyr (as fuir)	1	IX-04
353	fuyra (as fuira)	1	IV-83
354	fuyront (as fuiront)	1	X-06
355	Fuytif (as Fugitif)	1	X-03

G,g

1	gach	1	IV-26
2	Gaddes	1	IX-30
3	Gagdole	1	IV-97
4	gaigné	1	I-75
5	Gaigner	1	VII-40
6	gain	1	IV-21
7	Gale	1	III-53
8	galees	1	VII-26
9	galeres	1	IX-43
10	Galiotz	1	V-63
11	gallere	1	X-02
12	galleres	2	IX-79, IX-94
13	Gallique	2	VI-07, VIII-58
14	Gallotz	1	VII-10
15	gallotz	1	VI-62
16	Gand	6	II-16, II-50, IV-19, V-94, IX-49, X-83
17	Gange	1	IV-51
18	Gar. (as Garonne)	1	II-25
19	garantira	1	II-88
20	Garde	3	II-25, IV-46, VIII-32
21	garde	7	II-25, II-59, II-97, III-34, IX-27, IX-40, IX-82
22	gardé	2	I-68, II-14
23	garderont	1	IV-35
24	Gardés	1	III-43
25	gardes	2	IV-08, VI-43
26	Gardoing	1	V-58
27	garnisant	1	IV-53
28	garnisons	1	X-38
29	Garonne	7	III-12, III-43, VI-01, VI-79, VIII-02, VIII-35, IX-37
30	garonne	1	II-33
31	garse	1	V-12
32	Gascoigne	1	VI-86
33	Gascon	1	IX-39
34	Gascons	2	IV-03, IV-76
35	gastera	1	III-33

gast - gent

36	gastez	1	VIII-94
37	gauche	4	I-91, V-06, IX-58, IX-76
38	Gaule	14	I-31, I-51, I-70, II-29, II-72, III-83, IV-05, IV-36, V-54 (2), VI-83, VIII-60, IX-33, X-58
39	gaule	1	II-29
40	Gaules	1	IV-12
41	Gaulois	16	I-06, II-63, II-69, III-49, III-100, IV-37, IV-54, IV-91, V-03, V-40, VI-85, VII-25, VIII-32, IX-38, IX-75, X-38
42	Gauloise	6	I-18, II-59, III-38, V-03, VII-20, VII-34
43	gauloise	1	III-87
44	Gauloys	4	I-90, II-78, II-94, X-34
45	Gauloyse	1	II-99
46	Gaulsier	1	V-57
47	Gebenoise	1	II-64
48	gelees	1	VIII-35
49	gelées	1	II-01
50	gelle	1	VIII-35
51	gellee	1	X-66
52	gelleront	1	X-71
53	Genefve	1	VIII-06
54	genest	1	VIII-27
55	Genesve	1	IX-44
56	Geneve	3	IV-09, IV-42, VII-04
57	Genevois	1	IV-59
58	Genevoise	1	II-64
59	Genevoys	1	X-92
60	genisse	1	X-87
61	geniture	1	X-42
62	Gennes	14	II-03, II-33, IV-37, IV-60, IV-66, V-28, V-64, VI-78, VI-81, VII-30, VII-39, IX-42, X-24, X-60
63	genre	2	VI-18, X-10
64	Gens	2	III-08, III-43
65	gens	17	I-03, I-28, I-42, I-60, II-06, II-62, III-17, III-20, III-24, III-35, III-58, III-78, IV-83, VIII-08, VIII-98, IX-72, XII-24
66	gendarmes	2	I-78, IV-52
67	gent	33	I-14, I-83, II-54, II-64, II-70, II-71, II-74, II-78, II-79, II-99, III-32, III-38, III-57, III-64, III-83,

gent - gorg

(67)	gent (Cont.)	(33)	IV-02, IV-100, V-13, V-26, V-42, V-51, V-52, V-55, V-74, V-99, VI-01, VI-03, VI-18, VI-20, VII-22, VII-34, VII-39, VIII-10
68	gente	1	IV-41
69	gents	1	VII-32
70	George	1	IX-31
71	Germain	2	II-24, II-87
72	germain	1	X-17
73	Germaine	1	VI-77
74	germaine	1	X-35
75	Germains	4	II-39, III-67, IV-74, X-59
76	Germanie	5	III-76, V-43, V-94, IX-90, X-31
77	Germanique	2	III-57, V-74
78	germanique	1	III-32
79	geter	1	IX-99
80	getés	1	II-17
81	getté	3	III-40, VI-40, VIII-94
82	gettee	1	IV-92
83	getter	1	IX-53
84	gettés	1	II-11
85	gettez	1	VIII-28
86	Gien	1	II-14
87	giron	1	V-03
88	Gironde	2	II-61, VI-79
89	Gisant	1	X-92
90	glace	2	I-22, VI-52
91	Glaifves	1	I-11
92	glaive	6	II-56, II-91, II-96, III-11, VI-92, X-60
93	glaives	1	III-75
94	glandes	1	IV-79
95	glaz	1	III-40
96	globe	2	II-58, V-93
97	globes	1	V-08
98	gloire	3	II-11, III-15, VIII-31
99	glomes	1	VIII-71
100	gloze	1	III-62
101	goffres (see also goulfre/goulphre/gouphre)	1	II-02
102	gorge	6	II-07, III-42, III-96, IV-35, VI-76, VIII-41

Concordance to *The Prophecies* of Nostradamus (1568 Lyon)

gorg - gran

103	Gorgon	1	VIII-79
104	Gorsan	1	VIII-22
105	gosier	1	IV-58
106	Gotique	1	I-42
107	goulfre	3	VI-44, IX-28, IX-30
108	goulphre	2	VIII-84, IX-16
109	gouphre	1	V-84
110	Goussanville	1	IX-56
111	gousse	1	III-75
112	goustant	1	V-36
113	goutte	1	II-84
114	gouvernement	1	I-12
115	gouverneur	2	III-81, VI-45
116	gouvert	1	IV-11
117	Grace	1	VI-18
118	grace	1	VIII-22
119	graces	1	X-78
120	Gran	1	X-87
121	GRAN. (as GRANDEMENT)	1	II-94
122	granci	1	VI-79
123	Grand	19	I-46, II-16, II-60, II-92, III-19, III-69, IV-04, IV-05, V-15, VI-40, VI-90, VI-99, VII-24, VIII-92, IX-45, IX-60, IX-65, X-10, X-56
124	grand	340	I-04, I-05, I-08, I-13, I-19, I-22, I-25, I-26, I-32, I-33 (2), I-37, I-45, I-52, I-53, I-57, I-61 (2), I-62, I-65, I-69, I-70, I-74, I-76, I-80, I-82, I-84, I-85, I-88, I-91 (2), I-99, 1-100, II-02, II-06, II-09, II-12, II-14, II-17, II-22, II-24, II-26, II-28, II-32, II-33, II-36, II-37, II-38, II-40, II-41, II-45, II-46 (2), II-48, II-53, II-54, II-55, II-57 (2), II-58, II-59 (3), II-61, II-63 (2), II-64, II-66, II-68, II-69 (2), II-73, II-78, II-79, II-82, II-83, II-88 (2), II-89, II-90, II-91, II-92, II-93, II-94, II-100 (2), III-01 (2), III-09, III-10, III-13, III-15, III-20, III-30, III-31, III-32, III-33, III-40, III-50, III-51, III-53, III-55, III-58, III-59, III-63, III-64, III-65, III-66, III-70, III-71, III-72, III-75, III-77, III-81, III-84, III-86, III-90, III-97, III-98, IV-02, IV-03, IV-07 (2), IV-08, IV-11, IV-12, IV-13 (2), IV-22, IV-26,

gran - gran

(124) grand (Cont.) (340) IV-34, IV-35, IV-37, IV-45, IV-48, IV-53, IV-57, IV-65, IV-67, IV-70, IV-71, IV-73, IV-78, IV-80 (2), IV-81, IV-84, IV-87, IV-88, IV-97, IV-100, V-01, V-02, V-09, V-12, V-13, V-15, V-19, V-20, V-22, V-23, V-28, V-30, V-35 (2), V-38, V-42, V-44, V-45, V-47 (2), V-53, V-54, V-61, V-62, V-64, V-68, V-69, V-71, V-79, V-83, V-84, V-90, V-91, V-94 (2), V-95, V-96, V-97, VI-01, VI-05, VI-06, VI-13, VI-15, VI-18, VI-21 (2), VI-22, VI-25, VI-27, VI-28 (2), VI-32, VI-34, VI-35, VI-37, VI-40, VI-42, VI-44, VI-49, VI-52, VI-53 (2), VI-61, VI-62, VI-63, VI-66, VI-67, VI-69, VI-70, VI-71, VI-72, VI-75, VI-78 (2), VI-80 (2), VI-82, VI-85 (2), VI-86 (2), VI-87, VI-88, VI-91, VI-92, VI-97 (2), VI-98, VII-07, VII-09 (2), VII-10 (2), VII-12, VII-17 (3), VII-27, VII-29 (2), VII-30 (2), VII-34 (2), VII-42, VIII-01, VIII-02, VIII-05, VIII-11, VIII-14 (2), VIII-16, VIII-24, VIII-26, VIII-31, VIII-33, VIII-49, VIII-50, VIII-54, VIII-60, VIII-62, VIII-65, VIII-67, VIII-71, VIII-73 (2), VIII-80, VIII-83 (2), VIII-91, VIII-93, VIII-98, IX-03, IX-16, IX-17, IX-18, IX-19, IX-30, IX-35, IX-36, IX-38, IX-41, IX-48, IX-59, IX-61, IX-64, IX-65, IX-69, IX-83, IX-84, IX-90 (2), IX-98, IX-100, X-07, X-20, X-24, X-25, X-27 (2), X-32, X-41, X-47, X-48, X-50, X-53 (2), X-64, X-69, X-71, X-72 (2), X-73, X-74 (2), X-75, X-76, X-79, X-80 (2), X-86, X-87, X-94, X-100, XII-24, XII-36 (2), XII-56, XII-69

125 Grande 3 I-55, VI-96, X-02
126 grande 69 I-62, I-67 (2), I-69, I-82, I-86, I-90, I-99, II-40, II-53, II-65, II-70, II-72, II-95, III-10, III-24, III-35, III-50, III-52, III-60, III-61, III-64, III-75, III-88, III-94, IV-07, IV-62, IV-65, IV-69, IV-82, V-20, V-22, V-30, V-31, V-43, V-48, V-50, V-60, V-65, V-70, V-80, V-86, V-98, VI-03, VI-13, VI-40 (2), VI-58, VI-67, VI-69, VI-73, VII-28, VII-35, VII-83, VIII-10, VIII-19, VIII-67, VIII-100, IX-11, IX-26, IX-52, IX-65, IX-82, X-02, X-37, X-55,

gran - grog

(126)	grande (Cont.)	(69)	X-68 (2), X-69
127	grandement	2	III-04, IV-54
128	Grandes	1	X-100
129	grandes	1	II-01
130	grands	15	I-31, I-49, I-56, I-87, II-68, II-80, II-95, III-05, IV-36, VIII-15, IX-63, X-18, X-57, X-80, XII-69
131	Grands. (as Grandissimes)	1	XII-52
132	grandz	2	II-89, X-89
133	granée	1	IV-33
134	grange	1	I-98
135	Grans	1	VII-31
136	grans	28	I-17, I-24, I-69, II-43, II-66, II-74, III-05, III-12, III-13, III-44, III-54, III-62, IV-03, IV-47, IV-68, IV-70, IV-94, V-46, V-65, V-86, VI-01, VI-08, VI-47, VII-07, VII-08, VII-29, VIII-41, IX-03
137	grant	4	I-28, II-46, II-47, II-85
138	grappé	1	I-27
139	grapper	1	II-56
140	grasse	1	X-28
141	grave	1	VI-09
142	gravier	1	I-29
143	Grecs	1	I-83
144	Grenade	2	III-20, V-55
145	Grenoble	2	IV-42, IX-69
146	grenoilles	1	II-32
147	Greque	1	IX-78
148	Gresle	2	I-66, V-97
149	gresle	6	I-22, III-56, VIII-02, VIII-35, IX-69, X-67
150	gresler	1	VIII-77
151	gresse	1	VII-40
152	grevés	2	I-05, III-06
153	grillés	1	VI-65
154	grinsseant	1	V-13
155	grippe	1	VI-91
156	gripper	1	IX-39
157	Gris	1	VI-65
158	gris	4	I-100, VIII-22, IX-20, X-91
159	Grisons	1	X-38
160	grogne	1	III-87

grop - guir

161	groppe	1	VI-40
162	gros	5	II-41, II-83, IV-44, V-04, VIII-56
163	grosse	1	X-67
164	gryphon	1	X-86
165	Guaires	1	IV-12
166	guarantir	1	VI-33
167	Guaron. (as Guarona: Garonne [Ancient Occitan])	1	XII-65
168	guerdonnez	1	IX-61
169	gueres	1	III-65
170	guerir	1	IV-10
171	guerisse	1	III-73
172	Guerre	3	II-52, III-70, IX-66
173	guerre	37	I-69, I-70, I-87, I-100, II-05, II-19, III-19, III-82, III-98, IV-34, IV-43, IV-95, IV-100, V-19, V-35, V-62, V-70, V-85, VI-24, VI-65, VI-91, VI-94, VII-02, VII-06, VII-12, VII-25, VII-26, VII-37, VIII-48, VIII-77, IX-31, IX-52, IX-55, X-34, X-42, XII-56, XII-62
174	Guerres	1	XII-62
175	guerres	5	I-31, I-63, II-38, II-50, IV-67
176	Guerroyera	1	X-58
177	guerroyeront	1	III-98
178	Guespes	1	VI-89
179	guet	4	VII-40 (2), VIII-33, VIII-45
180	guette	1	V-17
181	guettee	1	IX-43
182	guetter	1	IX-53
183	guettes	1	IX-58
184	Gueulle	1	VII-38
185	guide	1	X-12
186	Guien	1	I-27
187	Guienne	3	III-08, VII-31, IX-85
188	Guiere	1	VII-35
189	guiere	1	X-15
190	guieres	1	X-41
191	guindera	1	II-33
192	Guion	1	IX-33
193	Guirond. (as Girondin)	1	XII-65

guis - gyro

194	Guise	1	VII-29
195	Guyenne	2	IX-06, XII-24
196	Guyrlande	1	X-47
197	Gymnique	1	IV-41
198	Gyronde (as Gironde)	1	V-34

H,h

1		Ha	1	XII-62
2		habandonnera (as abandonnera)		
			1	X-03
3		habile	1	IV-21
4		Habit	1	X-35
5		habit	3	IV-64, VI-14, X-94
6	L'	habit	1	II-12
7		habitable	1	V-97
8		habitans	4	I-72, II-03, III-84, VI-79
9		habitee	1	VII-41
10		habitée	1	VI-43
11		habits	1	VII-07
12	D'	habits	1	IV-06
13		habitz	1	VI-17
14		habondant (as abondant)	1	VIII-100
15	d'	Hacatombe (see also heccatombe)		
			1	X-74
16	l'	hache	1	VII-18
17		hachez	2	IX-70, XI-97
18		Hadriatique	3	II-86, III-21, III-23
19		Hadrie	3	I-08, I-09, X-38
20	d'	Hadrie	1	III-11
21	qu'	Hadrie	1	II-55
22		haïe	1	XII-55
23	d'	Hainault	1	II-50
24		Haine	1	XII-56
25		haine	3	I-13, I-85, V-37
26	L'	haine	1	XII-59
27		haines	1	III-63
28		halbe (as albe)	1	IX-22
29		halles	1	IX-09
30	d'	Hamon	1	X-18
31		Hanix	1	VIII-85
32		harangue	1	IV-56
33	l'	harangue	1	VII-20
34		hardiesse	1	III-81

hard - heca

35		hardis	1	V-21
36		Hardit	1	X-14
37		hardy	1	IV-05
38		hare	1	V-13
39		Harmorique (as Armorique)	1	X-36
40		Harnois	1	IX-70
41		harnois	3	I-38, III-30, VI-94
42		Hasse	1	V-100
43		Hastez	1	IV-51
44		hastifz	1	X-97
45		hastive	1	VI-48
46		haulsera	1	V-79
47		Hault	1	IX-27
48		hault	32	I-12, I-16, I-36, II-25, II-75, II-92, III-29, III-70, IV-31, IV-49, V-16, V-75, VI-18, VIII-56, VIII-59, VIII-100 (2), IX-02, IX-05, IX-21, IX-23, IX-37, IX-50, IX-66 (2), IX-67, X-06, X-18 (2), X-54, X-84 (2)
49	L'	hault	1	VIII-12
50		haulte	2	V-74, VIII-22
51		haultes	1	VIII-53
52		haultz	3	II-89, IV-53, V-61
53		hauste	1	IV-71
54		haut	7	IV-14, IV-21, V-26, V-42, V-100, VI-75, VII-80
55	d'	haut	1	VIII-07
56	pl'	haut (as plus haut)	1	III-01
57		haute	1	II-51
58	d'	haute	1	I-89
59		hautes	1	III-54
60	d'	hauteur	1	VIII-23
61		Hay	1	III-16
62		hay	3	IV-07, VI-92, X-34
63	D'	Haynault	1	IV-19
64		hayne (as haine)	1	VII-33
65		Heb. (as Hebro: Ebro)	1	III-12
66		hebeté	1	I-78
67		Hebro (as Ebro)	1	VI-88
68		hecatombe	1	II-16

lhec - mal'heur

69		Lhecatombe (as L'hedatombe)	1	IX-84
70	l'	heccatombe	1	V-18
71		hectique	1	V-98
72		helas	1	IX-30
73		lHelisees (as l'Elisees)	1	IX-97
74		Hem. (as Hemisphere)	1	X-07
75	l'	hemisphere	1	VI-05
76	L'	Herault	1	II-86
77	L'	heraut	1	X-62
78		herbeux	1	III-99
79		herbipolique	1	X-13
80		Hercle	1	IV-23
81		Hercules	4	V-13, IX-33, IX-93, X-27
82	d'	Hercules	2	V-51, X-79
83		Heredde	1	V-14
84	l'	heretique	1	III-36
85		heretiques	2	VIII-77, VIII-78
86		heritier	2	V-39, X-101
87		Hermes	2	IV-29, X-75
88		hermitaige	1	IX-87
89		Herne	1	IX-20
90	D'	heroic	1	I-95
91		heron	1	X-63
92		Hespagnolz	1	I-89
93	d'	Hespaigne	1	III-25
94		Hespaignes	1	III-86
95		Hespaignolz	1	I-71
96		hespaignolz	1	II-39
97		Hespericque	1	X-94
98	l'	Hesperie	2	II-65, V-40
99		Hesperies	2	IV-39, IV-50
100		hesperique	1	I-28
101		Hesperiques	3	IV-99, VI-56, X-81
102	d'	Hetrurie (as Etrurie)	1	V-39
103		heur	4	IV-29, V-26, VI-63, X-72
104	l'	heure	3	I-38, II-99, V-81
105	d'	heure	2	I-26 (2)
106	mal'heure		1	IV-72

Concordance to *The Prophecies* of Nostradamus (1568 Lyon)

heur - hono

107		heures	1	IV-55
108		Heureuse	1	IX-78
109		Heureux	2	IX-53, X-16
110		heureux	1	VII-42
111	l'	heureux	1	III-76
112		heurlemens	1	V-33
113		hideuse	1	VI-96
114		hideux (see also hydeux)	3	III-41, V-88, VII-16
115		Hierarchie	1	II-69
116		hierarchie	4	IV-50, VI-25, VI-57, VIII-53
117		HIERON	1	VIII-16
118		Hieron	1	X-63
119		hispanique	1	IX-78
120		Hister	1	II-24
121	D'	Hister	1	V-29
122		hister	1	IV-68
123	l'	histoire	1	VI-61
124		hoirs (see also hoyrs)	1	I-09
125		hom	1	VIII-44
126		homicide	1	IX-74
127		hommasse	1	VIII-15
128		homme	5	I-64, IV-98, VI-28, VIII-33, IX-52
129	D'	homme	1	III-100
130	d'	homme	2	II-75, III-14
131	l'	homme	2	II-75, III-44
132		hommes	2	III-06, IV-52
133		Hongrie	1	V-89
134		honneur	1	X-28
135	d'	honneur	2	V-77, VI-63
136	l'	honneur	2	V-63, VIII-14
137		Honneurs	1	III-14
138		honneurs	3	III-67, VI-09, IX-74
139	d'	honneurs	1	VI-83
140		honnira	1	X-57
141	L'	honnissement	1	VI-90
142		honnoré	1	III-100
143		honny	1	IV-27
144		honoré	1	I-25
145		honorée	1	I-94

hono - huma

146		honorer	1	X-71
147		honte	1	III-81
148		hormis	1	VIII-27
149		horreur	3	I-68, V-97, VII-36
150	d'	horreur	1	II-30
151		Horreurs	1	I-56
152		Horrible	1	I-83
153		horrible	16	I-68, II-62, II-100, III-21, V-08, VI-91, VIII-09, VIII-46, VIII-56, VIII-70, IX-55, IX-63, IX-68, X-65, X-81, XII-65
154	L'	horrible	1	IX-91
155		lhorrible (as l'horrible)	1	VIII-84
156		horriblement	1	VII-38
157		horribles	2	V-48, XII-65
158		horrifique	1	I-29
159		Hors	8	II-05, II-31, II-37, V-74, VI-17, VIII-68, IX-18, IX-78
160		hors	22	I-33, II-06, II-11, II-39, III-50, IV-12, IV-52, V-02, V-82, V-87, VI-52, VI-53, VI-60, VII-15, VII-40, VIII-10, VIII-83, VIII-92, X-03, X-11, X-29, X-83
161	qu'	hors	1	II-23
162		hosce	1	VI-100
163		host	1	VIII-94
164		hostages	1	X-93
165		hostaige	4	IV-41, IV-60, VI-39, VII-27
166		hostera	1	VIII-85
167		house	1	VI-36
168		hoyrs (as hoirs)	1	IV-39
169		Huict	1	VIII-55
170		huict	1	V-98
171	d'	huille (see also huyle)	1	VII-40
172		dhuile (as d'huile)	1	IX-34
173		Huit	1	VIII-63
174	l'	huitiesme	1	VIII-69
175		humain	10	II-45, II-46, II-70, II-92, III-12, IV-58, VIII-77, IX-17, X-10, X-42
176	D'	humain	1	I-81
177		Humaine	1	IV-24
178	d'	Humaine	1	IV-74

Concordance to *The Prophecies* of Nostradamus (1568 Lyon)

huma - hyst

179		humaine	1	III-21
180	D'	humaine	1	V-16
181		humaines	1	II-08
182		humains	5	I-91, II-30, IV-66, V-63, X-89
183		Humble	1	V-79
184		humble	1	X-19
185		humée	1	XII-04
186		humides	1	III-75
187		Hurin	1	VIII-86
188		hurlement	1	VI-81
189		hurlements	1	II-77
190		hurlera	1	II-41
191		hurne (as urne)	2	IX-73, X-50
192		husne (as usne)	1	IX-36
193		huyle (as huile)	2	IV-15, IX-14
194	l'	huys	1	VIII-24
195		hydeux (as hideux)	1	I-90
196		hyemal	1	IX-48
197		hyppolite (as hippolyte)	1	V-52
198		Hyrcanie	1	III-90
199		Hyspans	1	VIII-94
200		Hystra	1	I-40

I, i

1		ia	1	III-40
2	d'	Ibere	1	III-20
3		icelle	1	IX-25
4		Iceluy	1	X-40
5		iceluy	1	X-81
6		iceux	1	XII-56
7		idiotz	1	I-14
8		Ignare	2	IV-57, VI-14
9		ignares	1	I-62
10		Ignorans	1	I-21
11		Ignorant	1	X-16
12		ignorant	1	VI-72
13		ignorants	1	IV-18
14		Il	7	I-43, II-04, VI-84, VIII-53 (2), VIII-65, VIII-70
15		il	8	I-02, I-66, II-09, II-35, III-65, IV-07, VI-91, VIII-78
16	Qu'	il	3	IV-99, V-56, V-74
17	qu'	il	11	II-55, III-58, III-73, V-21, VI-13, VI-31, VI-71, VII-05 (2), VIII-42, IX-25
18		ilerde	1	I-89
19		illegitime	1	X-45
20		illicite	1	V-38
21		Illirique	1	IX-28
22		ilz	2	I-60, III-70
23	Qu'	ilz	1	IX-06
24	qu'	ilz	1	I-91
25		image	1	II-73
26		imiter	1	III-63
27	l'	imitrophe (as l'limitrophe)	1	VII-10
28		immesuree	1	V-84
29		immeurs	2	IX-65, X-33
30		immortel	2	II-06, IV-31
31		Imole	2	III-74, VI-77
32		imolee	1	VI-72
33		impetueuse	1	II-18
34	d'	impos	1	II-28

Concordance to *The Prophecies* of Nostradamus (1568 Lyon)

l'imp - infi

35	L'	impotent	1	IV-04
36		impurs	1	IV-24
37		In	1	IX-61
38		inaccessible	2	V-58, VII-16
39		incapables	1	II-95
40		incertain	1	X-45
41		incerte	2	I-31, II-72
42	l'	incest	1	VI-50
43	d'	inclination	1	I-54
44		inclinations	1	I-56
45		incogneu	1	IX-91
46	d'	incogneuz	1	II-21
47		incognu	1	X-35
48		incognus	1	V-10
49		incompetant	1	X-39
50		incongneu (as n'incogneu)	1	I-30
51		incoruz	1	V-21
52		incursions	2	II-01, IV-67
53	l'	inde	1	VII-02
54		Index	1	X-08
55		indigne	3	VIII-33, X-22, X-46
56	l'	indigne	1	III-80
57	d'	ndigne (as indigne)	1	IX-47
58		indue	1	V-63
59		induict	1	IV-11
60	d'	industrie	1	VI-64
61		ineptos	1	VI-100
62		inestimable	1	V-97
63		inextinguible	1	IX-09
64		infame	2	VIII-70, X-09
65	l'	infect	1	VIII-21
66	d'	infecteurs	1	IX-14
67		infelice	3	I-61, III-14, V-33
68	l'	infelix	1	V-18
69		infernaulx	1	II-30
70		infideles	1	VIII-96
71	l'	infidelle	1	IX-83
72		infime	2	I-32, III-14
73		infinie	1	VIII-86

74		infinies	1	IV-04
75		infiniz	1	II-47
76		infiny (as infini)	3	I-98, II-94, VIII-11
77		ingere	1	I-54
78		ingrat	1	X-23
79		inhabitable	1	II-19
80		inhabitables	1	II-95
81		inhabitee	2	VII-06, VII-41
82		inhobeissant (as inobiessant)	1	VII-11
83		inhonneste	1	IX-08
84		inhumain	3	VI-81, X-10, X-90
85	l'	inhumain	1	IX-76
86		inique	2	I-55, V-29
87		iniques	1	II-01
88	l'	injure	1	III-29
89		injuste	2	VII-44, VIII-62
90		Injustement	1	VIII-73
91		injustement	1	IV-43
92		dinnocence (as d'innocence)	1	VIII-87
93		Innocens	1	VI-19
94		innocens	3	I-68, IV-86, VIII-80
95		Innocent	1	VI-37
96		innocent	1	IX-52
97		innumerable	2	III-24, IX-78
98		inondation	1	I-69
99		inonder	1	III-70
100		inopinables	1	XII-62
101	L'	inquietude	1	V-69
102		inscium	1	VI-100
103		insidiation	1	IV-06
104		nsignes	1	III-46
105	l'	insolit	1	II-75
106		instans	1	VI-51
107		Instant	1	VI-97
108		instant	3	I-12, IV-90, IX-56
109		Insubre	1	II-65
110	l'	Insubre	1	IV-36
111	l'	insubre	2	IV-37, VII-15
112	d'	Insubres	1	IV-19

insu - l'ire

113		insult	1	XI-91
114		insulte	1	XII-62
115	d'	insulte	1	II-40
116	l'	insulte	2	II-100, IV-28
117		insults	1	II-01
118		insuspect	1	VI-53
119		intaminee	1	X-52
120		intelligence	1	VIII-07
121		intemptee	1	VII-06
122		interdicte	1	II-15
123		interdicts	1	VI-94
124		intergetez	1	VII-28
125		linterne (as l'interne)	1	VIII-08
126		internitions	1	III-83
127		interprete	1	VI-60
128		Interpreté	1	VI-86
129	l'	interpretera	1	III-34
130		Interpretés	1	III-26
131	qu'	interpretoit	1	II-99
132		linterregne (as l'interregne)	1	IX-50
133		interrompus	1	IV-08
134		intervalle	1	II-40
135		intestine	1	I-13
136	l'	intrado	1	IV-44
137		inundation	1	II-93
138		invadera	1	V-25
139		invahir	1	V-12
140		invasions	1	II-01
141		inventee	1	IX-87
142	l'	inventeur	1	I-45
143		invention	1	IV-62
144		invincible	1	V-83
145		invisibles	1	IV-25
146		invitera	1	V-95
147		ionique	1	III-64
148		ira	5	I-90, III-47 (2), III-86, VIII-30
149		Ire	1	IX-100
150		ire	4	I-13, I-85, III-80, III-93
151	L'	ire	2	II-34, V-44

l'ire - ital

152	l'	ire	1	IX-02
153	d'	ire	1	XII-71
154	l'	ireux	1	VI-33
155	l'	Iris	1	I-17
156		iront	4	III-80, VI-25, VI-64, VII-12
157	l'	iront	1	V-17
158		is	1	VI-100
159	L'	Isle	1	V-93
160		isle	1	VII-10
161	L'	isle	2	X-07, X-66
162	l'	isle	8	II-22, IV-96, V-16, V-34, V-76, VI-07, VI-41, VII-06
163		Lisle (also as L'isle)	1	X-36
164		lisle (also as l'isle)	2	II-68, X-36
165		Isles	7	II-78, III-88, VI-58, VII-80, VIII-64, X-22, X-39
166		isles	8	I-09, I-59, II-07, II-100, III-23, III-71, VI-27, VI-81
167		Ismaël	1	IX-60
168		Ismaelites	1	X-31
169		Ismaëlites	1	IX-43
170		issu	3	V-39, VI-07, VI-67
171		issue	2	VII-18, VIII-18
172		Istra	1	V-57
173		istra	2	I-21, III-90
174		istront	1	VI-95
175		Italie	3	I-51, II-72, IV-04
176	d'	Italie	2	I-60, III-68
177	l'	Italie	5	IV-54, IV-77, VI-12, VI-38, IX-33
178		Italies	1	VI-42
179		Italique	4	I-93, II-39, V-06, VI-41
180		Italles (as anagram l'Itales [Esperanto])	1	X-24

J, j

1	ja	1	III-40
2	jadis	1	X-21
3	Jamais	2	IV-54, VIII-61
4	jamais	6	I-65, III-71, VI-74, IX-45, X-71, X-75
5	jambe	2	V-28, VIII-45
6	jambes	1	II-42
7	Jardin	1	X-49
8	jardin	1	IX-22
9	jaunes	1	VI-10
10	javelotz	1	II-59
11	Je	2	VIII-02, X-60
12	je	1	I-67
13	Jean	1	VIII-85
14	jeu	3	I-45, I-65, VIII-100
15	jeudi	1	X-71
16	jeudy	1	I-50
17	Jeune	2	VI-25, X-52
18	jeune	16	I-35, III-28, III-35, III-60, III-85, IV-10, V-05, V-19, VI-03, VI-16, VIII-69, IX-50, IX-53, IX-55, X-40, X-58
19	jeunes	1	X-57
20	Jeusne	1	IX-89
21	jeusne	2	VIII-18, VIII-68
22	Jeux	1	VII-22
23	jeux	1	IX-36
24	Jeuz	1	X-74
25	Joie	1	X-89
26	joignant	1	X-80
27	joinct	5	I-16, I-52, VI-52, VII-04, IX-68
28	joincte	1	IV-55
29	joindre	2	IV-90, X-02
30	joint	2	III-03, IV-33
31	joints	3	III-08, III-09 (2)
32	jonc	1	X-92
33	Jonchere	1	X-11
34	jouant	1	IX-23

joue - just

35	joue	1	VIII-49
36	Jour	3	I-58, II-13, X-19
37	jour	21	II-28, II-71, II-89, III-34, III-65, V-18, V-59, VI-25, VI-54, VI-85, VI-86, VIII-61, IX-19, IX-68, IX-70, IX-71, X-09, X-15, X-19, X-50, X-80
38	journaulx	1	II-30
39	journee	1	V-41
40	journée	1	IV-51
41	jours	9	I-17, I-47, I-48, II-41, II-84, III-22, V-81, VII-18, X-08
42	jouvenceau	1	III-69
43	jouyr (as jouir)	1	X-35
44	Jovialiste	1	X-73
45	joye	4	I-41, X-55, X-78, X-89
46	joyeuse	1	X-98
47	Joyne	2	IX-36, IX-76
48	joyne	1	VIII-31
49	Jud. (as Judee)	1	II-60
50	Judee	1	III-97
51	jugé	1	X-73
52	jugeans	1	IX-11
53	jugement	1	I-81
54	jugeront	1	I-03
55	Juges	1	VI-72
56	jugurez	1	VIII-55
57	Juin	1	I-80
58	Jule	1	X-27
59	Julian	1	X-37
60	Jupiter	7	I-51, IV-33, V-24, VI-35, VIII-48, IX-55, X-67
61	JURA	1	VIII-34
62	jura	1	II-83
63	jurés	1	V-28
64	juriste	1	X-73
65	jusque	1	IV-70
66	Jusques	3	V-09, VIII-38, IX-18
67	jusques	14	I-72, I-90, II-04, II-11, II-74, III-09, III-53, IV-76, V-13, V-61, V-69, VIII-84, VIII-95, IX-95
68	Juste	1	VIII-40
69	juste	4	II-51, II-53, VI-46, IX-11

just - just

70 justice 1 VII-44

kale - kapp

K,k

1	Kalende	1	I-42
2	Kappa	1	I-81

L,l

*	L (as Le)	**1**	(see below)
*	L' (as La or Le)	**68**	(see below)
*	l' (as la or le)	**35**	(see below)
*	L or l implied to be separate	**66**	(see below)
1	La	141	I-02, I-03, I-08, I-17, I-22, I-28, I-30, I-34, I-40, I-61, I-62, I-67, I-69, I-70, I-71, I-83, I-86, I-94, I-97, II-02, II-18, II-25, II-41, II-48, II-50, II-51, II-53, II-60, II-70, II-71, II-74, II-75, II-79, II-83, II-86, II-87 (2), II-89, II-90, II-96, III-27, III-38, III-50, III-55, III-59, III-61, III-62, III-70 (2), III-79, III-81, III-84, III-85, III-95, III-96, IV-08, IV-14, IV-16, IV-22 (2), IV-23, IV-31, IV-32, IV-35, IV-69, IV-78, IV-80, IV-91, IV-96, V-08, V-21, V-24, V-26, V-29, V-42, V-43, V-44, V-51, V-53, V-79, V-86, V-94, V-95, VI-04, VI-09, VI-13, VI-19, VI-22, VI-29, VI-39, VI-48 (2), VI-56, VI-63, VI-69, VI-74, VI-76, VI-85, VI-92, VI-94, VI-95, VII-13, VII-33, VII-35, VII-82, VIII-05, VIII-22, VIII-27, VIII-37, VIII-39, VIII-45, VIII-50, VIII-56, VIII-75, VIII-96, IX-03, IX-26, IX-48, IX-52, IX-59, IX-61, IX-77 (2), IX-78, IX-82 (2), IX-91, X-02, X-08, X-17, X-33, X-45, X-50, X-53, X-71, X-84, X-93 (2), X-98, X-99, XII-36, XII-71
2	la	460	I-01, I-03, I-04, I-09, I-10, I-13, I-18 (2), I-25, I-27, I-31, I-34, I-46, I-48, I-49, I-53, I-56, I-57 (3), I-63, I-70, I-73, I-75, I-80 (2), I-84, I-85, I-87 (2), I-88, I-89, I-90, I-92, I-96, I-99, I-100, II-02 (2), II-03 (2), II-04, II-05, II-07, II-11, II-13, II-14, II-17 (2), II-18, II-19, II-25, II-26 (2), II-29, II-31, II-42, II-44, II-47, II-49, II-52, II-57 (2), II-60, II-61 (3), II-62 (2), II-63, II-66 (2), II-68, II-69 (4), II-70, II-71, II-74, II-77, II-78, II-79, II-81 (2), II-82 (2), II-84, II-93 (2), II-94, II-96, II-97 (3), II-98 (2), II-100, III-02, III-09 (2), III-10, III-11, III-12, III-13 (2), III-18, III-20,

la - la

(2)　　la (Cont.)　　　　　　　(460) III-21, III-22, III-30, III-31, III-32 (2), III-33, III-36, III-39, III-42, III-45, III-46, III-48, III-50 (2), III-52 (2), III-68, III-72, III-75, III-77, III-79, III-83 (2), III-89, III-97, III-98, III-99 (2), IV-02, IV-06 (2), IV-07, IV-09, IV-11 (2), IV-15 (2), IV-17 (2), IV-18, IV-20 (3), IV-23, IV-27, IV-31, IV-33 (3), IV-34, IV-35, IV-36, IV-38, IV-39, IV-41, IV-44, IV-46, IV-50 (2), IV-51 (2), IV-55, IV-56 (2), IV-62 (2), IV-63, IV-64, IV-65, IV-72, IV-75, IV-78 (2), IV-80, IV-82, IV-89, IV-95, IV-97, IV-99, IV-100, V-03 (3), V-06 (3), V-09, V-11, V-12 (2), V-13, V-16, V-17, V-19, V-23 (2), V-25, V-26, V-27, V-28 (2), V-29 (2), V-30, V-31 (2), V-32, V-35 (3), V-36, V-38 (2), V-40, V-42, V-43, V-48, V-50, V-51, V-52, V-53, V-54 (2), V-55 (3), V-57, V-58, V-61, V-63, V-69, V-70, V-71 (2), V-72, V-73, V-75 (2), V-79, V-80, V-81, V-82, V-84, V-89, V-94 (2), V-96, V-97, VI-04, VI-06, VI-14 (2), VI-15, VI-17, VI-19, VI-20, VI-22, VI-24, VI-25 (2), VI-26, VI-33, VI-34, VI-35, VI-37, VI-43, VI-44, VI-46, VI-49 (2), VI-50, VI-55, VI-57, VI-58, VI-59, VI-61, VI-62, VI-65, VI-66, VI-72, VI-73, VI-75, VI-77 (3), VI-83 (2), VI-86, VI-91 (2), VI-97, VII-01, VII-02, VII-03 (2), VII-05, VII-11, VII-12 (2), VII-13 (3), VII-16, VII-18, VII-20, VII-21, VII-27, VII-28, VII-30, VII-32, VII-34, VII-37, VII-42, VII-82, VIII-05, VIII-07, VIII-08, VIII-10, VIII-11, VIII-12, VIII-13, VIII-19, VIII-22, VIII-23 (2), VIII-25, VIII-34, VIII-35, VIII-37, VIII-40 (2), VIII-41, VIII-45 (2), VIII-50, VIII-51, VIII-54, VIII-57, VIII-63, VIII-66, VIII-69, VIII-70, VIII-72 (2), VIII-78 (2), VIII-79, VIII-81, VIII-82, VIII-84 (2), VIII-85, VIII-86, VIII-88, VIII-93, VIII-95, VIII-96, VIII-99 (2), IX-01 (2), IX-06, IX-08, IX-13, IX-16, IX-19 (2), IX-20 (2), IX-21, IX-23 (2), IX-27, IX-31, IX-32, IX-35, IX-36, IX-37, IX-39, IX-40, IX-42 (2), IX-45, IX-47, IX-48, IX-52 (2), IX-54 (2), IX-55, IX-59 (3), IX-60 (2),

la - l'ais

(2)		la (Cont.)		(460)	IX-61, IX-67, IX-69, IX-73, IX-74, IX-75, IX-77, IX-84, IX-85, IX-86, IX-87, IX-88, IX-90, IX-97, IX-100, X-02, X-04 (2), X-06, X-12, X-13, X-15, X-19, X-25, X-26, X-29, X-31, X-41 (2), X-42, X-45, X-47 (2), X-49, X-52, X-55, X-56, X-58 (2), X-63, X-66, X-70, X-75, X-76, X-87 (2), X-88 (2), X-91, X-96, X-97, X-99, XII-24, XII-36, XII-55 (2)
3		là	3		II-90, III-33, VII-06
4		labbage (as l'abbage)	1		VIII-26
5		labile (as l'abile or l'habile)	1		I-12
6		labourable	1		II-19
7		labouriez	1		X-94
8	L'	abbe	1		VIII-12
9	L'	abbé	1		II-56
10		Lac	1		VIII-47
11		lac	12		I-47, II-73, IV-74, V-12, V-98, VI-39, VIII-28, VIII-40, VIII-94, IX-12, X-37, XII-69
12	L'	accord	1		XII-59
13		lache	1		IV-07
14		lachera	1		V-80
15		lacticineuse	1		I-21
16	L'	Aemathion	1		IX-64
17	L'	aemathien	1		X-07
18		laenées (as l'aenées)	1		IV-19
19		laer (as l'aër)	1		VI-27
20		laffaire (as l'affaire)	1		V-65
21	l'	Affrique	1		V-11
22		Laict	1		II-32
23		laict	5		I-57, II-46, III-02, III-18, III-19
24	L'	aigle	1		II-44
25	l'	Aigle	4		II-85, III-52, V-42, VI-78,
26		Laigne	1		X-48
27		laine	1		VI-35
28		lainé	1		II-58
29	L'	air	2		IV-67, IX-83
30		Lairra	1		IV-41
31		lairra	2		II-81, V-54
32	L'	aisné	3		IV-94, IV-99, VII-38

lais - lant

33		laisse	1	I-23
34		laissé	3	IV-95, V-08, VI-42
35		Laisser	1	VI-75
36		laissera	1	IX-56
37		laissés	1	IV-60
38	L'	ambassadeur	2	II-21, IX-16
39		Lambda	1	I-81
40	l'	Ambraxie	1	IX-75
41		lame (also as l'ame)	1	VI-80
42		lamentables	1	X-17
43		lamenté	1	V-19
44		lamenter	1	VI-71
45		lamerich (as l'americh)	1	X-66
46		lamp	1	VIII-05
47		lampe	3	V-66
48	l'	Amphipolle	1	IX-91
49		lamprinse (as l'amprinse)	1	VIII-81
50	L'	an	11	III-77, IV-67, IV-86, IV-97, V-50, V-87, VI-54, VIII-71, IX-04, IX-55, X-72
51		Lan (as L'an)	1	I-49
52		lance	2	I-91, IV-35
53		landes	2	III-25, IV-79
54	l'	Androgyn	1	II-45
55		langaige	3	IV-04, IV-41, VII-35
56	l'	Angleterre	1	III-70
57	l'	Anglois	1	IX-38
58		Langon (as L'angon)	1	XII-65
59	l'	Angon	1	I-90
60		Langoust (also as L'angouste)	1	IX-69
61		Langres	8	I-22, II-50, III-51, IV-42, IV-98, V-82, VI-47, VII-04
62		langue	16	I-76, I-95, I-96, I-97, I-98, II-84, III-27, III-35, III-95, IV-56 (2), VI-48, VII-20, VIII-78, IX-22 (2)
63		Languedoc	3	VII-31, IX-06, IX-85
64		langues	2	I-20, IV-87
65		languin	1	X-10
66		languira	1	III-86
67	l'	Annibalique	1	III-93
68		Lantechrist (as L'antechrist)	1	VIII-77

l'ant - late

69	L'	antique	1	V-47
70		laqueduct (as l'aqueduct)	1	V-58
71		Laqueduict (as L'aqueduict)	1	X-89
72	L'	Arabe	1	X-63
73	L'	arbre	2	III-11, III-91
74	l'	Arc	1	II-65
75	L'	ARC	1	VII-01
76		Lareyne (as L'areine)	1	IX-86
77		larisse	1	V-90
78		larm. (as l'armee)	1	X-78
79		larme (also as l'arme)	2	VIII-100, XII-36
80		Larmee (as L'armee)	1	VIII-09
81		larmee (as l'armee)	1	X-38
82	L'	armee	2	VII-16, X-68
83	L'	armée	1	IV-63
84	l'	Armenie	1	V-54
85		larmes (also as l'armes)	4	IV-09, VII-83, IX-81, X-82
86	l'	Armorique	1	VI-60
87	l'	Arq	2	II-35, II-48
88		Larrieregarde (as L'arrieregarde)	1	IV-75
89		larthemide (as l'arthemide)	1	X-85
90		Las	1	I-53
91		las	3	I-62, II-91, IV-26
92		Lasche	1	VIII-76
93		lasché	2	V-08, V-28
94		laschez	1	IX-62
95	l'	Asie	1	IV-68
96		lasne (as l'asne)	1	X-99
97	L'	aspre	1	X-65
98	L'	assaillant	1	II-82
99		lassé	1	X-73
100		Lassemblee (as L'assemblee)	1	X-37
101		lasser	1	III-40
102		lassés	1	I-48
103		lasseuré (as l'asseuré)	1	IV-23
104		lassive	1	VIII-25
105		Lassocie (as L'associe)	1	IV-76
106		late	1	IX-67

139

lati - le

107		latin	2	V-21, V-50
108		latine	1	II-05
109		Latins	3	I-83, IX-70, X-59
110		latins	1	V-63
111		Latona	1	I-62
112		Laude	1	VIII-01
113	L'	AUDE	1	III-85
114	l'	Augur	1	V-06
115		Lauragues	1	X-05
116		Lausanne	1	VIII-10
117	l'	Automne	1	V-64
118		Lauxois (as L'auxois)	1	IX-13
119		lavaigne	1	VII-39
120	L'	avare	1	VIII-73
121		laver	1	VIII-53
122		laydique	1	IX-78
123	l'	Avril	1	III-05
124		LAYE	1	X-52
125		laze	1	IX-32
126		Le	277	"I-02, I-07, I-11, I-16, I-18, I-19, I-26, I-32, I-33, I-35, I-38, I-42 (2), I-43, I-44, I-52, I-54, I-56, I-74 (2), I-75 (2), I-77, I-78, I-84, I-85, I-88, I-89, I-94, I-98 (2), I-99, II-11, II-12, II-13, II-17 (2), II-22, II-27, II-28, II-34, II-41, II-46, II-51, II-57, II-65 (2), II-67, II-68, II-69, II-70, II-78, II-79, II-82 (2), II-83, II-85 (2), II-88 (2), II-93, III-01, III-02, III-10, III-17, III-22, III-32, III-40 (2), III-41 (2), III-43, III-44, III-46, III-47, III-48, III-55 (2), III-64, III-65, III-66, III-68, III-72 (2), III-76, III-77 (2), III-78, III-80, III-81 (2), III-90, III-92, III-96, III-97, IV-07, IV-09, IV-10, IV-12, IV-13, IV-16, IV-17, IV-21, IV-23, IV-29, IV-31, IV-32, IV-34, IV-35, IV-41, IV-45, IV-47, IV-53, IV-59, IV-60, IV-61 (2), IV-64, IV-73 (2), IV-85, IV-88, IV-95, V-03, V-04 (2), V-17, V-18, V-19, V-20, V-21, V-23, V-24, V-25, V-28, V-40, V-45, V-47, V-58, V-67, V-68, V-97, V-100, VI-03, VI-07, VI-28 (2), VI-33, VI-41, VI-45 (2), VI-51, VI-52, VI-53, VI-60, VI-61, VI-65, VI-75, VI-76, VI-77,

le - le

(126) Le (Cont.) (277) VI-80, VI-86, VI-87, VII-04, VII-05, VII-12, VII-15, VII-17, VII-19, VII-23, VII-28, VII-29 (2), VII-30, VII-39, VII-80, VII-82, VIII-04, VIII-13, VIII-14, VIII-20, VIII-24, VIII-25 (2), VIII-26, VIII-33, VIII-38, VIII-40, VIII-44, VIII-50, VIII-51, VIII-52, VIII-56, VIII-65, VIII-75 (2), VIII-81, VIII-83 (2), VIII-92, VIII-95 (2), IX-11, IX-12 (2), IX-17, IX-18, IX-19, IX-20, IX-23 (2), IX-27, IX-31, IX-34, IX-39, IX-41, IX-44, IX-46, IX-49, IX-50 (2), IX-53, IX-62, IX-68, IX-77, IX-79, IX-80, IX-81, IX-83, IX-87, IX-91, IX-92, IX-95, IX-100, X-03, X-07, X-18 (3), X-19 (2), X-21, X-22, X-24, X-26, X-31, X-32, X-40, X-42, X-43, X-47, X-53 (2), X-55, X-56, X-57, X-60, X-66, X-67, X-69, X-73 (2), X-76, X-79, X-81, X-84 (2), X-85 (2), X-87, X-92, X-100 (2), X-101, XII-24, XII-55, XII-65

127 le 453 I-02 (2), I-05, I-07, I-09, I-15, I-16, I-23, I-24, I-27, I-29, I-30, I-35, I-36, I-37, I-39, I-41, I-43 (3), I-45, I-48, I-49, I-50, I-52, I-57, I-58, I-62, I-63, I-64, I-65, I-70, I-75, I-76, I-77, I-82, I-88, I-92, I-94, I-95, I-97, II-02, II-03, II-09 (2), II-10, II-12, II-13, II-23, II-24, II-26, II-27, II-31, II-33, II-34, II-35, II-36, II-37, II-39 (2), II-43, II-44, II-45 (2), II-50, II-52, II-55 (3), II-56, II-57, II-61, II-63 (2), II-66 (3), II-67, II-73, II-74, II-75 (2), II-78, II-82, II-85, II-87, II-89, II-91, II-92, II-96, II-98, III-01, III-03, III-04, III-06, III-11, III-13, III-14 (3), III-15, III-16, III-17, III-18, III-30, III-33, III-34 (3), III-40, III-41, III-45, III-48, III-51, III-53 (2), III-59 (3), III-65, III-66, III-68, III-69, III-73 (3), III-76, III-78, III-80, III-85, III-93, III-96, III-100, IV-10 (3), IV-13, IV-14, IV-15, IV-19, IV-27, IV-29, IV-30, IV-31, IV-37, IV-39, IV-46, IV-47, IV-48, IV-49 (2), IV-52, IV-53, IV-58, IV-61, IV-64, IV-70, IV-71, IV-73 (2), IV-76 (2), IV-83 (2), IV-85, IV-86, IV-88, IV-89, IV-96, V-01 (2), V-02 (2), V-04, V-05, V-06 (2), V-08, V-10, V-13, V-17, V-21

Concordance to *The Prophecies* of Nostradamus (1568 Lyon)

le - l'ebr

(127) le (Cont.) (453) (2), V-24 (2), V-28, V-30, V-34, V-36 (2), V-44, V-46, V-49, V-52, V-56 (2), V-57 (2), V-62, V-64, V-68 (2), V-69, V-72, V-75 (2), V-77, V-78, V-83, V-88, V-90 (2), V-92, V-93, V-94, V-96, V-99 (2), VI-01, VI-02, VI-03 (2), VI-04, VI-05, VI-06, VI-12, VI-13, VI-15 (3), VI-17, VI-18, VI-21, VI-24, VI-26, VI-27, VI-28, VI-30, VI-31 (2), VI-33, VI-35, VI-37, VI-40 (2), VI-42, VI-45, VI-46, VI-50, VI-54, VI-57, VI-58, VI-61, VI-70, VI-71 (2), VI-76 (2), VI-80, VI-82, VI-84, VI-85, VI-86, VI-87, VI-88, VI-90, VI-92 (2), VI-93, VII-01, VII-07 (3), VII-08, VII-10, VII-15, VII-16, VII-17 (2), VII-21, VII-23, VII-24 (2), VII-27, VII-29 (2), VII-36 (2), VII-39, VII-40, VII-42, VII-43, VII-73 (2), VII-80, VII-82, VIII-03, VIII-04, VIII-05 (2), VIII-09, VIII-13, VIII-17 (2), VIII-19, VIII-21 (2), VIII-22, VIII-24, VIII-25, VIII-27, VIII-28, VIII-31, VIII-37 (2), VIII-38 (3), VIII-39, VIII-41, VIII-43 (2), VIII-45, VIII-46, VIII-47, VIII-52, VIII-56, VIII-58, VIII-60, VIII-61, VIII-62, VIII-63, VIII-65, VIII-68 (2), VIII-69 (2), VIII-71, VIII-72, VIII-73, VIII-78, VIII-80 (2), VIII-86, VIII-88, VIII-94 (2), VIII-95, VIII-97, VIII-99, VIII-100, IX-04 (2), IX-05, IX-07 (2), IX-10, IX-15, IX-17, IX-19, IX-22 (2), IX-24, IX-26, IX-27 (3), IX-34, IX-35 (2), IX-38 (2), IX-44, IX-45, IX-47, IX-48, IX-49, IX-50, IX-53, IX-57, IX-61, IX-62, IX-65, IX-66, IX-67, IX-69, IX-70, IX-71, IX-76, IX-77, IX-82, IX-85, IX-87, IX-91, IX-93, IX-94, IX-98, IX-99, X-01 (2), X-02, X-03, X-06, X-08 (2), X-10, X-11, X-15, X-18 (2), X-19, X-21, X-27 (2), X-30, X-32, X-33, X-34, X-36 (2), X-38, X-40 (2), X-46, X-49, X-58, X-63, X-64 (2), X-70, X-71, X-72, X-73 (2), X-80, X-85, X-86 (2), X-88, X-90 (2), X-92 (2), X-94, X-95, X-97, X-99 (2), X-101, XI-91, XI-97, XII-36, XII-56

| 128 | | leans | 1 | VIII-42 |
| 129 | l' | Ebrieu | 1 | VI-18 |

lebr - lenv

130		Lebron	1	III-99
131	l'	Ecclesiastique	1	I-15
132		lectoyre	1	VIII-43
133		ledit (as l'edit)	1	X-94
134	L'	edict	1	V-97
135		legat	1	IX-54
136		legent	1	VI-100
137		Legier	1	X-43
138		legier	1	VII-34
139		legiere	3	III-61, III-68, X-15
140		legiers	2	V-91, VII-07
141		legion	2	IV-12, IV-23
142		Legis	1	VI-100
143	l'	Eglise	2	I-52, V-73
144		legislateur	1	V-79
145		legitime	2	X-45, X-85
146		legne	1	IX-56
147		Lehori	1	IX-87
148	L'	election	1	VI-87
149		lem	1	X-44
150		Leman	7	I-47, II-73, III-12, V-12, V-85, VI-81, XII-69
151		leman	1	IV-94
152	L'	Empereur	1	IV-65
153	l'	Empire	4	I-60, I-74, VI-03, VI-12
154	L'	empire	1	IV-39
155		Lemprin (as L'emprin)	1	IX-81
156		lendroit (as l'endroit)	1	IX-58
157	L'	enfant	6	I-65, III-42, V-61, V-73, VI-39, VII-11
158		lengos	1	IV-26
159		Lennemy (as L'ennemy)	1	X-01
160		lennemy (as l'ennemy)	1	X-01
161	L'	ennemy	2	II-47, VI-99
162		lenorme (as l'enorme)	1	VIII-72
163	L'	ensevely	1	VII-24
164		lensigne (as l'ensigne)	1	X-83
165		Lentour (as L'entour)	1	X-82
166		lentour (as lentour)	3	VIII-50, IX-67, X-83
167	L'	entrée	1	IX-38
168		lenvers (as l'envers)	1	IX-49

Concordance to *The Prophecies* of Nostradamus (1568 Lyon)

leo - les

169	Leo	5	II-98, III-96, V-91, VI-04, VI-35
170	leo	1	V-14
171	Leon	3	I-11, I-73, X-47
172	L epithalame	1	VII-83
173	lepre	1	IV-07
174	L' erain	1	II-15
175	lerme	1	V-16
176	lers	1	X-77
177	Leryn (as L'erin)	1	VII-37
178	Les	92	I-06, I-07, I-10, I-13, I-47, I-52, I-59, I-63, I-75, I-91, II-03, II-20, II-34, II-43, II-47, II-49 (2), II-67, II-71, II-78, II-95, III-06, III-07, III-08, III-09, III-11, III-12, III-29, III-39 (2), III-45, III-82, III-83, IV-08, IV-11, IV-36, IV-39, IV-40 (2), IV-42, IV-53, IV-60, IV-68, IV-69, IV-72, IV-75, IV-76, IV-78, IV-90, IV-95, IV-98, V-17, V-23, V-45, V-52, V-64, V-78, VI-11 (2), VI-16, VI-17, VI-25, VI-69, VI-76, VII-03, VII-18, VII-22, VII-41, VIII-01, VIII-15, VIII-17, VIII-19, VIII-28, VIII-64, VIII-77, VIII-91, IX-12, IX-13, IX-40, IX-47, IX-65, IX-93, IX-98, X-11, X-31, X-53, X-55, X-57, X-61, X-79, X-100, XII-59
179	les	288	I-02, I-06, I-07, I-08, I-09, I-10, I-17, I-19 (2), I-22, I-29, I-31, I-35, I-42, I-47 (2), I-59 (2), I-62, I-63, I-65, I-66 (2), I-73, I-76, I-82, I-84, [27] II-03 (2), II-07, II-08 (2), II-20, II-29 (2), II-30, II-31 (2), II-36 (3), II-37, II-38, II-46, II-48, II-49, II-51, II-67, II-68, II-69, II-71, II-74, II-77 (2), II-79, II-80, II-89, II-95, II-97, II-100, III-04, III-06, III-07 (2), III-09, III-17, III-20, III-23, III-26, III-33 (2), III-36, III-38 (2), III-40, III-43, III-54, III-62, III-63, III-64, III-67, III-71, III-75, III-94, IV-03, IV-08, IV-18, IV-19 (2), IV-23, IV-24 (2), IV-25, IV-28, IV-35 (2), IV-36, IV-43 (2), IV-47, IV-50, IV-52, IV-53 (2), IV-54, IV-56, IV-57, IV-63, IV-69 (2), IV-71, IV-79, IV-90, IV-93, IV-94, IV-98 (2), IV-99, V-02 (2), V-07, V-08, V-15, V-20, V-22, V-41, V-42, V-47, V-50 (2),

les - lest

(179) les (Cont.) (288) V-61, V-62, V-65, V-66 (2), V-70, V-73, V-77, V-79 (2), V-81, V-85, V-86, V-90, V-91, V-93, V-95 (2), VI-07 (2), VI-09, VI-10 (2), VI-11, VI-16, VI-17 (2), VI-18, VI-19, VI-20, VI-27 (2), VI-29 (2), VI-34, VI-38, VI-42, VI-43, VI-47, VI-49, VI-50, VI-54, VI-56 (2), VI-58, VI-62, VI-66, VI-70, VI-78, VI-79 (2), VI-81 (2), VI-82, VI-94, VI-98, VII-02, VII-03, VII-04 (2), VII-08, VII-09, VII-12 (2), VII-14, VII-31 (2), VII-36, VII-40, VII-43, VII-44, VII-73, VII-80, VII-83, VIII-01, VIII-02, VIII-03, VIII-17, VIII-18, VIII-19, VIII-23 (2), VIII-40 (2), VIII-42, VIII-43, VIII-46, VIII-56, VIII-57, VIII-58, VIII-64 (2), VIII-84, VIII-91 (2), VIII-92, VIII-95, VIII-96 (2), VIII-97, IX-01, IX-02, IX-03, IX-09, IX-11, IX-12, IX-15, IX-24, IX-25 (2), IX-36, IX-43, IX-46, IX-51, IX-53, IX-56, IX-58 (2), IX-69, IX-70 (2), IX-72, IX-79, IX-80 (3), IX-93, IX-97, X-01, X-13, X-15, X-20, X-21 (2), X-23 (2), X-32, X-33, X-38, X-44 (2), X-52, X-54, X-62 (2), X-66, X-74, X-80, X-81, X-83, X-89, X-93 (2), X-95 (2), XI-91 (2), XI-97

180	L'	eschelle	1	III-50
181		lescoutte (as l'escoutte)	1	IX-88
182	L'	escript	1	VIII-27
183		lesé	1	II-80
184		lesee	1	V-46
185		leser	1	I-22
186		Leslu (as L'eslu)	1	VIII-08
187	l'	Espaigne	6	III-08, IV-26, IV-54, V-49, V-55, X-48
188	L'	Espaigne	1	IV-05
189	L'	Espaignol	1	VI-15
190		Lespe (as L'espe)	1	X-27
191	L'	espoir	1	VI-52
192		lesponge (as l'esponge)	1	VIII-57
193	L'	espouse	1	IV-71
194	L'	esprit	3	II-13, IV-49, IV-56
195	L'	estat	2	II-10, VI-50
196		Lestore (as L'estore)	3	I-46, I-79, VII-12

Concordance to *The Prophecies* of Nostradamus (1568 Lyon)

l'est - l'her

197	l'	Estore	1	IV-72
198	L'	estrange	1	II-84
199		Letre (as Lettre)	1	IX-41
200		letres (as lettres)	3	IX-26, IX-41, X-65
201		letrés (as lettrés)	1	IV-18
202		lettre	1	II-05
203		Lettres	1	VIII-23
204		lettres	10	I-07, I-41, I-62, II-36, III-27, VI-08, VI-35, VIII-82, IX-01, X-20
205		Lettrés	1	VI-08
206		leu	1	I-39
207		Leur	11	I-61, I-81, II-48, II-54, II-89, II-90, III-45, III-68, V-11, V-37, VI-98
208		leur	39	I-61, I-79, I-85, I-90, II-02, II-03, II-07, II-12, II-33, II-76, III-08, III-19, III-36, III-51 (2), III-89, III-98, IV-24, IV-72, IV-89, V-37, VI-10, VI-23, VI-47 (2), VI-68, VI-80, VII-27, IX-49, IX-75, IX-99 (2), X-05, X-30, X-42, X-57, X-74, XI-91, XII-69
209	L'	Europe	1	I-52
210	l'	Europe	2	VIII-15, X-48
211		Leurs	1	III-17
212		leurs	15	I-03, I-47, II-08, II-49, II-50, III-06, III-08, III-36, III-63, VI-10, VI-98, VII-18, VIII-62, IX-79, X-77
213		levain	1	IX-72
214		Levant	1	VIII-09
215		levant	2	I-23, II-91
216		levé	1	V-24
217		levee	1	V-26
218		levera	1	IV-26
219		levrier	1	III-96
220	L'	habit	1	II-12
221		lhaemathion (as l'aemathion)	1	IX-93
222	L'	haine	1	XII-59
223	L'	hault	1	VIII-12
224		Lhecatombe (as L'hedatombe)	1	IX-84
225		lHelisees (as l'Elisees)	1	IX-97
226	L'	Herault	1	II-86
227	L'	heraut	1	X-62

228	l'	Hesperie	2	II-65, V-40
229	L'	honnissement	1	VI-90
230	L'	horrible	1	IX-91
231		lhorrible (as l'horrible)	1	VIII-84
232		libere	2	V-76, IX-92
233		Liberté	1	VI-22
234		liberté	5	I-94, IV-16, V-29, V-33, VI-58
235		libide	2	VIII-14, X-35
236		libidineux	1	VI-26
237		libinique	1	III-27
238		Libra	3	I-28, II-81, IV-50
239		libre	3	VI-82, VII-15, VII-80
240		Libyque	1	I-09
241		libyques	1	IV-04
242		licornes	1	VII-43
243		lict	6	I-39, II-42, III-30, IV-93, VI-63, VIII-85
244		lictiere	1	I-03
245		liée	1	V-28
246		Liege	2	IV-19, VI-30
247		liege	1	IV-79
248		liens	1	X-81
249		Liepard	2	I-23 (2)
250		liepart	1	VI-20
251		lier	1	VII-24
252		Lierre	1	VII-03
253		liés	1	IV-36
254		liesse	1	X-78
255		Lieu	3	I-32, VII-25, VIII-76
256		lieu	41	I-32, I-93, II-19, III-10, III-49, IV-20, IV-32, IV-37, IV-65, IV-67, IV-71, V-20, V-76, V-88, VI-16, VI-52, VI-75, VI-82, VI-87, VII-16, VIII-16 (2), VIII-26, VIII-56, VIII-74, VIII-90 (2), VIII-99, IX-11, IX-22, IX-29 (2), IX-37 (2), IX-57, X-22, X-33, X-52 (2), X-81, X-90
257		lieües	1	VIII-46
258		lieutenant	1	VIII-24
259		lieux	17	I-37, II-20, II-67, II-95, III-18, III-29, IV-32, IV-69, V-76, V-85, VI-05, IX-18, IX-71, IX-80, X-31, X-51, XI-91

lign - litu

260		ligne	3	III-70, IV-97, V-80
261		lignes	1	V-95
262		ligue	5	II-100, III-08, V-51, X-05, X-75
263		ligues	1	VIII-64
264		ligueurs	1	VI-62
265		Ligure	1	III-39
266		Ligures	1	X-44
267		Ligurins	1	I-71
268		Ligurs	1	IX-28
269		ligustique	1	IV-68
270		limbe	1	I-02
271		limé	1	IV-59
272		limes	1	VI-17
273		limier	1	III-96
274	l'	imitrophe (as l'limitrophe)	1	VII-10
275		Limoges	1	IV-44
276		Limosins	1	III-08
277	L'	impotent	1	IV-04
278	L'	inquietude	1	V-69
279	l'	Insubre	1	IV-36
280	l'	insubre	2	IV-37, VII-15
281		linterne (as l'interne)	1	VIII-08
282		linterregne (as l'interregne)	1	IX-50
283		Lion	1	II-83
284		lipee	2	IV-63, VII-38
285		liqueduct	1	VIII-68
286		liqueur	1	X-24
287		lira	1	V-83
288	L'	ire	2	II-34, V-44
289	l'	Iris	1	I-17
290		lisant	1	V-05
291		Lisbon	1	X-05
292		Lisle (also as L'isle)	1	X-36
293		lisle (also as l'isle)	2	II-22, II-68, X-36
294	L'	Isle	1	V-93
295	L'	isle	3	II-22, X-07, X-66
296		lit	1	VII-83
297	l'	Italie	5	IV-54, IV-77, VI-12, VI-38, IX-33
298		Liturgie	1	VI-54

livr - lois

299		Livré	1	V-05
300		Livree	1	III-22
301		livree	1	VII-26
302		livrée	1	IV-01
303		livrer	4	I-68, IV-27, X-61, X-85
304		livres	1	VIII-71
305		livrés	1	II-95
306		livrez	1	IX-77
307		Lizere	1	IX-67
308	L'	Occident	1	VII-80
309	l'	Occident	2	III-35, IX-100
310	L'	occupera	1	V-29
311	l'	Ocean	2	II-68, III-90
312		locustes	1	V-85
313		locz	1	VIII-30
314	L'	oeil	4	I-06, III-92, IV-15, X-70
315	L'	oeuvre	1	VI-37
316		Logarion	1	VIII-04
317		logé	1	V-39
318		logés	1	VI-73
319		logez	1	V-30
320		logis	1	II-35
321		Logmion (as L'ogmion)	1	V-80
322		logmyon (as l'ogmion)	1	VI-42
323		Loin	2	VIII-92, XII-69
324		loin	1	IX-92
325		Loing	6	I-98, II-28, III-19, III-20, VI-14, IX-45
326		loing	30	I-27, I-41, I-69, II-14, II-99, III-05, III-75, IV-22, IV-81, IV-99, V-27, V-63, VI-06, VI-13, VI-61, VI-67, VI-69, VIII-30 (2), VIII-35, VIII-36, IX-15, IX-36, IX-38, IX-42, IX-53, X-13, X-38, X-41, X-53
327		loings	1	III-75
328		loingtaine	2	II-54, VIII-10
329		Loire	1	I-89
330		loire	1	V-68
331		lois (also see loix)	2	V-80, VII-36
332	L'	oiseau	1	V-81
333		Loisel (as L'oisel)	1	I-24

loix - l'ori

334		loix	11	I-40, I-47, I-53, I-79, II-08, III-36, III-45, III-49, IV-43, VI-23, IX-75
335	L'	Olestant	1	IV-82
336		Lombarde	1	V-42
337		Lombardie	1	VI-16
338		lombre (as l'ombre)	1	X-44
339	L'	ombre	1	X-45
340		Lon	3	VIII-10, X-47, X-79
341		lon	8	I-64, II-37, II-91 (2), II-94, IV-20, VIII-29, IX-11
342		londe (as l'onde)	1	III-06
343	L'	onde	1	VIII-16
344		Londes (as L'ondes)	1	VIII-06
345		Londres	9	I-26, II-16, II-51, II-68, IV-46, IV-89, VI-22, IX-49, X-66
346		lone (as l'une)	1	IX-21
347		Long	7	I-63, I-100, III-28, VI-43, X-26, X-42, X-56
348		long	42	I-05, I-25, I-28, I-51, I-62, I-84, I-87, I-92, II-10, II-19, II-31, III-40, III-64, III-71, III-86, III-91, IV-01, IV-03, IV-20, IV-23, IV-49, V-17, V-52, V-56, V-71, VI-05, VI-24, VI-84, VII-12, VII-19, VII-30, VII-33, VII-41, VIII-51, VIII-52, VIII-82, VIII-98, IX-82, X-07, X-34, X-52, X-98
349		longin	1	II-79
350		Longs	1	VIII-45
351		longs	2	I-27, III-83
352		longue	17	I-67, II-40, II-46, III-11, III-52, III-54, IV-67, V-39, VI-05, VI-63, VII-25, VIII-44, VIII-57, X-15, X-33, X-59, X-68
353		longuement	2	I-04, V-78
354		longuette	1	III-18
355		LONOLE	1	X-40
356		LOR	1	X-46
357		lorchestra (as l'orchestra)	1	X-25
358	L'	ordre	1	III-79
359	l'	Orguion	1	II-73
360		Lorient (as L'orient)	1	VIII-59
361	l'	Orient	1	I-09
362	L'	Oriental	1	II-29

loro - lubr

363	LORON (as L'ORON [Italian])	1	VIII-01
364	loron (as l'oron [Italian])	1	III-25
365	Lorrain	2	X-18, X-50
366	Lorraine	2	VII-24, X-51
367	L' orrible (as L'horrible)	1	IX-55
368	Lors	32	I-03, I-04, I-19, I-48, II-32, II-95, III-11, III-15, IV-09, IV-28, IV-85, IV-93, V-09, V-93, V-96, VI-20, VI-56, VI-58, VI-68 (2), VI-88, VII-17, VII-23, VII-43, VIII-03, VIII-11, VIII-62, IX-29, IX-36, IX-83, X-64, X-71
369	lors	22	I-66, II-19, II-33, II-82, II-98, III-03, III-15, III-34, IV-60, IV-73, V-30, V-95, VII-44, VIII-37, VIII-72, VIII-90, X-03 (2), X-17, X-23, X-44, X-67
370	Losanne	1	IV-42
371	Loth	1	III-43
372	Lou	1	IV-26
373	lou	1	IV-26
374	louange	1	IX-65
375	louanges	1	VI-09
376	louera	1	IV-20
377	loup	5	II-82, III-33, V-04, IX-08, X-99
378	loups	1	X-98
379	lourde	1	VI-82
380	l' Ours	1	V-04
381	Loy	3	I-53, VIII-66, XII-55
382	loy	21	II-09, II-64, II-90, III-61, III-82, III-95, III-97, IV-32, V-18, V-24 (2), V-38, V-53 (2), V-55, V-72, VI-05, VI-62, VIII-76, IX-57, X-62
383	loyalle (as anagram - l'loyale)	1	X-43
384	Loyre	4	II-25, II-60, VI-79, IX-21
385	loys (see also loix)	1	I-08
386	Loyse	1	IX-59
387	L' oyseau (as L'oiseau)	1	I-34
388	loz	3	I-50, VI-50, VI-70
389	Lozan	1	IV-09
390	lspalme (as l'spalme)	1	IX-06
391	Lubecq	1	IX-94
392	lubrique	1	V-38

luc - luy

393		Luc	1	IX-80
394		Lucembourg	1	X-50
395		lucerne	1	VIII-05
396		Lucie	1	IX-68
397		Lucques	1	IX-05
398		Luel (as Montluel)	1	XII-24
399		luire	4	II-34, IV-24, V-02, VI-68
400		luisans	1	V-66
401		luisant	1	VIII-05
402		luit	1	II-58
403		luite	1	II-52
404		luitte	1	III-30
405		lumiere	1	IV-100
406		luminaire	1	V-93
407		luminaries	1	III-05
408	L'	un	5	I-34, II-07, III-54, V-02, V-50, V-66
409		Luna	2	IV-30, V-66,
410		luna	1	IX-65
411		Lunage	1	VIII-11
412		lunaire	2	I-49, V-93
413		lunaires	1	III-04
414		Lune	7	I-25, I-48, I-84, IV-31, V-32, VI-98, VII-25
415		lune	3	I-31, I-56, V-32
416	L'	une	1	VII-43
417	L'	unie	1	VI-63
418	L'	union	1	VI-20
419		Luques	2	III-19, X-64
420		lurne (as l'urne)	1	X-50
421	L'	urne	1	II-81
422		Lusignan	1	VIII-24
423		Lusitains	1	X-100
424		Lusitanie	1	IX-60
425		Lutece	1	II-88
426		Luthece	1	IX-24
427		luths	1	X-41
428		Lux	1	VIII-85
429		lux	1	VIII-85
430		Luy	9	III-73, III-85, IV-89, VI-18, VIII-33, VIII-39, VIII-88, IX-12, X-43

luy - lysi

431	luy	30	I-33, I-35, II-09, II-71, II-78, III-16, III-30 (2), III-59, IV-21, IV-84, V-02, V-05, V-46, V-47, VI-86, VI-93, VI-99, VII-21, VIII-08, VIII-18, VIII-74, VIII-79, VIII-96, IX-07, IX-49, IX-79, X-09, X-21, X-73
432	luyra	2	V-21, X-98
433	Luysant	1	VIII-06
434	luysant	1	X-69
435	lybique (as libyque)	2	V-13, V-14
436	lybitine (as libitine)	1	II-93
437	lyce	1	II-90
438	Lygonnois	1	IX-98
439	Lygustique	1	II-85
440	lygustique	2	III-23, V-55
441	lyman	1	IV-74
442	lyn	1	VI-27
443	Lyndre	1	VIII-52
444	Lyon	18	I-72, I-93, II-94, III-52, III-56, III-93, V-25, V-99, VIII-02, VIII-03, VIII-06, VIII-34 (3), IX-69, IX-70, X-59, XII-24
445	lyon	6	I-31, I-33, I-35, II-85, IX-19, X-99
446	Lyonnois	1	VII-04
447	lyons	2	VI-71, VII-16
448	lyphres	1	III-89
449	Lyris (as L'iris)	1	VI-44
450	lys	7	IV-20, V-39, V-50, V-89, VIII-18, IX-18, X-79
451	Lysie	1	III-60

M,m

1	M.	1	VIII-66
2	ma	1	I-48
3	Mabus (as M. abus)	1	II-62
4	Macedoine	1	II-96
5	Macedon	1	IX-35
6	Macelin	1	VIII-76
7	macelin	1	VIII-54
8	macher	1	V-50
9	machination	2	IV-06, VI-34
10	machine	1	IV-62
11	machineront	1	IX-51
12	macter (as m'acter)	1	IX-74
13	Madric	1	VII-26
14	magistrat	1	I-61
15	magistratz	1	I-47
16	magna	1	IX-03
17	magnanime	1	VIII-54
18	Magnes	1	IV-23
19	Magonce	2	V-43, VI-40
20	Magues	1	X-21
21	Mahometique	3	II-86, III-64, V-55
22	Mahometiques	1	III-20
23	Mahommet	2	I-18, III-23
24	maieurs	1	VI-81
25	maigre	2	II-09, X-28
26	mail	1	V-02
27	maille	1	VI-14
28	main	22	I-02, I-16, I-91, II-58, II-62, III-62, IV-47, V-06 (2), V-17, V-39, V-75, VI-33 (2), VI-68, VII-06, VII-08, VIII-45, IX-76, IX-82, X-27, X-90
29	Maine	2	IX-19, X-35
30	Mains	1	IV-61
31	mains	12	I-11, I-65, II-36, III-36, III-66, III-69, IV-31, VI-89, VII-09, VII-41, VIII-89, IX-36
32	maintenir(see also mantenir)	1	VI-13
33	maintiendra	1	IX-04

Concordance to *The Prophecies* of Nostradamus (1568 Lyon)

m - main

34	Mais	13	I-36, I-92, II-11, II-36, II-38, II-99, III-39, III-48, III-69, IV-49, VI-59, VIII-31, X-32
35	mais	6	III-05, III-89, V-49, VI-51, IX-82, X-55
36	Maisne	1	X-51
37	Maison	1	VII-41
38	maison	3	II-39, VII-41, IX-01
39	Maisons	1	XII-71
40	maisons	1	II-19
41	maistres	1	II-89
42	Majores	1	IX-56
43	Mal	3	I-26, IX-07, IX-91
44	mal	35	I-08, I-68, I-88, II-02, II-78, II-94, III-52, III-55, III-66, III-93, V-47, V-60, V-62, VI-31, VI-36 (2), VI-37, VI-66, VII-23, VIII-25, VIII-31, IX-14 (2), IX-15, IX-46, IX-53, IX-61, IX-68, IX-75, X-85, X-95, X-97, XI-91, XII-52, XII-71
45	mal'heure (possibly as malade heure)		
		1	IV-72
46	malade	2	III-91, VI-99
47	male	1	II-17
48	malefice	3	I-22, I-61, IV-100
49	malefices	1	III-46
50	malefique	1	III-44
51	malencombre	1	II-38
52	malheureuse	3	VII-09, X-55, X-60
53	Malheureuses	1	X-55
54	malheureux	3	I-68, III-74, X-39
55	Malice	1	IV-06
56	Malignes	1	VI-47
57	malin	2	VIII-31, X-90
58	maling	3	I-51, I-54, X-91
59	Malings	1	X-54
60	malins	2	I-42, I-52
61	mallods	1	IX-24
62	malo	1	IV-44
63	Malte	4	IV-68, VIII-06, IX-61, X-60
64	Malthe	1	V-14
65	Mammel	1	X-44
66	mammelle	1	I-67

mamm - marc

67	Mammer	1	VI-49
68	manche	1	X-65
69	mancher	1	VI-76
70	manches	1	I-02
71	mandé	1	VI-75
72	mandera	1	IX-98
73	Mandosus	1	IX-50
74	mandra	1	X-46
75	mandragora	1	IX-62
76	mangees	1	III-36
77	mangées	1	IV-61
78	manger	1	VIII-72
79	mangera	2	III-13, IV-38
80	maniees	1	X-52
81	maniples	1	VII-73
82	manne	1	X-99
83	manoirs	1	XII-71
84	Mans	1	VII-10
85	Mansol	1	IV-27
86	MANSOL	1	X-29
87	mansol	1	V-57
88	manteaux	1	I-03
89	mantenir (as maintenir)	1	X-42
90	Manthi	1	XI-91
91	Mantor	2	IX-22 (2)
92	Mantoue	1	I-24
93	Mantuane	1	III-32
94	manubis	1	VII-73
95	maratre	1	VI-50
96	marbre	6	V-07, VI-66, VIII-28, VIII-36, IX-84, X-89
97	Marc	1	IX-33
98	marc	2	IV-42, VI-41
99	Marceloyne	1	IX-91
100	Marchans	1	X-37
101	marchans	1	X-98
102	Marchant	1	IV-17
103	marche	1	VII-32
104	marché	1	V-91
105	marcher	5	IV-02 (2), VII-31, IX-13, IX-28

marc - mart

106	marchera	4	I-63, II-27, V-47, IX-35
107	marcheront	5	II-33, VI-30, VIII-19, VIII-40, IX-49
108	mares	1	I-19
109	mareschz	1	VI-87
110	maresetz	1	IX-21
111	maretz	1	IX-48
112	mariage	5	II-25, V-87, VIII-54, X-17, X-39
113	marient	1	X-52
114	marin	5	I-30, I-37, I-89, II-18, V-88
115	marine	8	I-71, I-75, I-98, III-10, IV-23, VII-13, VIII-17, IX-61
116	marins	3	II-67, V-85, VI-44
117	maritime	2	II-53, IX-48
118	maritin	1	II-94
119	Marmande	1	IX-85
120	marmande	1	VIII-02
121	Marne	2	II-63, VI-43
122	Marnegro	1	VI-55
123	marnegro	1	V-27
124	Maroq (as Maroc, Maroquin)	1	VI-54
125	Marque	2	II-74, VIII-09
126	marque	2	I-31, I-75
127	marques	2	II-20, VII-44
128	Marquis	2	IV-98, VII-24
129	marris	1	X-84
130	marrit	1	VIII-88
131	Mars	40	I-15, I-23, I-80, I-83, I-94, II-48, II-59, III-03, III-05, III-16, III-32, III-56, IV-33, IV-67, IV-84, IV-97, IV-100, V-14, V-23, V-25, V-42, V-59, V-91, VI-04, VI-24, VI-25, VI-35, VI-50, VII-02, VIII-02, VIII-46, VIII-48, VIII-49, VIII-85, IX-55, IX-63, IX-64, IX-73, X-67, X-72
132	Marsan	1	IV-72
133	marsaues	1	VIII-35
134	Marseille	6	I-71, I-72, III-86, III-88, X-88, XII-59
135	Marselle	1	X-24
136	Martial	1	V-77
137	martial	1	V-26
138	martiaulx	1	VI-43

mart - mell

139	martiaux	1	VI-95
140	martire	2	I-44, VI-59
141	martres	1	IX-86
142	Mary (as Mari)	1	X-55
143	mary (as mari)	1	IX-34
144	Mas	2	IV-79, VI-01
145	mas	1	VIII-78
146	Mascon	3	III-69, IX-70, XI-97
147	masculin	1	I-86
148	masle	1	IX-50
149	masles	1	V-33
150	masques	1	II-10
151	Massillolique	1	IX-28
152	mastin	2	II-41, V-04
153	mastine	1	X-29
154	mastines	1	II-17
155	mastins	3	X-59, X-99 (2)
156	matiere	1	V-29
157	matronne	2	IX-37, X-61
158	mature	1	VI-100
159	maulx	3	I-24, VII-06, VIII-80
160	Mauris	1	VIII-06
161	Mauseole	1	IX-85
162	Mausol	1	VIII-34
163	maux	1	VIII-17
164	May (as Mai)	5	I-80, VI-88, VII-20, IX-72, X-67
165	maye	1	VIII-07
166	Mayenne	1	IX-19
167	maynade	1	VIII-40
168	Mazeres	1	V-100
169	me	1	III-87
170	medalles	1	VI-09
171	Mede	2	III-31, III-64
172	meditant	1	X-63
173	Medusine	1	IX-84
174	meffait	1	III-51
175	melifique	1	X-89
176	Melite	1	II-49
177	Mellele	1	IV-91

Concordance to *The Prophecies* of Nostradamus (1568 Lyon)

mell - merv

178	Mellile	1	VI-45
179	Mellites	1	I-09
180	Memire	1	VIII-42
181	memoire	1	V-40
182	Memphis	1	X-79
183	Menant	1	VI-28
184	menant	1	X-13
185	menasse	2	I-15, II-81
186	Mende	1	IV-44
187	Mendosus	1	IX-45
188	mené	5	III-10, IV-34, IV-85, VII-29, X-29
189	menee	3	VI-92, VIII-08, IX-64
190	menees	2	III-62, VII-26
191	menées	1	I-49
192	meneez	1	IX-53
193	mener	2	IV-58, VIII-58
194	menés	1	IX-15
195	mensolee	1	VIII-46
196	mensongiers	1	V-91
197	ment	1	IX-70
198	menton	1	II-20
199	Mer	4	IV-21, V-11, VIII-09, VIII-51
200	mer	66	I-18, I-20, I-29, I-41, I-50, I-55, I-63, I-92, II-03, II-05, II-15, II-18, II-40, II-74, II-78, II-85, II-94, III-05, III-09, III-21, III-23 (2), III-62, III-78, III-82(2), III-86, III-88 (2), III-89, IV-02, IV-04, IV-14, IV-15, IV-19, IV-94, V-03, V-25, V-26, V-35, V-44, V-48, V-55, V-64, V-95, V-98, VI-33, VI-56, VI-64, VI-80, VI-85, VII-10, VII-20, VIII-59, VIII-60, IX-54, IX-64, IX-75, IX-97, X-24, X-68, X-79, X-87, X-88, X-95, X-100
201	Mercure	11	II-65, III-03, IV-28, IV-29, IV-97, V-93, IX-12, IX-55, IX-73, X-67, X-79
202	mercy	2	III-87, VI-81
203	mere	7	III-16, IV-07, V-73, VII-11, VIII-73, VIII-75, X-55
204	merite	1	III-66
205	mers	5	I-77, II-52, III-23, V-88, X-96
206	merveille	1	III-86
207	Merveilleux	1	VIII-60

merv - mett

208	merveilleux	3	I-43, II-55, II-92
209	mesan	1	VIII-35
210	meschant	1	VIII-70
211	meschant. (as meschantement)		
		1	XII-55
212	mesgnie	2	I-99, III-31
213	meslé	2	II-78, X-98
214	meslee	4	V-28, V-33, IX-16, X-66
215	mesler	1	V-36
216	meslera	1	V-72
217	mesles	1	III-89
218	mesme	9	II-51, IV-43, V-32, V-92, VIII-33, VIII-79, VIII-88, IX-57, X-63
219	Mesmes	3	I-69, III-04, III-60
220	mesmes	4	II-01, V-05, VI-78, X-14
221	mesnie	1	VIII-60
222	Mesopotamie	4	III-61, III-99, VII-22, VIII-70
223	mespris	1	X-36
224	Mesprisant	1	III-67
225	mespriseront	1	I-85
226	messagier	1	V-71
227	messagiers	1	VI-93
228	messaige	1	VIII-20
229	Messie	1	V-53
230	Messine	1	IX-61
231	mestiers	1	XII-24
232	metal	1	VII-19
233	metalique	1	V-07
234	metaulx	1	V-66
235	Methelin	2	V-27, IX-32
236	Mettans	1	I-89
237	Mettant	3	III-01, VIII-41, IX-50
238	mettant	1	VIII-89
239	Mettra	1	IV-10
240	mettra	15	I-39, I-79, III-59, IV-99, V-73, V-93, VI-28, VI-31, VIII-10, VIII-15, IX-08, IX-60, X-03, X-47, X-66
241	mettre	9	IV-80, V-06, V-16, V-17, VI-19, VII-21, VII-37, IX-11, X-83
242	Mettront	2	III-83, IX-96

mett - mili

243	mettront	3	I-13, VII-36, IX-49
244	Metz	1	X-07
245	meubles	1	I-28
246	meurdris	1	VIII-75
247	Meurdry	1	VIII-63
248	meurdry	1	X-21
249	meurdrys	1	X-82
250	meurs	1	I-98
251	Meurt	1	V-36
252	meurt	1	II-47
253	Meurtre	1	IV-71
254	meurtre	7	II-61, II-92, III-51, IV-11 (2), V-12, VI-92
255	meurtri	1	IV-55
256	meurtrir	1	III-48
257	meurtrira	1	IV-86
258	meurtris	4	IV-69, IV-78, VI-94, IX-79
259	Meurtry	1	IV-10
260	meurtry	5	I-52, VI-22, VI-77, VIII-32, IX-76
261	meurtrys	1	I-59
262	Meuse	1	X-50
263	meusniers	1	VI-17
264	MEysnier	1	XI-91
265	mi	1	X-07
266	midi	1	X-69
267	midy	4	III-03, IV-31, V-75, X-95
268	miel	5	I-44, I-57, VI-89, IX-14, IX-41
269	mieux	1	IX-07
270	migre	1	IX-44
271	Migres	1	IX-44
272	mil	10	I-48, I-49, I-98, III-77, VI-54, VIII-13, VIII-21, VIII-71, X-72, X-91
273	Milan	11	III-37, IV-34, IV-90, V-99, VI-31, VI-78, VI-87, VIII-07, VIII-12, IX-95, X-64
274	Milanoise	1	IX-95
275	Milhau	1	IV-44
276	milieu	9	I-02, I-32, IV-09, IV-32, V-96, VII-43, IX-23, X-81, X-92
277	milion	1	II-94
278	militaire	6	I-16, I-97, IV-02, VI-33, VIII-78, IX-76

mill - mode

279	Millane	1	VII-32
280	Mille	1	VII-31
281	mille	5	IV-16, VI-41, VI-49, IX-56, XII-65
282	milles	1	VIII-21
283	milliesme	1	X-74
284	millieu	6	I-65, II-82, III-11, IX-11, IX-15, IX-19
285	million	4	I-72, I-92, V-25, VIII-34
286	Milve	1	VI-16
287	milve	1	V-45
288	mince	3	I-88, IV-07, VI-15
289	mine	3	I-13, I-48, I-53
290	minera	1	IX-51
291	mineur	2	IV-07, X-34
292	minuict	1	X-04
293	minuit	1	II-77
294	minuse	1	VIII-47
295	miparfaict	1	II-57
296	miracle	1	VI-51
297	Mirande	2	I-46, VIII-02
298	mirande	1	I-46
299	Mirandole	1	VII-04
300	Mis	5	I-43, I-68, II-98, V-39, X-22
301	mis	49	I-29, I-36, I-59, I-81, I-94, II-12, II-13, II-31, II-37, II-39, II-43, II-50, II-77, II-86, II-93, III-55, III-66, III-71, III-80, IV-12, IV-14, IV-18, IV-19, IV-21, IV-28, IV-29, IV-30, IV-32, IV-34, IV-43, IV-84, V-82, VI-29, VI-59, VII-15, VII-18, VII-28, VII-73 (2), VIII-17, VIII-59, VIII-92, VIII-95, VIII-99, IX-15, IX-47, X-30, X-43, X-65
302	mise	4	I-02, II-61, III-52, X-54
303	miserable	3	I-61, IV-34, IX-78
304	Misere	1	VIII-96
305	Mitilene	1	III-47
306	mittré (as anagram - t'mitré)	1	IX-34
307	mobil	1	I-54
308	mocque	1	X-12
309	mocqué	1	IV-61
310	Modene	3	VI-73, IX-13, X-60
311	moderés	1	I-93

moeu - mons

312	moeurs	1	III-49
313	moindre	5	II-63, VI-95, X-02, X-21, X-53
314	moine	2	I-95, IX-20
315	moines	1	I-44
316	Moins	1	III-87
317	moins	5	I-60, II-33, VI-02, VI-71, IX-73
318	mois	6	II-84, IV-100, VIII-65, VIII-94, X-67, X-72
319	Moissac	1	VII-12
320	moitié	1	III-48
321	molins	1	IX-37
322	Molite	1	IX-98
323	moment	2	III-100, IV-22
324	mon	1	III-24
325	Monarchie	1	II-69
326	monarchie	4	I-48, IV-50, VI-25, VI-57
327	Monarque	1	IV-97
328	monarque	19	I-04, I-31, I-36, I-59, I-70, I-99, II-12, II-15, II-20, III-11, III-17, III-47, IV-77, V-21, V-38, IX-05, IX-33, IX-47, X-58
329	monarques	2	II-38, VI-58
330	Monde	1	VII-43
331	monde	13	I-45, I-63, II-22, III-92, IV-77, V-31, V-96, VI-70, VIII-17, IX-51, X-49, X-54, X-73
332	Monech	5	II-04, III-10, IV-37, VIII-04, X-23
333	monech	2	IV-91, VI-62
334	Monet	1	IX-42
335	monge	1	VI-86
336	Monhurt	1	IV-79
337	Monnego	1	X-60
338	monnoyes	1	I-40
339	monopole	2	I-79, II-49
340	emonopolle (as anagram - le monopole)	1	VIII-38
341	Monpertuis	1	VIII-24
342	monstier	1	I-95
343	monstra	1	IV-59
344	monstre	11	I-80, II-32, II-70, III-34, III-41, V-20, V-88, VI-19, VI-44, X-05, X-98
345	Monstrer	1	IV-69

mons - mori

346	monstrera	1	VI-61
347	monstres	3	I-90, VIII-68, IX-03
348	Mont	1	III-17
349	mont	15	II-83, III-96, III-99, IV-03, IV-31, V-57, V-58, V-61, V-76, VII-32, VIII-86, IX-02, IX-68, IX-69, IX-87
350	Mont-Luel (as Montluel)	1	XII-24
351	montaignars	1	IV-63
352	Montaigne	1	X-50
353	montaigne	3	I-69,
354	montaignes	3	III-54, III-58,
355	Montauban	1	III-56
356	monté	1	V-01
357	monter	2	VI-12, VIII-16
358	Montera	1	V-75
359	montera	2	IX-37, X-64
360	Montferrant	1	I-66
361	Montlimard	1	IV-42
362	Montmelian	1	X-37
363	Montmorency	1	IX-18
364	Montpellier	1	III-56
365	Monts	3	IV-36, VI-88, VI-99
366	monts	24	I-93, II-17, II-29, II-74, III-38, III-43, III-62, III-67, IV-02, IV-37, IV-70, IV-94, V-26, V-50, V-61 (2), V-70, V-82, VI-01, VI-47, VI-69, VI-79, VII-07, X-11
367	montz	3	II-48, IX-64, IX-67
368	monumens	1	VII-14
369	monument	2	VII-29, IX-07
370	moquerie	1	III-74
371	morbilles	1	IV-98
372	mord	1	VII-37
373	mordra	1	XI-91
374	mordre	1	VI-32
375	mords	1	I-77
376	More	1	IV-85
377	more	1	VIII-11
378	Moriane	1	X-37
379	Moricque	1	III-95

Concordance to *The Prophecies* of Nostradamus (1568 Lyon)

mori - mour

380	Morisque	1	XII-36
381	morre	1	VIII-12
382	Mors	4	I-92, II-70, III-68, IV-45
383	mors	11	I-11, I-81, II-26, II-39, III-12, III-38, III-71, III-82, V-67, VI-94, X-08
384	Mort	9	II-02, II-56, II-61, IV-55, VIII-42, VIII-87, VIII-89, IX-46, X-63
385	mort	105	I-10, I-16, I-22, I-30, I-35, I-36 (2), I-38, I-39, I-89, I-94, II-13, II-18, II-25, II-42 (2), II-45, II-47, II-53, II-57 (2), II-90, II-91 (2), II-95, II-98, III-15, III-36, III-48, III-59 (3), III-66 (2), III-67, III-77, III-86 (2), III-91, IV-02, IV-14, IV-18, IV-43, IV-65, IV-75, IV-89, IV-91, IV-100, V-08, V-09, V-10, V-15, V-16, V-17, V-21, V-38, V-43, VI-11, VI-28, VI-31, VI-32, VI-37, VI-52, VI-74, VI-76, VI-80, VII-17, VII-21, VII-37, VII-40, VII-42, VII-82, VIII-15, VIII-18, VIII-19, VIII-34, VIII-37, VIII-45, VIII-73, VIII-87, IX-08 (2), IX-10, IX-11, IX-17, IX-49, IX-77, IX-78, IX-96, X-01, X-12, X-15 (2), X-16, X-20, X-26, X-30, X-40, X-43, X-46, X-55, X-56, X-57, X-63, X-87
386	mortalité	1	VIII-49
387	Mortara	1	IX-31
388	morte	1	IX-82
389	mortel	1	VI-96
390	mortelle	4	I-28, III-98, VII-26, VIII-48
391	Morts	1	II-92
392	morts	4	III-85, IV-20, IV-69, VI-11
393	mortz	2	VIII-77, IX-74
394	Moselle	1	I-89
395	mosicque(as anaagram - ci mosque)	1	X-41
396	mot	2	VIII-41, VIII-45
397	mouches	1	VI-89
398	Mouferrat	1	VIII-26
399	mouldre	1	I-65
400	Moulins	1	XI-97
401	moulle	1	I-02
402	moura	1	VIII-49

mour - murs

403	Mourant	1	IV-77
404	mourant	1	X-40
405	Mourir	1	IX-10
406	mourir	9	I-10, I-35, II-42, VII-38, VIII-13, VIII-100, IX-51, IX-78, X-12
407	Mourra	2	I-100, VI-06
408	mourra	17	I-27, I-77, I-88, II-09, II-56, II-62, III-19, III-66, III-84, III-100, IV-06, IV-07 (2), IV-84, V-18, VIII-46, X-90
409	mourres	1	III-87
410	Mourront	1	II-07
411	mourront	2	I-85, V-59
412	mouteur	1	II-46
413	Mouton	1	II-88
414	mouvement	1	I-11
415	moyen	3	III-85, V-44, VIII-80
416	Moyennant	1	IV-98
417	moyennant	1	IV-96
418	Moyne	1	IX-10
419	moyne	2	VI-60, VI-73
420	moynesse	1	IX-10
421	moys	11	I-23, I-47, III-38, III-39, IV-95, V-37, V-81, V-90, VI-52, VIII-93 (2)
422	mué	1	I-43
423	muestra	1	X-25
424	mueyre	1	VIII-18
425	mulet	2	II-60, VI-36
426	multe	2	IX-47, IX-74
427	munismes	1	VI-23
428	Mur	2	III-84, V-81
429	mur	10	II-63 (2), III-06, III-50, III-56, V-18, VIII-02, IX-39, IX-99, X-45
430	Muraille	1	III-37
431	murailles	1	VI-73
432	murdre	1	X-10
433	murdry	3	IX-58, X-35, X-69
434	murmurer	1	X-03
435	Murs	1	IX-37
436	murs	11	I-29, III-07, III-33, IV-52, IV-90, VI-51, VIII-38,

murs - mytr

436	murs (Cont.)	11	IX-26, IX-93, X-65, X-89
437	murtre	1	IX-36
438	musicque (as c'musique)	1	X-28
439	mutations	1	I-51
440	muy	1	VIII-27
441	my	3	II-21, V-58, IX-40
442	mydi (as midi)	1	IX-89
443	myneral (as mineral)	1	V-36
444	Myr. (as Myrmidon)	1	X-08
445	Myrmidon	1	IX-35
446	Mys (as mis)	5	VIII-26, IX-13, IX-14, X-81, X-90
447	mys (as mis)	8	I-44, VIII-31, IX-65, X-16, X-18 (3), X-20
448	Mysie	1	III-60
449	Mysne	1	IX-94
450	mystique	1	III-02
451	mytree (as mitrée)	1	X-41

N,n

1	n' a	3	I-97, II-56, III-34
2	n' abayeront	1	IV-93
3	nacelle	1	V-48
4	nacelles	1	IV-81
5	n' admet	1	II-80
6	n' adoré	1	II-87
7	nager	3	III-68, V-52, VIII-01
8	nagera	6	I-57, II-52, II-57, III-13, III-87, III-88
9	nageront	1	II-60
10	naissance	2	IV-96, V-61
11	Naistra	5	III-58, V-09, V-55, V-79, V-84
12	naistra	19	I-50, I-58, I-60, I-78, I-80, I-90, II-32, III-35, III-42, V-74, VI-44, VI-91, VII-32, VIII-04, VIII-33, VIII-62, IX-03, IX-59, X-09
13	naistre	7	IV-93, V-20, V-26, V-48, VIII-93, VIII-97, IX-11
14	naistront	1	III-76
15	Nanar	1	VIII-85
16	Nancy	2	VIII-03, X-07
17	Nansy	1	IX-18
18	Nantes	4	I-20, IV-46, V-33, VI-44
19	n' aparoistra	1	I-17
20	n' aperceu	1	II-06
21	n' apperceu	1	III-41
22	n' aprochera	1	IV-91
23	n' aproches	1	III-87
24	Naples	7	I-11, II-16, III-25, III-74, V-43, VII-06, VIII-09
25	nappe	1	IV-11
26	Narbon	8	I-99, II-59, III-92, IV-94, VI-56, IX-34, IX-63, IX-64
27	Narbon. (as Narbonne)	1	I-72
28	Narbonne	3	I-05, VIII-22, IX-38
29	n' arreste	1	VII-73
30	n' arresteront	1	I-38
31	Natif	1	X-44
32	natif	1	IV-89
33	nation	3	II-99, III-38, III-92

nati - ne

34		nations	1	III-83
35		nativité	1	II-13
36		naturel	1	VIII-44
37		naturelle	1	X-84
38		nauffraige	1	II-33
39		naufrage	2	II-56, V-31
40		Naufraige	1	II-86
41	N'	aura	2	I-73, VI-87
42	n'	aura	5	VII-05, VIII-16, VIII-67, VIII-82, X-22
43	n'	auront	1	IV-90
44		Nautique	1	V-95
45		nautique	1	V-03
46		Navale	1	III-29
47		navale	3	III-01, VI-91, VII-03
48		Navalle	1	IX-100
49		navalle	1	II-40
50		Navarre	4	IV-79, V-89, VIII-44, X-45
51		Navarrois	1	III-25
52		naves	3	IX-100, X-02, X-32
53		navigant	1	V-15
54	n'	avint	1	IV-40
55		navire	1	V-02
56		navires	1	VII-26
57	n'	avoir	3	I-36, II-54, VI-08
58	n'	avoit	1	II-42
59	N'	ay	1	II-57
60	n'	ay	1	III-69
61		NAY	1	VIII-01
62		Nay	3	II-73, V-41, V-84
63		nay	13	II-07, II-58, II-82, II-92, IV-95, V-97, VI-03, VI-52, VI-95, VIII-45, VIII-76, VIII-79, X-40
64	n'	ayant	2	I-22, IX-64
*		(N' as Ne)	3	
65		Ne	17 [**20**]	II-53, III-46, IV-29, IV-46, V-49, V-53, V-82, VI-33, VI-36 (2), VI-45, VII-80, VIII-61, VIII-67, IX-45, X-01, X-98
*		(n' as ne)	29	
66		ne	137 [**166**]	I-04, I-21, I-37, I-38, I-39, I-44 (2), I-59, I-62, II-04, II-27, II-30, II-31, II-38, II-53, II-58, II-64,

ne - nept

(66)		ne (Cont.)	(137)	II-76, II-84, II-88, III-04, III-42, III-46, III-50, III-58, III-59, III-65, III-66 (2), III-67, III-87, IV-05 (2), IV-12, IV-30, IV-49 (2), IV-50 (2), IV-54 (2), IV-55, IV-57 (2), IV-71, IV-82, IV-90 (2), IV-97, IV-98, IV-100, V-07, V-11, V-29, V-43, V-53 (2), V-60, V-65, V-68, V-69, V-76, V-78, V-92, VI-04, VI-08, VI-13 (3), VI-17, VI-36, VI-49, VI-61, VI-62, VI-64, VI-76, VI-84, VI-90, VI-93, VI-100, VII-02, VII-08 (2), VII-19, VII-20, VII-25, VII-34 (2), VII-35, VIII-10, VIII-16, VIII-23, VIII-26, VIII-39, VIII-41, VIII-53, VIII-61, VIII-62, VIII-67, VIII-68, VIII-71, VIII-80, VIII-83, VIII-88, VIII-89, VIII-90, VIII-98, IX-04, IX-07 (2), IX-17, IX-29, IX-37, IX-52, IX-55, IX-64, IX-68, IX-70, IX-74, X-03, X-04, X-07, X-09, X-10, X-19, X-20, X-22, X-57 (2), X-71, X-75, X-83, X-84, X-85, X-91, X-99, XII-65
67		neant	1	II-12
68		neanty	1	X-20
69		Nebro	1	X-25
70		nebro	1	VIII-56
71		necessité	1	VII-34
72		Nee	1	X-54
**	d'	ndigne (see d'indigne)	1	IX-47
73		nef	12	I-30, II-15, II-65, II-93, IV-91, VII-37, VIII-16, IX-29, IX-43, IX-100, X-02, X-80
74		Nefz	1	V-62
75		nefz	2	I-18, VII-37
76		neglect	1	I-73
77		neglet	1	IV-39
78		negligence	2	I-18, X-43
79		Negrepont	2	II-03, II-21
80		Negresilve	1	VI-16
81		neige	2	II-29, X-70
82		Nemans	2	V-58, X-06
83	n'	en	5	III-28, VIII-53, IX-69, X-53, X-100
84		Neptune	5	I-77, II-59, II-78, IV-33, VI-90
85		neptune	1	III-01

nepv - noct

86		Nepveu	4	VI-22, VIII-43 (2), X-30
87		nepveu (see also neveu)	5	II-92, III-17, IV-73, VI-82, VIII-32
88		nepveus	1	III-29
89		nepveux	1	XII-69
90		Neron	3	IX-17, IX-53, IX-76
91		NERSAF	1	VIII-67
92		Nersaf	1	VIII-67
93		nerte	1	VII-37
94	n'	escappe	1	II-82
95	n'	est	2	I-01, VIII-27
96	n'	estant	1	V-61
97	n'	estre	2	II-13, VI-90
98		Neuf	3	II-09, V-90, X-05
99		neuf	12	I-81, II-07, II-84, VIII-44, VIII-81, IX-39, IX-67, X-05, X-69, X-72 (2), X-91
100		Neufve	1	IX-18
101		neufve	13	I-24, I-87, II-89, III-70, III-97, VI-97, VIII-74, IX-12, IX-57, IX-92, IX-100, X-49, X-93
102		neurent	1	X-27
103		neveu (as nepveu)	1	VII-43
104		Nez	1	VI-32
105		nez	3	II-20, II-67, V-45
106		Nice	3	III-82, V-64, VII-30
107		nice	1	III-14
108		Nicene	1	VII-19
109		Nicol	1	IX-59
110		Nicolas	1	IX-30
111		Nicopolle	1	IX-91
112		Nictobriges	1	IV-76
113		Niee	1	IX-26
114		Nira	1	IV-59
115		Nismes	1	III-56
116		Nisse	2	X-60, X-87
117	N'	obey	1	X-94
118		noble	3	VIII-88, IX-68, X-59
119		nobles	2	I-11, V-71
120		noblesse	1	X-21
121	n'	occupera	1	V-11
122		Nocent	1	VI-37

noct - nori

123	nocturne	4	I-26, IV-83, V-41, V-81
124	noiés	1	II-26
125	noilleux	1	I-43
126	Noir	2	VI-38, VII-02
127	noir (see also noyr)	18	I-74, III-43, III-60, IV-47, IV-85, V-29, VI-25, VI-33, VI-81, VII-05, VIII-70, IX-20, IX-41, IX-58, IX-76, X-30, X-57, X-91
128	noire	4	I-77, II-79, VI-36, IX-60
129	noires	1	VII-14
130	noirs	1	VI-16
131	Nolle	2	III-74, VIII-38
132	nolte	1	X-60
133	Nom	1	VIII-64
134	nom	11	I-76 (2), II-88, IV-54, IV-88, VII-44, VIII-23, VIII-58, IX-06, IX-26, X-96
135	nombre	10	I-19, II-37, II-38, II-89, IV-03, V-64, VIII-71, VIII-91, IX-81, X-74
136	Nombril	1	II-22
137	nommera	1	X-53
138	nommeront	1	IX-06
139	Nompareil	1	V-83
140	Non	12	I-27, II-17, V-63, V-66, VI-06, VIII-36, IX-36, IX-38, X-13, X-41, X-65, X-74
141	non	41	I-41, I-70, I-92, I-93, I-94, II-08, II-33, II-40, III-36, III-48, III-57, IV-01, IV-16, IV-26 (2), IV-57, IV-68, IV-69, IV-81, IV-83, V-27, VI-18, VI-59, VI-67, VIII-21, VIII-30, VIII-35, VIII-73, IX-16, IX-26, IX-29, IX-58, X-04, X-16, X-38, X-45, X-46, X-84, X-85, XII-52, XII-71
142	Nonain	1	IX-24
143	nonante	2	III-57, X-72
144	nonchalance	1	V-38
145	Nonnaire	1	VIII-79
146	Nonnay	1	X-67
147	Nonobstant	1	I-30
148	Nonseggle	1	VI-46
149	nopces	2	X-52, X-55
150	nore	2	X-55
151	Noriques	1	III-58

norl - nue

152		NORLARIS	1	VIII-60
153		Norlaris	1	IX-50
154		Normand	1	IX-07
155		Normande	1	IX-30
156		Normans	4	VI-16, VI-97, VII-10, X-51
157		Norneigre	1	VI-07
158	n'	orra	1	II-100
159		North	1	II-17
160	n'	osera	2	V-67, IX-71
161	n'	oseront	1	III-18
162		noua	1	IX-61
163		Noudam	1	IX-56
164		nouel	1	II-07
165		noues	1	IX-25
166		Nourdeloys	1	IX-06
167		nourrir	1	I-21
168		nourris	1	III-29
169		Nous	1	II-10
170		nous	2	I-15, III-46
171	n'	outraigée	1	II-53
172		nouveau	25	I-52, I-61, I-63, I-87, I-94, III-72, III-78, IV-31, VI-01, VI-03, VI-20, VI-21, VI-23, VI-24, VI-51, VII-42, VIII-40, IX-01, IX-05, IX-17, IX-72, IX-95, X-30, X-46, XI-91
173		Nouveaux	2	II-16, II-19
174		nouveaux	5	I-03, IV-06, IV-36, V-46, V-96
175		Nouvelle	3	II-18, III-97, VII-11
176		nouvelle	6	I-53, III-67, IV-35, V-51, VI-66, X-05
177		nouvelles	4	I-66, IV-13, VI-29, X-54
178		novices	1	I-44
179		noyaulx	1	IX-24
180		noyés	1	III-12
181		noyr (as noir)	1	VI-10
182		nubileuse	1	IV-48
183		Nud	2	III-30, IV-22
184		nud	3	V-67, V-73, X-30
185		nudos	1	IV-26
186		Nudz	1	VI-69
187		nue	1	I-86

nuec - nysm

188	nuech	1	IV-44
189	Nuée	1	II-41
190	nuees	1	V-85
191	Nuict	2	VI-30, IX-21
192	nuict	29	I-01, I-39, I-41, I-64, II-35, II-41, III-17, III-30, III-91, IV-08, IV-31, IV-35, IV-78, IV-93, V-08, V-17, VI-06, VI-36, VI-44, VI-53, VI-65, VI-68, VII-02, VII-07, VII-80, VII-83, VIII-32, VIII-58, IX-39
193	nuictz	2	I-46, V-83
194	nuira	1	II-78
195	nuire	2	I-96, II-34
196	nuit	5	IV-41, IX-13, IX-20, IX-100, X-12
197	nuits	1	II-52
198	Nul	1	V-49
199	nul	12	I-76, III-34, IV-50, VI-81, VI-87, VIII-27, VIII-71, VIII-80, VIII-96, IX-29, IX-82, X-88
200	nulz	1	X-39
201	Nuremberg	2	III-53, VI-15
202	Nuy	1	IV-17
203	n' y	2	III-34, VI-78
204	ny	7	II-04, III-24, III-42, III-84, VI-96 (2), VIII-22
205	Nymes (as Nimes)	2	V-59, IX-09
206	Nysmes (as anagram - s'Nimes)	1	X-94

O,o

1		O	8	I-68, I-99, II-61, III-05, III-18, VI-96, IX-63, X-65
2		o	1	VIII-72
3		ô	1	II-72
4	N'	obey	1	X-94
5		doibt (as anagram - d'obit)	1	IX-07
6		d'obit - object	1	X-70
7		oblation	1	VIII-51
8		Obnubiler	1	IV-25
9		obscur	2	III-17, VIII-76
10		obscurcie	2	I-84, IX-68
11		obscurcir	1	IX-83
12		obscurs	1	V-84
13		observera	1	II-24
14		obsesse	2	IV-52, VII-33
15		obstacles	1	XII-71
16		obstinee	1	X-96
17		obtenir	1	X-32
18		obtiendra	3	IV-75, VII-93, IX-45
19		obturee	1	IX-18
20		Occident	1	III-27
21	L'	Occident	1	VII-80
22	l'	Occident	2	III-35, IX-100
23		Occidental	1	V-62
24		Occis	1	X-26
25		occis	1	II-51
26		occult	1	III-02
27	l'	occult	1	II-78
28		occulte	1	IV-28
29		Occultes	1	III-63
30		Occuper	2	II-19, X-26
31		occuper	2	III-97, V-27
32		Occupera	1	IV-37
33		occupera	6	I-75, IV-38, VIII-43, VIII-56, IX-05, X-34
34	n'	occupera	1	V-11
35	L'	occupera	1	V-29
36		Occuperont	1	IX-06

occu - omin

37		occuperont	2	III-98, VI-82
38		ocean	1	III-01
39	l'	Ocean	2	II-68, III-90
40		oceane	1	III-09
41		octante	1	VI-02
42		Octobre	1	III-77
43	d'	Octobre	1	IX-62
44		odieuse	1	X-98
45		Oeil	1	VII-11
46		oeil	2	I-23, III-55
47	L'	oeil	4	I-06, III-92, IV-15, X-70
48		oeuf	1	X-67
49		oeufz	1	VII-24
50		oeuvre	1	VIII-36
51	L'	oeuvre	1	VI-37
52		offence	2	IV-64, VI-96
53		offert	1	IV-34
54		offices	1	IX-66
55		offres	1	VIII-23
56		offrir	1	I-24
57		ognyon (as anagram - oignon)	1	IX-89
58		Logmion (as L'ogmion)	1	V-80
59		logmyon (as l'ogmion)	1	VI-42
60		dogmion (as d'ogmion)	1	VIII-44
61		oingdre	1	VIII-36
62		oingt	3	IV-86, VI-24, VI-89
63		oingz	2	VII-36, VII-40
64		ointe	1	I-57
65		oiseau (see also oyseau)	1	I-100
66	L'	oiseau	1	V-81
67		Loisel (as L'oisel)	1	I-24
68		Olchade	1	III-64
69	L'	Olestant	1	IV-82
70		Olympique	1	VIII-16
71		ombre	2	V-05, X-26
72	L'	ombre	1	X-45
73		lombre (as l'ombre)	1	X-44
74		omination	1	IX-46

omne - orge

75		Omnes'q (as Omnes-que)	1	VI-100
76		On	6	V-40, V-46, V-72, VI-02, VI-64, VII-07
77		on	22	I-64, II-62, II-100, III-03, III-07, III-34, III-95, IV-14, IV-30, IV-81, V-46, V-62, V-96, VI-09, VI-37, VI-50, VI-71, VI-97, VII-23, VII-25, VIII-05, IX-77
78		Onc	3	IV-40, X-09, X-20
79		onc	5	VI-23, IX-68, X-27, X-88, X-91
80		oncle	1	VIII-89
81		oncles	1	X-10
82		Oncq' (as Oncques)	1	II-30
83		oncq (as oncques)	2	VIII-53, X-04
84		Oncques	2	VI-96, X-57
85		onde	3	I-63, V-27, VI-79
86	L'	onde	1	VIII-16
87		londe (as l'onde)	1	III-06
88		Ongle	1	VIII-52
89		Ongrie	3	VIII-09, X-62, X-63
90	d'	Ongrie	1	II-90
91		Onques (as Oncques)	1	IX-52
92		onques (as oncques)	1	X-19
93		ont	1	IV-84
94		Oppi	1	IX-62
95		opposite	1	IX-98
96		oppressee	1	IX-40
97	D'	oppression	1	VII-83
98		opprobre	1	III-77
99		or	9	III-02, III-13, III-67, IV-30, IV-42, VI-08, VI-49, VII-28, X-95
100	D'	or	2	IV-34, VIII-29
101		dor (as d'or)	1	IX-17
102		oraisons	2	I-14, IV-25
103		Orant	1	VIII-89
104		lorchestra (as l'orchestra)	1	X-25
105		ord	1	X-57
106		ordre	2	III-79, VIII-90
107	L'	ordre	1	III-79
108		Dordonnois (as D'ordonnais)	1	VIII-35
109		orge	1	III-42

orgo - ou

110		Orgon	1	I-90
111	d'	Orgon	1	V-62
112	l'	Orguion	1	II-73
113		Oriens	1	I-50
114		Orient	3	II-60, V-62, VI-21
115	d'	Orient	2	III-35, V-81
116		Lorient (as L'orient)	1	VIII-59
117	l'	Orient	1	I-09
118	L'	Oriental	1	II-29
119		Orientaux	1	III-78
120		Orients	1	III-47
121		orientz	1	X-75
122		origine	1	IX-84
123		Orl. (as Orleans)	1	IV-61
124		Orleans	3	I-20, V-89, X-45
125	d'	Orleans	3	III-51, III-66, VIII-42
126		ormis	1	VI-04
127		orné	1	VIII-05
128		ornée	1	I-96
129		LORON (as L'ORON [Italian])	1	VIII-01
130		loron (as l'oron [Italian])	1	III-25
131		orra	3	I-64, II-91, VIII-84
132	n'	orra	1	II-100
133	L'	orrible (as L'horrible)	1	IX-55
134		oruches	1	VI-99
135		Os	1	IX-32
136		os (see also oz)	4	I-42, III-23, IV-56, V-07
137	n'	osera	2	V-67, IX-71
138	n'	oseront	1	III-18
139		Ost	1	IV-12
140		ost	3	IV-34, IV-37, VIII-92
141		ostacle	1	X-26
142		osté	1	IV-32
143		Ostera	1	VI-03
144		ostera	1	II-79
145		ostraige (as r'ostaige)	1	VIII-92
146	d'	Ostun	1	VII-04
147		Ou	10	I-10, I-32, II-39, IV-27, V-32, V-34, VI-43,

ou - oz

147	Ou (Cont.)	10	VIII-91, VIII-99, IX-65
148	ou	11	III-04, III-19, III-33, IV-03, IV-07, IV-18, VIII-57, VIII-94, IX-07, X-52 (2)
149	D' ou	1	IV-15
150	Dou (as D'ou)	1	IX-21
151	oultrage	1	II-25
152	oultragee	1	IX-82
153	oultragée	1	I-72
154	Oultre	2	I-31, IX-69
155	oultre	6	IV-12, VI-70, VI-87, IX-27, IX-38, X-37
156	ouraige	1	V-56
157	l' Ours	1	V-04
158	ourse	1	IX-10
159	outrage	1	I-86
160	outragé	1	X-20
161	outragée	1	III-89
162	n' outraigée	1	II-53
163	Outre	3	III-38, IV-81, VI-79
164	outre	7	II-74, II-85, III-23, IV-46, V-03, V-51, VIII-55
165	ouvers	1	X-101
166	ouvert	6	I-18, V-50, V-59, VI-65, VII-02, VIII-25
167	ouverte	5	II-68, V-19, V-35, VI-65, VII-37
168	Ouvertes	1	IV-70
169	ouvertes	1	VII-14
170	ouverts	2	II-12, X-31
171	ouvrée	1	V-29
172	ouvrir	5	IX-84, X-25, X-27, X-80, X-81
173	ouvrira	3	I-89, VIII-78, IX-07
174	Ouy (as Oui)	1	IV-24
175	ouy (as oui)	1	X-04
176	ouye (as ouie)	2	II-75, IX-02
177	ouys (as ouis; Latin: ovis)	2	II-77, XII-52
178	D' ovrir	1	IX-85
179	oys (as ois)	1	IV-43
180	oyseau (as oiseau)	2	II-23, II-75
181	L' oyseau (as L'oiseau)	1	I-34
182	oyseaux (as oiseaux)	2	II-23, II-44
183	oz (as os)	4	V-69, VI-50, VI-66, VII-41

P,p

1	Pache	1	V-50
2	pache	6	IV-73, V-19, V-82, VI-64, VIII-20, XII-59
3	paches	1	VII-18
4	pacifiera	1	VI-24
5	pacifique	2	IV-77, V-06
6	pacifiques	1	X-89
7	pacquet	1	I-39
8	paganisme	1	III-76
9	paiges	1	IX-53
10	Pain	1	VII-34
11	pain	2	IV-90, VIII-41
12	paissaiges	1	VII-33
13	Paix	5	IV-20, VI-23, IX-31, IX-66, IX-88
14	paix	25	I-04, I-38, I-63, I-69, I-92, II-09, II-43, III-28, III-54, IV-05, IV-97, V-06, V-44, VI-22, VI-38, VI-64, VI-90, VII-18, VIII-93, IX-51, IX-52, IX-86, X-42 (2), XII-55
15	Palais	1	II-23
16	palais	8	II-66, II-93, VIII-30, IX-22 (2), IX-24, IX-39, XII-71
17	palays (as palais)	1	VII-23
18	Palerme	2	II-16, VII-06
19	Palerne	1	VIII-09
20	Palestine	1	III-97
21	palmerin	1	I-30
22	Palonne	1	V-51
23	Pamphylie	1	III-60
24	pamplation	1	VIII-51
25	Pamplo	1	VIII-26
26	Pamplon	1	VIII-01
27	Pamyes	1	IX-10
28	Pannone	1	X-61
29	Pannonie	1	IX-90
30	Pannoniques	1	III-58
31	Pannonois	1	V-47
32	Pannons	4	V-13, V-48, VIII-15, IX-28

Concordance to *The Prophecies* of Nostradamus (1568 Lyon)

pant - par

33	Panta	1	IV-32
34	pantomime	1	IV-73
35	Pape	2	VI-26, X-12
36	papillon	1	VIII-75
37	Par	219	I-04, I-05, I-07, I-17 (2), I-18, I-19, I-20, I-25, I-29 (2), I-33, I-38, I-39, I-45, I-50, I-53, I-57, I-70, I-71, I-75, I-77, I-85 (2), I-92, I-96, I-97, II-33 (2), II-40, II-44, II-45, II-47, II-54, II-58, II-65, II-66 (2), II-67, II-73, II-74, II-77 (2), II-80, II-81, II-82, II-83, II-90, II-91, II-99, III-05, III-06, III-12, III-13, III-14, III-20, III-28, III-37, III-38, III-40, III-46, III-52, III-53, III-59, III-60, III-78, III-84, III-85, III-86, III-95, III-96, IV-02, IV-19 (2), IV-20, IV-28, IV-31, IV-39 (2), IV-40, IV-43, IV-44, IV-45, IV-61, IV-67, IV-73, IV-96, V-09, V-12, V-13, V-14, V-21, V-22, V-24, V-27, V-31, V-34, V-35, V-38, V-44, V-46, V-48, V-53, V-56, V-58, V-60, V-64 (2), V-71 (2), V-76, V-79, V-85, V-86 (2), V-89, V-91, V-99, V-100, VI-05, VI-07, VI-16, VI-18 (2), VI-25, VI-27 (2), VI-29, VI-30, VI-32, VI-41, VI-42, VI-46, VI-53, VI-54, VI-64, VI-71, VI-72, VI-77, VI-78, VI-82 (2), VI-92, VI-94, VI-95, VII-02, VII-06, VII-10 (2), VII-13, VII-17, VII-21, VII-25, VII-33, VII-39, VII-41, VII-42, VII-44, VII-82, VIII-04, VIII-17, VIII-18 (2), VIII-22, VIII-23, VIII-26, VIII-29, VIII-42, VIII-43, VIII-59 (2), VIII-60, VIII-62, VIII-86, VIII-90 (2), VIII-93, VIII-94, VIII-99, IX-06, IX-10, IX-34, IX-58, IX-64, IX-70, IX-80, IX-82, IX-87 (2), IX-92, IX-93 (2), IX-99 (2), X-12, X-13, X-16, X-17, X-19, X-21, X-23, X-24, X-25, X-27, X-28, X-29, X-30, X-34, X-36, X-44, X-51, X-59, X-61, X-80, X-85, X-87, X-95, XI-97 (2)
38	par	395	I-02, I-03, I-11, I-13 (2), I-14 (3), I-15, I-19, I-20, I-26, I-27, I-30, I-33, I-34, I-35, I-36, I-38, I-42, I-47, I-49, I-51, I-52, I-56, I-62, I-63, I-65, I-68, I-71, I-72, I-73 (3), I-75, I-76, I-77, I-78 (3), I-79, I-86, I-92, I-94 (2), I-95, I-96, I-99, II-01(2), II-04,

par - par

(38) par (Cont.) (395) II-05, II-09, II-12, II-15, II-19, II-21, II-23, II-27, II-28, II-30, II-32, II-34, II-41, II-47, II-49, II-51, II-52, II-53 (2), II-59 (2), II-68, II-69, II-76, II-77 (2), II-79 (2), II-81, II-83, II-94, II-98, II-99, III-12, III-14, III-15, III-20, III-21, III-25 (2), III-35, III-37 (2), III-41, III-42, III-46, III-47 (2), III-50, III-53, III-54, III-57, III-59 (3), III-60, III-62, III-66 (2), III-68 (2), III-69, III-70, III-71, III-72, III-77, III-79 (2), III-80, III-82 (2), III-85, III-88, III-89, III-91, III-92, III-93, III-94, III-96, IV-02, IV-04 (4), IV-09, IV-15, IV-18, IV-25, IV-29, IV-33, IV-37, IV-41 (2), IV-42 (4), IV-46 (2), IV-47 (2), IV-50, IV-52, IV-56, IV-57, IV-60, IV-69, IV-71, IV-72, IV-73, IV-76, IV-92, IV-93, IV-98, V-02, V-05, V-09, V-10, V-11, V-13, V-14, V-16 (2), V-19 (2), V-21, V-23, V-24, V-25, V-26, V-30, V-34, V-36, V-43, V-44 (2), V-45, V-46, V-47 (2), V-48, V-55, V-57, V-59, V-63, V-64, V-67, V-70, V-83, V-84, V-86 (2), V-88, V-89 (2), V-90, V-91, V-97, V-98, V-99, V-100, VI-03, VI-05, VI-09, VI-11, VI-15 (2), VI-17, VI-22, VI-24, VI-32 (2), VI-33 (2), VI-36, VI-39, VI-42, VI-44, VI-45, VI-47, VI-49, VI-50, VI-51, VI-53, VI-56 (2), VI-58, VI-59, VI-60 (3), VI-62 (2), VI-63, VI-64, VI-65, VI-67, VI-68, VI-75, VI-78, VI-84, VI-85 (2), VI-94, VI-99, VII-01, VII-16, VII-17, VII-19, VII-24, VII-28, VII-35, VII-36, VII-39, VII-40, VII-41, VII-73, VII-80 (2), VII-82, VIII-07 (2), VIII-09, VIII-11, VIII-13 (2), VIII-14, VIII-15, VIII-18, VIII-20 (2), VIII-22, VIII-31, VIII-35, VIII-37, VIII-38, VIII-39 (3), VIII-40, VIII-42, VIII-43, VIII-51, VIII-54, VIII-59, VIII-60, VIII-61, VIII-63, VIII-68, VIII-71, VIII-76, VIII-79, VIII-80, VIII-86 (2), VIII-87 (2), VIII-89, VIII-91, VIII-94, VIII-97, VIII-100 (3), IX-03, IX-04, IX-06, IX-09, IX-10 (2), IX-13, IX-20, IX-29, IX-34, IX-38 (2), IX-39, IX-41, IX-43 (2), IX-51, IX-52, IX-59, IX-61, IX-62, IX-72, IX-75, IX-76, IX-79 (2), IX-85 (2), IX-87, IX-88,

par - parp

(38)	par (Cont.)	(395)	IX-90, IX-96, IX-98, X-03, X-06, X-07, X-08, X-14, X-19, X-20, X-22, X-24, X-28, X-29, X-33, X-34, X-35, X-43, X-47 (2), X-48, X-49, X-50, X-54 (2), X-56 (2), X-59, X-60, X-61, X-63, X-65, X-66, X-69, X-70, X-72, X-73 (2), X-88, X-90, X-96, X-100 (3), XII-24 (2), XII-36, XII-59, XII-65
39	PAR. (as PARALLEL)	1	VIII-67
40	parachever	1	I-97
41	parachevera	1	VI-37
42	parc	3	I-81, II-65, X-83
43	pardonné	2	III-22, VII-08
44	pardonnée	1	VI-96
45	pardonner	2	I-24, IV-98
46	pareil	1	VIII-53
47	parentele	1	III-28
48	parenter	1	VI-71
49	parents	1	V-84
50	parenz	1	IX-61
51	pareure	1	I-34
52	parfaict	1	I-62
53	parfaictz	1	VIII-55
54	parfaira	1	IX-84
55	parfin	2	V-38, VIII-82
56	parfondera	1	X-08
57	parfondra	2	VI-44, VII-39
58	parfondrees	1	V-62
59	parfondrez	1	IX-15
60	Paris (see also Parys)	6	III-51, III-56, III-93, V-30, IX-45, IX-86
61	parlant	3	II-70, X-36, X-85
62	parlement	1	IV-72
63	parlementeront	1	V-01
64	parler	3	I-59, I-64, III-44
65	Parme	5	IV-69, IV-78, V-22, VI-48, VII-05
66	paroistra	1	V-16
67	paroistront	1	I-38
68	Parpan	1	IX-15
69	Parpignam	2	VIII-22, X-11
70	Parpignan	2	VI-56, VIII-24

parq - pass

71	parque	1	I-70
72	parques	2	I-59, X-82
73	pars	10	I-73, II-69, II-72, III-05, III-56, IV-80, VIII-48, IX-20, IX-97, X-71
74	part	11	II-24, II-57, II-83, III-59, IV-35, IV-80, V-11, VI-13, VI-95, IX-34, IX-94
75	Parthe	1	III-64
76	partiaux	1	VI-95
77	partie	3	I-34, VI-49, IX-98
78	Partir	2	III-12, IX-28
79	partir	2	IX-41, IX-99
80	partira	2	II-22, X-68
81	parts	1	III-99
82	party	1	X-20
83	parviendra	12	II-11, III-25, III-28, III-73, VI-36, VI-67, VI-80, VIII-14, VIII-57 (2), VIII-61, VIII-65
84	parviendront	1	IX-86
85	Parys (as Paris)	1	VIII-60
86	Paschera	1	X-03
87	pasle	2	III-01, V-28
88	pasmee	1	III-81
89	Pasque	1	IX-36
90	Pasques	2	VIII-45, IX-31
91	Passage	1	VIII-72
92	passage	3	V-50, X-11, X-25
93	passages	1	IV-19
94	passaige	1	I-18
95	Passant	5	III-54, IV-88, VIII-21, IX-25, IX-27
96	passant	4	V-17, VIII-51, IX-09, X-48
97	Passe	1	VIII-86
98	passe	2	I-84, VII-73
99	passé	2	IV-46, X-73
100	Passer	6	II-29, IV-81, V-26, VII-04, IX-24, IX-85
101	passer	13	II-20, II-74, III-43, V-51, VI-69, VII-10, VII-20, VII-80, VIII-55, IX-04, X-11 (2), X-100
102	Passera	2	IX-38, X-24
103	passera	11	I-86, II-48, II-94, V-11, V-20, V-60, VI-65, IX-27, IX-34, IX-56, X-79
104	passeront	2	III-33, IV-98

pass - penc

105	passés	5	I-48, I-63, III-23, IV-81, IV-95
106	passez	1	IV-78
107	pasteur	2	I-25, VI-28
108	pasture	2	IV-29, X-13
109	Paterne	1	VIII-84
110	paternelle	1	VI-39
111	patré	1	III-96
112	patrer	1	IV-11
113	patron	1	X-53
114	PAU	2	VIII-01, VIII-44
115	Pau	8	II-26, II-33, II-43, II-63, II-94, III-75, IV-70, VI-79
116	pause	2	VIII-18, IX-86
117	paux	1	X-101
118	pavé	1	VII-39
119	Paver	1	VIII-36
120	Pavillon	1	VIII-66
121	pavillon	2	V-76, VIII-75
122	pavillons	1	II-44
123	paye	1	VIII-07
124	payer	1	III-76
125	pays	8	I-05, I-82, III-33, V-89, VIII-92, VIII-97, IX-75, X-51
126	Paysants	1	IV-63
127	peaultre	2	VI-67, IX-76
128	pecune	1	VII-25
129	peine	1	I-45
130	peines	1	III-44
131	pelé	1	X-98
132	Pelirgouxe	1	X-25
133	pelle	1	VIII-64
134	pellerins	1	X-47
135	pellices	1	X-53
136	pellix	1	IX-77
137	Pelloponnesse	1	V-90
138	Peloncle	1	VIII-89
139	pelte	1	X-53
140	pempotan	1	X-100
141	pempotans	1	VIII-97
142	pence	1	IX-47

pend - peri

143	Pendant	5	II-55, IV-38, VIII-09, VIII-74, IX-57
144	pendu	5	II-02, II-48, IV-92, V-28, VII-01
145	pendus	1	IV-47
146	Penelon	1	X-03
147	penetrans	1	II-14
148	penetrer	1	IV-37
149	pensera	1	IV-15
150	penseront	1	I-64
151	pensif	1	I-24
152	pensifz	1	X-37
153	penultiesme	1	II-28
154	per	1	IV-26
155	percee	1	III-62
156	percer	1	III-62
157	percera	1	III-16
158	perces	1	IV-60
159	perdant	1	X-84
160	perdement	1	V-78
161	perdra	8	I-04, II-26, II-63, IV-34, VI-14, VIII-31, VIII-60, VIII-79
162	perdre	1	VII-39
163	Perdu	1	I-25
164	perdue	1	VI-58
165	perduë	1	VIII-100
166	perdues	1	VI-62
167	Pere	1	X-15
168	pere	13	III-14, IV-53, IV-87, V-67, VIII-25, VIII-75, VIII-79, IX-08, IX-23, X-21, X-40, X-92 (2)
169	perecliter	1	X-58
170	Peres	2	III-18, IV-53
171	peres	4	I-10, III-29, VII-29, X-10
172	perferant	1	VIII-79
173	perfidie	1	VIII-74
174	perfondrez	1	IX-31
175	perhume	1	X-09
176	perie	1	V-40
177	peries	1	IV-50
178	Perigort	2	IV-44, IV-76
179	perille	1	IX-47

peri - pest

180	perinthe (see also Perynte)	1	V-90
181	periode	1	III-92
182	Perir	2	IX-09, IX-30
183	perir	2	IV-87, VIII-13
184	Perme	1	II-63
185	permutation	1	I-54
186	pernicant	1	IX-21
187	Perouse	4	V-67, VI-36, VII-05, VIII-47
188	perpare	1	XII-36
189	Perpet. (as Perpetuelle)	1	IX-36
190	perpetrer	2	IV-11, IX-92
191	Perpetuelle	1	IX-75
192	perpetuelle	2	IV-91, V-80
193	perplex	2	VI-29, IX-89
194	perplexité	1	III-03
195	pers	1	VI-80
196	Perse	8	I-70, II-96, III-64, III-77, III-78, V-25, V-27, X-21
197	perse	1	V-86
198	Persecutee	1	V-73
199	perseveré	1	II-85
200	Persiens	1	I-73
201	personage	1	IV-14
202	personnaige	1	III-14
203	perspective	1	VI-84
204	persuasion	1	IX-96
205	Perte	1	III-24
206	perte	6	I-62, II-72, III-77, IV-13, VIII-13, VIII-94
207	pertinax	1	IX-62
208	pertuis	1	XII-52
209	perturbee	1	V-16
210	Perusin	1	VIII-72
211	Perynte (as Perinthe)	1	IX-91
212	pesche	1	VII-35
213	pescheur	1	VI-25
214	Pesquiere	1	VIII-31
215	Peste	7	I-16, I-52, II-19, II-37, III-56, III-75, XI-91
216	peste	20	II-06, II-32, II-46, II-53, II-56, II-65, III-19, III-84, IV-30, IV-48, V-49, V-90, VI-10, VI-47, VII-06, VIII-17, VIII-84, IX-11, IX-42, IX-91

pest - phil

217	pestes	1	I-55
218	pestifere	2	I-26, VI-05
219	pestilence	6	VI-46, VIII-21, VIII-50, VIII-62, IX-55, IX-82
220	pestilent	1	VI-98
221	pestilente	1	VII-21
222	Petis	1	XII-52
223	petit	3	I-32, II-58, II-85
224	petites	1	III-76
225	petits	1	IX-24
226	Peu	6	I-41, II-10, II-66, III-42, IV-67, IV-99
227	peu	28	I-12, I-37, I-46, I-66, I-88, II-15, II-39, II-40, II-55, II-56, II-63, II-80, II-93, III-19, III-37, IV-30, IV-45, IV-83, IV-95, V-20, V-65 (2), VI-10, VI-20, VI-24, VI-26, IX-50, X-32
228	Peuple	7	II-94, III-68, V-05, V-19, VI-51, VIII-11, IX-75
229	peuple	28	I-37, I-53, I-76, I-98, II-09, II-28, II-45, II-66, III-32, III-84, IV-21, IV-47, IV-49, IV-55, IV-83, IV-97, VI-72, VI-76, VIII-10, VIII-67, VIII-89, VIII-97, IX-88, X-20, X-23, X-46, X-92, XII-55
230	peuplée	1	VIII-38
231	peuples	1	VI-23
232	peuplés	1	II-95
233	peur	11	I-02, I-93, II-42, III-01, III-47, III-59, III-81, IV-36, VI-98, VIII-43, X-38
234	peut	2	II-64, VI-84
235	peyne	1	IX-18
236	phalange	7	II-22, IV-13, IV-51, V-13, V-69, V-99, VII-39
237	Phaëton	1	II-81
238	Phanaticque (as c'Phanatique)	1	IX-30
239	Pharos	1	V-16
240	Phatos	1	V-27
241	Phebés	1	III-97
242	Phi. (as Philosophes)	1	X-07
243	Philip	1	VIII-81
244	Philip.	1	IX-89
245	Philipique	1	IX-30
246	philon	1	IV-32
247	Philosophes	1	III-67

phil - pill

248	philosophie	1	VII-14
249	phisiques	1	VI-18
250	phisonomie	1	VIII-70
251	Phocean	1	III-90
252	Phocen	3	I-18, III-79, IX-85
253	Phocens	2	VII-03, XI-91
254	phossens	1	X-58
255	Phthyriase	1	IV-88
256	Phybe	1	X-55
257	Picard	1	IX-45
258	Picardie	1	VI-16
259	Picards	1	X-51
260	picquant	1	V-56
261	picque	6	I-28, IV-81, V-01, VII-37, X-27, X-61
262	Picquer	1	VII-38
263	pieces	1	IX-15
264	pied	10	I-02, II-58, III-91, IV-03, IV-51, VII-38, VIII-41, VIII-89, IX-05, XII-65
265	pieds	2	IV-47, XII-65
266	Piedz	1	X-88
267	piedz	8	I-06, I-11, III-02, III-66, IV-85, VI-89, VII-11, VII-41
268	piege	1	IX-99
269	Pierre	1	II-18
270	pierre	5	II-70, V-35, V-75, IX-20, IX-67
271	Pierres	2	II-47, III-42
272	pierreuse	1	II-18
273	pillant	1	X-36
274	Pille	1	X-87
275	pille	5	I-30, II-83, V-30, VIII-83, IX-61
276	pillé	4	I-71, I-92, IV-04, VII-10
277	pillée	1	II-04
278	Piller	1	VI-98
279	piller	1	III-64
280	pillera	2	VIII-92, IX-54
281	pilles	1	III-82
282	pillés	1	VI-65
283	pillier	2	I-43, VIII-29
284	Pilliers	1	VI-51

pilo - plan

285	pilot	1	VI-75
286	pique	2	III-30, VIII-11
287	piques	2	III-07, VI-56
288	piramide	1	IV-27
289	Pire	1	V-05
290	pire	9	III-28, III-49, IV-53, V-24, VIII-65, IX-45, X-09, X-10, XII-52
291	pis	1	II-50
292	piscature	1	I-04
293	pisces	1	VIII-91
294	Pise (see also Pyse)	2	I-71, II-15
295	pise	1	VI-36
296	piteux (see also pyteuse)	4	IV-22, IV-40, IV-41, V-33
297	pitié	3	I-99, VI-69, VII-17
298	Pize	3	VII-05, IX-80, X-60
299	place	7	II-19, II-51, IV-23, IV-61, V-76, VI-52, X-18
300	placente	1	V-36
301	places	1	III-98
302	plage	2	II-04, III-10
303	plagues	1	V-63
304	plaie (see also playe)	3	I-84, II-42, II-50
305	plaige	1	X-38
306	plain	4	II-85, III-34, III-51, IV-31
307	Plainct	1	III-74
308	plaincte	1	V-63
309	Plainctes	1	IX-63
310	plaincts	3	II-90, IV-04, VI-81
311	Plaindre	1	IX-52
312	plaindre	3	VI-40, VII-35, X-97
313	plaine	2	I-33, VI-35
314	plaines	1	IV-59
315	plainte	1	II-57
316	plaisance	1	II-19
317	plaisant	1	IX-16
318	plaisir	1	V-72
319	Plancus	1	III-46
320	planque	1	VIII-56
321	planter	1	X-82
322	Planure	1	IV-48

193

plan - plus

323	planure	1	IX-14
324	plastre	1	VI-65
325	plateaux	1	X-82
326	playe (as plaie)	1	III-54
327	playes (as plaies)	1	V-10
328	pleignant	1	VII-38
329	plein	2	VIII-87, IX-41
330	pleine	1	X-50
331	pleines	1	X-97
332	pleira	1	VIII-43
333	plenitude	1	IV-33
334	Pleure	1	X-64
335	pleure	3	II_45, X-60, X-64
336	Pleurs	2	VI-81, X-88
337	pleurs	5	IV-68, VII-83 (2), IX-63, X-78
338	pleus	1	X-82
339	plic	1	I-41
340	plié	1	VI-61
341	plier	1	VII-43
342	pliera	2	I-77, II-22
343	ploiera	1	III-47
344	plomb	3	IV-88, V-07, IX-84
345	plombin	1	IX-26
346	plonge	1	X-49
347	plongé	2	IV-88, X-15
348	plongeon	1	IV-17
349	plongeront	1	VIII-40
350	Plongés	1	I-11
351	plongez	1	IX-14
352	plorer	1	VII-35
353	ploura	1	II-84
354	plouvoir	3	II-47, III-19, V-62
355	Pluie (as Pluye)	1	I-70
356	pluie (as pluye)	1	II-18
357	plume	2	IX-41, X-97
358	pl' haut (as plus haut)	1	III-01
359	Plus	22	I-08, I-44, I-76, I-96, I-97, II-24, II-59, II-78, III-41, IV-30, IV-57, V-60, V-69, VI-04, VI-70, VI-74, VI-76, VII-34, VII-73, VIII-62, VIII-76,

plus - poin

(359)	Plus (Cont.)	(23)	X-99 (2)
360	plus	121	I-04, I-05 (2), I-08, I-15, I-36, I-44, I-59, I-62, I-91, II-09, II-13, II-22, II-25, II-27, II-30 (2), II-40 (2), II-46, II-57, II-67, II-83, II-87, II-88, II-90, III-06, III-10, III-13, III-15, III-23, III-30, III-35 (2), III-53, III-54, III-59, III-62, III-71, III-89, III-94, III-95 (2), IV-02, IV-03, IV-12 (2), IV-13, IV-16, IV-18, IV-33, IV-35, IV-37, IV-45, IV-47, IV-53, IV-62, IV-68, IV-74, IV-80, IV-87, V-03, V-11, V-16, V-20, V-34, V-42, V-47, V-55, V-65, V-68, V-75, V-83, VI-02, VI-11, VI-13, VI-41, VI-42, VI-45, VI-48, VI-49, VI-67, VI-75, VI-87, VII-08 (2), VII-11, VII-28, VII-31, VII-80, VIII-01, VIII-31, VIII-41, VIII-46, VIII-57, VIII-69, VIII-83, VIII-90, VIII-93, VIII-94, VIII-97, VIII-100, IX-27, IX-56, IX-71, IX-80, IX-94, X-06, X-37, X-39, X-48, X-51, X-53 (2), X-55, X-57 (2), X-67, X-98, X-100, XII-65
361	Plusieurs	4	II-35, V-59, VIII-88, IX-61
362	plusieurs	10	II-07, II-51, II-52, III-18, VI-02, VI-31, VI-51, VIII-59, X-08, X-14
363	pluspart	5	IV-64, V-23, VI-17, VI-20, VI-61
364	plustost	1	IX-25
365	plux	1	IX-03
366	Pluye (see also Pluie)	1	II-46
367	pluye (see also pluie)	8	II-31, III-18, III-42, III-52, IV-67, VI-05, VI-44, IX-99
368	Pluyes	1	II-01
369	Po	2	III-12, VII-30
370	Poccilateur	1	VI-89
371	Poenus	1	VI-99
372	Poicters	1	XII-24
373	Poignant	1	VIII-82
374	Poignard	1	V-01
375	poignard	2	V-28, IX-22
376	poignars	1	X-33
377	poil	4	I-74, III-43, IX-32, X-88
378	poinct	1	VI-54
379	poincte	1	V-67

Concordance to *The Prophecies* of Nostradamus (1568 Lyon)

poin - pont

380	poinctes	1	IV-79
381	poinctu	1	X-65
382	poindre	2	IV-90, X-21
383	poing	1	V-58
384	Point	2	II-80, VIII-23
385	point	8	II-40, II-64, II-71, III-57, IV-98, VI-13, IX-51, X-85
386	pointe	1	IX-19
387	Pointes	1	II-61
388	pointus	1	X-33
389	pointz	1	III-15
390	Poison (see also Poyson)	1	I-41
391	poison	2	II-47, VI-94
392	Poisson	1	V-98
393	poisson	6	I-29, II-05, II-48, III-21, IV-17, IV-32
394	poissons	1	II-03
395	Poitiers (see also Poytiers)	1	I-90
396	poix	2	II-77, IV-23
397	Pol	3	VIII-46, IX-85, X-29
398	pole	3	II-49, III-57, VIII-81
399	polemars	1	II-48
400	police	1	VIII-23
401	polle	1	VI-05
402	pollitique	1	VI-05
403	polleartiq (as l'pole arctique)	1	VI-21
404	pollues	1	XII-59
405	pollus	1	IX-72
406	Pollux	2	II-15, II-90
407	Polons	1	V-73
408	pompe	2	V-79, X-76
409	ponant	1	X-58
410	Ponce	1	V-43
411	pongnale	1	II-55
412	Pont	5	I-37, IV-81, V-31, VII-24, IX-37
413	pont	18	I-33, III-56, III-81, IV-89, V-29, V-30, V-54, V-58, VII-21, VII-24, VIII-21 (2), VIII-37, VIII-86, IX-21, IX-27, IX-86, X-48
414	Ponteroso	1	VIII-49
415	Pontife	5	II-97, III-65, V-44, VI-49, VI-82
416	pontife	3	II-41, V-15, V-56

pont - pour

417	pontz	2	VIII-55, IX-25
418	populaire	1	VII-01
419	porc	2	II-58, VIII-90
420	porphire	3	I-43, IX-32, X-93
421	porra	1	X-32
422	porsuit	1	VIII-96
423	Port	4	II-01, IV-23, IX-67, X-80
424	port	22	I-18, I-30, I-37, I-94, II-14, II-61, II-64, II-73, III-47, III-64, III-79, IV-88, VI-60, VII-40, VIII-21, VIII-83, IX-28 (2), IX-30, IX-32, IX-54, X-87
425	portail	1	II-58
426	Portant	3	VII-44, VIII-21, VIII-61
427	porte	6	II-68, IV-17, V-35, V-60, VI-73, VIII-78
428	porté	1	III-30
429	Portee	1	IX-57
430	portenteux	1	II-76
431	portera	5	I-66, VIII-33, VIII-45, VIII-47, IX-18
432	portes	6	I-33, II-06, V-81, VII-40, IX-96, X-80
433	porteur	1	I-26
434	Portugalois	1	VI-85
435	Portugues	1	X-05
436	pose	2	IX-08, X-38
437	posé	5	V-75, VIII-85, IX-10, IX-71, IX-87
438	poser	1	I-32
439	posera	1	X-87
440	possée	1	II-99
441	posthume	2	X-09, X-11
442	postulaire	1	I-26
443	poudre	3	IV-40, V-08, VI-92
444	Pouille	1	III-52
445	poulse	2	IX-42, X-08
446	poulsé	1	VI-18
447	poulser	1	X-02
448	poulsés	1	II-14
449	Pour	37	I-39, II-03, II-07, II-09, II-26, II-37, II-71, II-74, II-95, III-14, III-39, III-42, III-47, III-48, III-59, III-83, IV-15, IV-78, V-51, V-72, V-96, VI-26, VI-47, VII-14, VIII-05, VIII-19, VIII-40, VIII-89, VIII-100, IX-15, IX-49, X-20, X-22, X-34, X-35,

pour - prat

(449)	Pour (Cont.)	(37)	X-38, X-57
450	pour	64	I-23, I-24, I-50, I-70, I-88, II-28, II-35, II-39, II-49, II-59, II-78, II-94, II-98, III-41, III-46 (2), III-61, III-74, III-85, III-93, IV-10, IV-24 (2), IV-29, IV-59, V-06, V-33, V-37, V-41, V-49, V-85, VI-08, VI-12, VI-28, VI-39 (2), VI-40, VI-50, VI-73, VI-75, VI-90, VII-14, VII-25, VIII-08, VIII-92, VIII-99, IX-13, IX-53, IX-64, IX-71 (2), IX-86, X-01, X-03, X-38, X-62, X-71, X-77, X-94, X-97, XI-97, XII-52 (3)
451	pourceau	2	I-64, III-69
452	pourchas	1	VI-29
453	pourchassé	1	IV-12
454	pourchasses	1	VI-77
455	pourra	5	II-27, VI-13, VI-33, VIII-53, IX-07
456	pourroit	1	II-76
457	pourront	1	IV-90
458	poursuitte	2	I-72, IX-52
459	poursuivants	1	II-49
460	poursuivre	2	III-16, IV-51
461	poursuivy	1	VI-14
462	pourtails	1	IV-08
463	pourtant	3	I-94, V-89, VII-44
464	Pourté	1	VII-36
465	pourveu	2	II-96, III-34
466	pousée	1	II-44
467	pouseront	1	IV-63
468	pousiere	1	IX-99
469	pousseront	1	IV-37
470	poussiere	1	IV-52
471	pouvant	1	VI-76
472	pouvoir	3	II-89, III-63, VIII-65
473	pouvre	2	III-28, III-35
474	Poyson (as Poison)	1	I-68
475	poyson (as poison)	3	V-72, VII-42, VIII-82
476	poysons (as poisons)	1	IV-66
477	Poytiers	1	VIII-52
478	Pradelles	1	I-66
479	Prato	1	IX-02

pray - pres

480	Praytus	1	VIII-13
481	prebstre	2	IV-76, VI-60
482	precedant	1	IX-05
483	Precipitez	1	IV-63
484	predateurs	1	II-100
485	predecesseurs	1	VII-23
486	predict	2	I-26, II-73
487	preeminence	2	V-31, V-74
488	prefecteur	1	VIII-75
489	Prelat	6	VI-31, VI-53, VI-86 (2), VI-93, X-56
490	prelat	3	IX-15, IX-21, IX-87
491	prelature	2	VIII-93, IX-21
492	prelatz	1	X-47
493	preme	1	X-01
494	Premier	6	IV-06, VI-85, VIII-31, VIII-60, IX-33, X-39
495	premier	12	II-49, III-40, III-95, IV-01, IV-14, VI-63, VIII-60, IX-04 (2), IX-05, IX-17, IX-66
496	premieres	1	II-08
497	Premiers	1	IX-97
498	premiers	1	VIII-03
499	Prenant	1	II-08
500	Prendra	1	II-28
501	prendra	12	I-34, I-48, II-35, III-21, III-90, IV-02, VI-25, VII-13, VIII-11, IX-59, X-23, X-68
502	Prendre	1	VIII-58
503	prendre	7	II-19, V-35, V-69, V-76, VI-69, VII-23, X-87
504	Prendront	1	III-71
505	prendront	1	IX-42
506	Prés	1	I-33
507	Pres	30	II-35, II-45, II-58, II-72, II-96, III-05, III-31, III-72, IV-80, V-62, V-64, VI-01, VI-19, VI-30, VI-35, VI-73, VI-79, VIII-08, VIII-11, VIII-42, VIII-48, VIII-83, VIII-93, VIII-97, IX-15, IX-40, IX-54, IX-63, X-62, X-93
508	pres	45	I-02, I-30, I-60, I-72, I-89, I-90, I-93, II-04, II-05, II-06, II-20, II-32 (2), II-86, II-93, II-97, III-07, III-18, III-32, III-33, III-43, III-85, IV-17, IV-51 (2), IV-97, V-17, V-22, V-25, V-45, V-68, VIII-12, VIII-30, VIII-38, VIII-50, VIII-76, IX-25, IX-73,

pres - prin

(508)	pres (Cont.)	(45)	IX-86, X-29, X-37 (2), X-39, X-64, X-87
509	presagée	1	IV-55
510	presaige	3	I-26, II-98, III-46
511	prescriptz	1	VIII-28
512	Present	1	III-78
513	present	3	V-31, IX-26, X-73
514	presentant	1	X-21
515	presenté	1	III-90
516	Presque	1	VIII-15
517	presque	7	I-49, I-72, II-81, III-08, VIII-19, VIII-91, X-28
518	presse	4	II-25, II-82, II-93, IV-09
519	pressé	1	V-10
520	pressee	2	V-86, X-85
521	presses	1	III-67
522	Prest	1	IV-75
523	prestres	1	VIII-57
524	prestz	1	IV-52
525	pretendoit	1	VII-05
526	preteur	1	III-19
527	preture	1	VIII-93
528	preuve	2	IV-06, VI-97
529	Preux	1	VII-10
530	prevenu	1	II-23
531	Prez	1	II-19
532	prez	1	VII-73
533	priee	1	VII-09
534	prier	2	IV-55, V-06
535	priere	1	X-19
536	primat	1	X-70
537	prime	4	II-08, IX-48, X-28, XI-97
538	Prince	6	II-87, III-27, V-18, VI-92, VII-42, XII-56
539	prince	29	I-60, I-88, II-23, III-16, III-19, III-91, IV-04, IV-07, IV-10, IV-27, IV-62, IV-81, IV-93, V-25, V-26, VI-03, VI-15, VI-59, VI-60, VII-09, VII-10, VII-17, VIII-31, VIII-39 (2), VIII-66, VIII-68, X-09, X-24
540	Princes	3	I-14, IV-93, VI-51
541	princes	3	II-43, III-26, IV-18
542	principal	4	IV-87, V-17, VII-39, VIII-65

prin - proc

543	principaulx	2	V-65, VI-68
544	principaux	1	V-33
545	principe	1	II-96
546	prinfront	1	X-08
547	Prins	9	II-54, II-73, III-12, III-72, III-82, VI-32, VII-42, VII-73, X-01
548	prins	32	II-02, II-52, II-92, II-93, III-04, III-37, III-38, III-77, IV-63, V-15, V-44, V-57, V-62, V-67, VI-14 (2), VI-52, VI-55, VI-64, VI-65, VII-08, VII-22, VIII-33, VIII-63, VIII-64, IX-29 (2), IX-36, IX-65, IX-77, X-14, X-29
549	prinsault	1	X-82
550	prinse	16	I-08, II-25, III-44, III-79, III-85, IV-80, V-14, VI-39 (2), VII-30, VIII-51, VIII-83, IX-77, IX-78, IX-82, X-54
551	prinses	2	I-07, II-36
552	print	1	VIII-06
553	pris	10	I-10, II-53, III-10, III-30, III-53, V-16, VI-08, VI-15, IX-41, X-36
554	prise	1	I-71
555	prison	2	IV-91, VI-52
556	Prisonnier	1	IV-85
557	prisonnier	1	II-82
558	prisons	1	I-14
559	Pristine	1	V-18
560	pristine	2	II-83, V-74
561	prive	1	IX-95
562	privé	2	IV-61, VI-40
563	privera	1	VIII-25
564	proceder	1	II-27
565	procere	1	VIII-12
566	proces	1	IX-66
567	prochain	3	II-11, II-64, III-07
568	prochains	1	VIII-46
569	Proche	9	III-62, IV-03, V-14, V-88, VI-99, VII-27, IX-26, IX-43, IX-95
570	proche	21	II-22, II-98, III-38, III-48, III-61, III-73, III-92, III-99, IV-05, IV-46, IV-68, IV-93, VI-35, VI-57, VI-87, VI-96, VII-08, VII-28, IX-78, XII-36,

proc - prom

(570)	proche (Cont.)	(21)	XII-69
571	Proches	1	III-75
572	proches	3	I-09, III-04, X-02
573	procree	1	VIII-44
574	procrée	1	II-45
575	procrees	1	VII-01
576	procs	1	IX-78
577	procul	1	VI-100
578	Prodigieux	1	V-20
579	proditeurs	2	IV-40, VI-25
580	Produira	1	IV-48
581	produira	1	V-46
582	produit	1	IX-59
583	proesme	1	V-05
584	Profanum	1	VI-100
585	proferé	1	I-76
586	profligé	2	IV-83, V-18
587	profligent	1	III-39
588	Profligés	1	I-37
589	profligés	7	II-37, III-38, III-68, IV-16, IV-45, VI-34, VI-38
590	profligez	1	III-71
591	profond	10	II-78, III-35, IV-37, IV-99 (2), V-07, V-34, VII-07, IX-32, X-48
592	Profonde	1	I-21
593	profonde	2	VII-16, IX-54
594	profondes	1	I-84
595	profondés	1	IV-40
596	profondrés	1	IV-81
597	Profondz	1	IV-79
598	profons	1	X-82
599	proget	1	X-37
600	Proie	1	X-97
601	promesse	1	VII-09
602	promettront	1	IV-69
603	promis	2	IV-96, X-45
604	promise	2	IV-22, X-01
605	promontorie	4	I-77, VI-79, VIII-85, IX-60
606	Prompt	3	VI-14, VII-27, IX-43
607	prompt	3	IV-08, X-12, X-43

prom - publ

608	promptement	5	I-12, III-48, IV-72, IV-81, IX-07
609	prononcée	1	III-37
610	prophaner	2	III-45, VIII-62
611	Prophete	1	II-36
612	prophete	1	II-28
613	prophetie	2	I-48, V-53
614	propice	2	III-82, IX-71
615	propin	1	V-20
616	propos	2	II-80, IV-57
617	propre	3	IV-83, X-08, X-69
618	proscription	1	III-60
619	prosne	2	IV-76, VII-73
620	prospere	2	III-16, IX-89
621	prosperer	1	I-01
622	prosterner	1	VIII-44
623	prostrais	1	III-40
624	protection	1	VIII-67
625	proterve	1	IV-16
626	protestante	1	VII-82
627	proteste	1	VI-64
628	prouesse	2	IV-65, VII-40
629	prouez	1	IX-18
630	prouvé	2	III-65, IX-07
631	prouvee	1	IX-32
632	prouvera	1	IV-73
633	Provence	4	II-59, V-43, IX-75, XII-04
634	province	3	IV-21, IX-09, XII-56
635	provincial	1	V-26
636	provocqué (as c'provoque)	1	X-12
637	proy	1	VIII-51
638	Proye	1	II-83
639	proye	6	I-24, I-34, II-82, VII-28, X-68, X-81
640	prudent	2	IV-21, VI-42
641	prudents	1	II-95
642	Pselyn (as Selin)	1	I-42
643	Ptolon	1	VII-03
644	puant	1	VI-90
645	Puanteur	1	VIII-10
646	public	3	II-15, V-96, VIII-41

publ - pyre

647	publiez	2	X-20, X-76
648	publique	1	V-21
649	Publiquement	1	IX-11
650	pucelle	1	X-98
651	pugne	5	II-40, II-72, III-29, IV-78, IX-100
652	Puis (see also Puys)	27	I-12, I-47, I-51, I-63, I-76, I-80, I-87, II-09, II-62, III-94, IV-12, IV-82, V-22, V-77, V-92, VI-63, VI-78, VII-23, VII-80, VIII-40, VIII-45, VIII-85, IX-79, IX-80, IX-89, X-68, XI-91
653	puis (see also puys)	28	I-11, I-35, I-47 (2), I-67, I-77, II-05, II-62, III-54, IV-10, IV-32, IV-95, IV-99, VI-95, VII-13, VII-15, VII-36. VII-80, VIII-02, VIII-29, VIII-31, VIII-35, VIII-37, VIII-45, X-15, X-22, X-44, XII-52
654	puisnais	1	IX-40
655	Puisnay (see also Puysnay)	2	IX-08, IX-23
656	puisnay	1	VIII-03
657	puisné	2	IV-85, VII-12
658	puissance	7	I-50, I-95, II-14, III-02, V-74, V-84, VIII-99
659	puissant	5	III-27, IV-86, V-55, V-83, VII-16
660	puits	2	IV-53 (2)
661	Pulluler	1	VII-14
662	Punicque (as c'Punique)	1	II-60
663	Punique	2	II-78, II-81
664	Punis	1	IV-18
665	punis	1	VIII-91
666	pur	1	IV-29
667	purge	1	II-70
668	pusillanime	1	IV-73
669	putains	1	X-14
670	pute	1	V-05
671	puy	1	I-65
672	Puys (as Puis)	1	IV-66
673	puys (as puis)	4	II-56, IV-71, VI-50, VIII-30
674	Puysnay (as Puisnay)	1	X-35
675	PVOLA	1	IX-30
676	Pycante	1	VIII-95
677	Pymond	1	IX-45
678	pyrates	2	IV-77, V-44
679	pyre	1	VIII-57

pyre - pyte

680	Pyrenees	6	III-62, IV-70, IV-94, VI-01, VI-88, VI-99
681	Pyrenées	3	II-17, II-74, IV-02
682	Pyrennees	1	IX-64
683	Pyrens	1	X-11
684	pys	1	IX-17
685	Pyse (as Pise)	2	VI-26, IX-05
686	pyteuse (as piteux)	1	X-55

Q,q

1	qnant (as quant)	1	III-79
2	Qu' a	2	V-60, VIII-49
3	qu' a	3	II-10, VIII-01, IX-29
4	Qu' à	2	V-38, VI-90
5	qu' à	5	IV-33, V-16, V-22, VI-61, VIII-27
6	quadranglaire	1	VII-01
7	qu' advienne	1	I-43
8	Qu' ains	1	III-73
9	Quand	36	I-03, I-06, I-29, I-48, I-53, I-64, I-82, I-89, I-90, II-02, II-03, II-24, II-38, II-41, II-50, II-60, III-04, III-07, III-13, III-17, III-25, III-32, III-34, III-36, III-44, III-53, III-65, III-73, V-67, VI-71, VIII-05, VIII-63, VIII-90, IX-08, IX-09, X-101
10	quand	7	I-17, I-86, II-56, II-62, II-97, III-100, IV-47
11	Quant	22	II-33, II-44, IV-55, IV-100, V-02, V-23, V-29, V-46, V-59, V-82, V-83, V-99, VI-19, VI-21, VI-31, VI-91, VI-94, VI-95, VI-97, VIII-66, IX-93, X-05
12	quant	2	III-79, VI-32
13	Qu' apres	2	IV-30, VIII-28
14	qu' apres	2	VI-82, X-76
15	quarante	4	I-17 (2), V-98, VI-97
16	quarree	1	V-75
17	quart	3	II-94, II-59, VIII-29
18	quartiers	1	IX-81
19	quatorze	1	VII-13
20	Quatre	1	VI-26
21	quatre	5	I-58, II-21, V-10, X-71, XII-52
22	Qu' au	1	VI-61
23	qu' au	3	II-33, V-38, IV-73
24	Qu' aura	3	VI-15, VIII-39, X-40
25	qu' aura	5	I-96, I-98, IV-11, IV-65, VI-83
26	qu' auront	1	X-20
27	Qu' aux	2	VI-58, VIII-74
28	qu' aux	1	I-96
29	Qu' avint	1	II-30

Concordance to *The Prophecies* of Nostradamus (1568 Lyon)

quav - quer

30	quavoit (as qu'avoit)	1	IX-59
31	Qu' avoit	1	III-36
32	qu' avoit	1	VII-18
33	qu' ayeulx	1	X-10
34	Qu' (as Que)	*	[41x]
35	Que	43	I-36, I-55, I-56, I-62, I-76, I-77, I-91, II-04, II-38, II-56, II-75, II-76, III-46, III-61, III-70, III-74, III-80, III-94, IV-14, IV-26, IV-49, IV-50, IV-51, IV-70, V-37, VI-02, VI-40, VI-59, VI-80, VI-84, VI-84, VI-87, VII-25, VII-27, VIII-61, VIII-71, IX-11, IX-90, X-10, X-64, X-66, X-70, X-74
36	qu' (as que)	*	[65x]
37	que	84	I-06, I-19, I-22, I-25, I-37, I-40, I-44, I-60, I-62, I-67, I-76, I-97, I-99, II-02, II-26, II-31, II-37, II-48, II-53, II-78, II-81, II-90, III-24, III-30, III-59, III-71, III-97, IV-09, IV-14, IV-28, IV-29, IV-30, IV-38, IV-55, IV-67, IV-84, IV-86, IV-97, V-03, V-32, V-40 (2), V-50, V-56, V-60, V-87, V-93, VI-09, VI-16, VI-58, VI-68, VI-74, VI-88, VI-93, VII-17, VII-23 (2), VIII-03, VIII-09, VIII-11, VIII-16, VIII-32 (2), VIII-76 (2), VIII-80, VIII-82, VIII-88, IX-17 (2), IX-29, IX-36 (2), IX-51, IX-55, IX-59, IX-63, IX-98, X-19, X-22, X-58, X-64, X-70, XII-55
38	quel	7	I-68, I-99 (2), III-05, III-18, VI-96, IX-63
39	quelle	1	I-28
40	quelles	2	I-51 (2)
41	quelque	3	IV-11, VI-26, VIII-95
42	Quelques	1	X-36
43	quelques	2	I-58, IX-63
44	quelz	1	I-60
45	qu' empire	1	X-34
46	Qu' en	5	I-04, II-05, III-54, IV-97, VI-34
47	qu' en	3	III-30, VI-84, IX-55
48	qu' ennemis	1	II-50
49	Qu' entre	1	III-98
50	querelle	3	I-79, III-98, VIII-58
51	querelles	4	IV-04, IV-10, V-46, VI-29
52	querelleux	1	XII-55

quer - qu'on

53	querra	1	VI-50
54	querre	1	III-47
55	querres	1	X-36
56	qu' esprove	1	VI-03
57	qu' estoit	3	III-91, III-94, VI-57
58	queue	1	IV-17
59	qu' Hadrie	1	II-55
60	qu' hors	1	II-23
61	Qui	49	I-12, I-21, I-27, I-59, I-60, II-27, II-42, II-63, III-05, III-21, III-25, III-35, III-58, III-90, IV-34, IV-63, V-31, V-33, V-35, V-49, V-57, V-84, V-92, V-93, VI-19, VI-24, VI-28, VI-29, VI-31, VI-86, VI-100, VII-32, VIII-14, VIII-32, VIII-33 (2), VIII-79 (2), VIII-84, VIII-88, VIII-89, IX-01, IX-05, IX-07, IX-25, IX-68, X-22, X-83, X-91
62	qui	56	I-01, I-15, I-32, I-40, I-50, I-58, I-66, I-83, II-05, II-26, II-30, II-33, II-37, II-40, II-55, II-97, III-25, III-42, III-45, IV-05, IV-06, IV-22, IV-54, IV-61, IV-84, IV-88, V-28, V-52, V-54, V-58, V-71, V-83, VI-08, VI-17, VI-18, VI-42, VI-52, VI-69, VI-71, VI-93, VII-13, VII-42, VIII-02, VIII-23, VIII-26, IX-04, IX-51, IX-53, IX-54, IX-71, IX-88, IX-99, X-28, X-71, XI-91, XII-62
63	quiert	1	IV-01
64	Qu' il	3	IV-99, V-56, V-74
65	qu' il	11	III-73, V-21, II-55, III-58, VI-13, VI-31, VI-71, VII-05 (2), VIII-42, IX-25,
66	Qu' ilz	1	IX-06
67	qu' ilz	1	I-91
68	qu' interpretoit	1	II-99
69	Quintin	4	IV-08, VIII-54, IX-29, IX-40
70	Quinze	2	IV-64, IV-96
71	quinze	2	IV-80, IX-03
72	quinziesme	1	III-48
73	quirinal	2	V-77
74	Quitter	1	IX-35
75	Qu' obfusquera	1	V-72
76	Qu' on	12	I-60, I-95, II-27, II-31, II-100, III-58, V-70, III-10, VIII-16, VIII-23, IX-37, X-06

qu'on - quyr

77	qu' on	12	I-53, I-67, I-68, IV-68, V-91, VI-30, VII-23, VII-43, VIII-62, VIII-72, X-07, X-71
78	Qu' oncq	1	III-28
79	Quos	1	VI-100
80	Qu' un	2	III-98, V-78
81	qu' un	4	III-55, VII-44, X-44, X-67
82	qu' une	2	II-100, III-48
83	quyretres (as quiretres)	1	X-77

R,r

1	rabaissant	1	X-95
2	rabaisser	1	VIII-69
3	Rabaissera	1	IX-89
4	rabieuse	1	IV-56
5	Rachat	1	IV-27
6	racine	1	I-67
7	racompté	1	II-89
8	raffe	1	VI-49
9	Rage	1	XII-56
10	Raguse	1	X-63
11	raige	3	V-60, V-71, VI-59
12	raison	2	II-71, X-19
13	raisons	1	IV-25
14	ralie	1	I-60
15	ralieront	1	X-37
16	raliés	1	II-38
17	raliez	1	V-73
18	rallier	1	VII-33
19	rame	1	V-95
20	rameau	5	I-30, I-100, III-14, V-35, V-39
21	rameaulx	1	VI-11
22	rameaux	2	II-20, VI-29
23	ramée	2	II-05, IV-62
24	ramer	1	II-78
25	rames	1	IV-92
26	rampard	1	IX-94
27	ramparts	1	II-77
28	ranc	3	IV-50, IX-62, X-18
29	ranches	1	IX-40
30	rançon	1	III-72
31	randra	1	X-28
32	Rane	2	V-03, VI-46
33	Ranes	1	IX-60
34	rang	2	II-10, II-26
35	range	1	II-71
36	rangé	2	II-10, III-49

Concordance to *The Prophecies* of Nostradamus (1568 Lyon)

rang - rebe

37	ranger	1	VIII-10
38	Rapax	1	IX-76
39	rapine	2	VI-04, X-16
40	rapines	1	II-36
41	Rapis	1	VI-23
42	Raport	1	X-28
43	raport	1	IV-13
44	raportées	1	IV-13
45	rapt	2	VIII-08, VIII-28
46	rapts	1	IV-04
47	rare	2	VII-17, VII-82
48	rase	1	V-60
49	rasée	2	I-88, XII-71
50	rasees	1	IV-66
51	Raugon	1	IX-62
52	Ravenne	6	I-06, II-32, VI-26, VIII-72, IX-03, IX-54
53	raves	1	IX-30
54	Raviere	1	IX-43
55	Ravir	1	II-12
56	ravir (see also ravyr)	1	I-61
57	raviront	3	IV-19, VII-27, IX-54
58	ravis (see also ravys)	1	IX-24
59	ravisseurs	1	X-47
60	ravoir	1	V-33
61	ravy (as ravi)	3	VI-16, VIII-29, IX-10
62	ravyr (as ravir)	1	VIII-25
63	ravys (as ravis)	1	X-81
64	RAYPOZ	1	IX-44
65	raze	1	VII-13
66	razes	2	VI-29, VII-36
67	razés	1	VII-12
68	Reb. (as Rebeller)	1	X-66
69	Rebel. (as Rebeller)	1	VII-80
70	rebelle	1	VII-82
71	rebellée	1	V-33
72	Rebeller	1	VI-36
73	rebeller	2	VII-29, VII-80
74	rebelleront	1	IV-95
75	rebelles	1	V-79

rebe - reff

76	rebellion	1	I-92
77	rebors	1	IX-89
78	Rebours	1	IV-38
79	rebours	2	VI-86, VI-93
80	recampé	1	IV-12
81	recasser	1	VII-31
82	receptes	1	III-76
83	receu	6	III-41, III-80, IV-86, VIII-04, VIII-96, VIII-99
84	reçeu	2	VIII-87, IX-27
85	receuz	2	I-14, III-37
86	recevans	1	VI-64
87	recevra	4	II-94, VII-26, VII-44, X-93
88	rechapera	1	IV-45
89	reclamé	1	VI-78
90	Recloing (as R'éclore-ing)	1	X-84
91	recogneu	1	VII-80
92	recomande	1	X-40
93	recordable	1	III-24
94	recordz	1	V-37
95	recouvrée	1	I-94
96	recouvrez	1	VIII-54
97	recovréce	1	V-29
98	recrée	1	II-45
99	recteur	1	III-19
100	recueil	1	VIII-74
101	reculez	1	X-27
102	R' edifier	1	IX-17
103	redigé	1	V-18
104	redigés	1	III-38
105	redoubté	2	I-78, VI-70
106	redressée	1	IV-39
107	redresser	1	III-40
108	redressés	1	IV-36
109	reduicte	1	IV-12
110	reduictz	2	I-47, VI-11
111	reduits	1	X-89
112	refaict	1	I-62
113	referées	1	I-33
114	Reffus	1	VII-12

refo - remo

115	reformés	1	VI-20
116	refuge	2	V-88, IX-04
117	refus	3	I-92, VI-99, IX-91
118	refusant	1	VIII-39
119	refusera	1	VIII-01
120	regard	1	I-83
121	Rege	1	X-70
122	regent	1	III-15
123	Regi	2	VI-42, VI-67
124	regie	1	I-04
125	regions	1	V-70
126	regnant	1	X-80
127	Regne	4	III-49, V-25, VIII-58, VIII-97
128	regne	74	I-48, I-50, I-54, II-09, II-11(2), II-68, II-90, III-15, III-28, III-35, III-47, III-55, III-73 (2), III-80, III-98, IV-14, IV-20, IV-45, IV-87, IV-95, IV-96, IV-97, V-11, V-21, V-24 (2), V-41, V-49, V-52, V-83, VI-08, VI-13 (2), VI-18, VI-23, VI-39, VI-41, VI-42, VI-45, VI-53, VI-57, VI-61, VI-63 (2), VI-74, VI-80, VI-88, VI-95, VII-17, VII-33, VIII-43, VIII-65, VIII-73, VIII-92, IX-49, IX-50, IX-77, IX-78, X-16, X-26, X-32, X-40 (2), X-42 (2), X-45, X-56 (2), X-66, X-80 (2), XII-04
129	regner	9	III-28, III-54, IV-50, IV-91, VI-84, VIII-38, VIII-52, VIII-89, X-72
130	regnera	3	III-55, IV-45, IX-73
131	Regnes	2	II-95, IV-77
132	regnes	3	I-55, VI-02, VI-67
133	regret	2	VII-34, X-17
134	Reims	5	I-20, I-26, III-18, IV-46, IV-86
135	Reines	1	IX-20
136	reintegrand	1	II-68
137	Rejetteront	1	II-08
138	Religion	1	X-96
139	remedes	1	III-75
140	remettra	1	VI-45
141	remettre	3	II-67, III-51, IX-56
142	remis (see also remys)	2	II-80, IX-58
143	remonstrances	1	X-23

remo - repe

144	remort	4	I-94, VIII-73, VIII-87, IX-08
145	rempli (see also remply)	1	IX-83
146	remplira	1	III-64
147	Remplis	1	IV-79
148	remply (as rempli)	1	III-60
149	remys (as remis)	1	VIII-99
150	Renad	1	VIII-41
151	renaistre	4	II-30, V-41, VIII-93, X-06
152	rencontré	1	VIII-74
153	rencontrees	1	VIII-91
154	rencontrées	1	II-87
155	rendant	1	X-46
156	Rendra	1	VII-16
157	rendra	3	III-94, V-77, VI-31
158	rendre	7	II-86, III-69, IV-52, V-77, IX-65, IX-90, IX-98
159	Rendront	1	II-44
160	rendront	4	III-22, VI-48, VI-88, IX-79
161	rendu	3	V-22, VIII-29, XII-24
162	rendue	3	II-70, VI-58, VI-71
163	rendues	1	I-20
164	rendus	1	X-38
165	Renes	1	I-20
166	renforcer	1	VIII-15
167	REnfort	1	VII-73
168	renfort	1	II-21
169	renieur	1	IX-79
170	renom	1	I-76
171	renommé	1	IX-33
172	renommee	1	V-57
173	Renouvelant	1	V-41
174	renouvelle	1	II-46
175	Renouveller	1	I-79
176	renovation	1	I-16
177	renové	1	X-89
178	renversez	1	IX-37
179	renvoyé	1	VI-46
180	reovrira	1	I-08
181	repasser	1	VII-31
182	repentin	1	IV-08

repe - resp

183	repentir	3	I-36, III-50, VI-33
184	repentira	1	V-68
185	repentiras	1	III-87
186	repeus	1	II-42
187	Repos	1	III-64
188	repos (see also repoz)	8	I-97, II-28, II-80, IV-23, IV-56, V-07, VII-17, VIII-51
189	reposé	1	I-01
190	reposera	1	IX-57
191	repoulsée	1	II-72
192	repoulsées	1	VI-07
193	repoulses	1	II-21
194	repoulsés	1	VII-18
195	repoulsez	1	X-82
196	repouser	1	VI-43
197	repoussees	1	III-20
198	repoussés	1	II-77
199	Repoussera	1	IV-99
200	repoz (see also repos)	2	V-64, V-69
201	reprendre	1	X-68
202	Reprens	1	X-81
203	reprins	2	VI-31, IX-29
204	reprinse	1	VIII-51
205	repris	1	III-53
206	reprise	1	I-71
207	reprouvés	1	IV-18
208	republicque (as c'republique)	1	II-39
209	republique	4	I-03, I-61, III-50, V-29
210	repue	1	II-60
211	repulsé	1	II-23
212	requestes	1	I-14
213	reserant	1	II-27
214	resistance	3	VIII-21, VIII-42, IX-64
215	resister	1	VIII-36
216	respandre	1	IX-17
217	respandu	3	II-45, IV-49, VII-05
218	respanduë	1	VIII-100
219	resperse	1	II-98
220	respiral	1	II-75

resp - reve

221	respiré	1	X-56
222	respirer	1	I-66
223	respit	1	VIII-63
224	Responce	3	I-38, VI-31, VI-46
225	responce	2	I-37, I-85
226	respondre	1	XII-52
227	ressaisies	1	I-96
228	ressasiement	1	IV-15
229	ressort	1	I-27
230	restanché	1	VIII-98
231	reste	5	III-22, IV-01, IX-23, X-01 (2)
232	restera	1	IX-69
233	Resuiers	1	VIII-03
234	Resuscité	1	I-42
235	Resusciter	1	X-72
236	resver	1	I-97
237	resveur	1	IV-59
238	resveurs	1	IV-16
239	Retarderont	1	III-63
240	retenuz	1	X-01
241	retiendront	1	X-93
242	retirant	1	VI-46
243	retiré	1	X-81
244	retors	1	IX-32
245	Retour	2	IX-34, IX-74
246	retour	8	I-44, III-76, III-92, VII-82, VIII-92, X-04, X-84, XII-69
247	retourne	1	I-51
248	Retourner	1	X-68
249	retours	1	I-41
250	retraire	1	V-42
251	retrograde	1	IV-97
252	retrouers	1	VIII-26
253	retz	1	III-40
254	reunis	1	X-51
255	revalera	1	IV-39
256	reverdir	1	III-91
257	Reverdira	1	X-63
258	reveree	1	V-84

revi - roch

259	reviendra	1	X-75
260	revolles (as l'revoles)	1	IX-72
261	revolte	2	VI-77, IX-90
262	revoltées	1	IV-13
263	revoltz	1	I-54
264	revolu	4	V-92, IX-63, IX-73, X-74
265	revoqué	1	V-97
266	revoquez	1	IV-53
267	riant	1	VII-43
268	ribe	1	X-23
269	Ribiere	1	IX-16
270	riblée	1	II-54
271	richesse	1	III-72
272	richesses	2	III-14, III-67
273	Rien	1	VI-93
274	rien	2	I-15, II-31
275	riffe	1	VI-49
276	rigoureuse	1	I-33
277	rigueur	1	III-50
278	Rin (see also Ryn)	2	III-58, V-68
279	rin	1	II-24
280	Rion	1	VI-35
281	ritè	1	VI-100
282	ritz	1	VII-22
283	rivage	2	VIII-97, IX-95
284	rivages	1	IV-19
285	rivaige	3	II-73, III-31, VI-04
286	riviere	1	VIII-86
287	rivieres	1	XII-71
288	Roan	1	III-49
289	Roane	1	IX-88
290	robbe	1	X-33
291	robe	1	VIII-57
292	roc	1	IX-54
293	roche	3	V-32, IX-67, XII-36
294	Rochele	1	II-61
295	Rochelle	3	III-09, VI-60, IX-38
296	rochers	1	V-62
297	Rocheval	1	I-77

298	rochier	3	I-21, I-43, IX-24
299	rochiers	2	I-87, I-96
300	rocz	1	V-57
301	Rod.	1	II-03
302	Rodanes	1	VIII-91
303	Rodes	4	II-49, V-16, V-47, VI-21
304	Rodiens	1	IV-39
305	Roge	1	VIII-80
306	rogie	1	VIII-77
307	rogneux	1	III-73
308	roi (also as roy)	1	IX-49
309	rois (also as roys)	2	III-26, VIII-99
310	Romaigne	1	IV-36
311	Romain	16	II-97, II-99, III-63, III-65, V-13, V-14, V-56, VI-01, VI-07, VI-66, VII-08, VIII-04, IX-32, IX-84, X-20, X-91
312	Romaine	2	II-08, VI-77
313	Romains	6	I-11, II-30, II-54, II-72, V-92, VI-78
314	Romanie	3	IV-82, V-50, VIII-60
315	Romans	1	IX-67
316	Rome	15	III-12, III-43, IV-98, V-22, V-30, V-46, V-62, V-99, VI-06, VI-20, VI-28, VI-68, VIII-09, X-18, X-64
317	Romme	5	IX-03, IX-33, IX-41, X-65, X-78
318	rompre	1	VIII-21
319	Rompu	1	V-19
320	rompu	2	I-57, III-81
321	rompue	4	II-60, III-79, VIII-20, XII-59
322	rompus	3	II-42, IV-08, VIII-55
323	Romulides	1	I-09
324	rond	3	II-91, V-93, IX-27
325	ronde	1	I-69
326	Ronge	1	VIII-82
327	rongé	1	IV-88
328	rongeant	1	X-36
329	Ronger	1	IV-48
330	ronger	1	V-69
331	rongne	2	I-80, III-11
332	Ronsgée	1	II-59
333	Roolle	1	IX-85

rose - roy

334	rose	3	II-97, V-31, V-96
335	rosee	1	V-36
336	rosiers	1	IX-25
337	Rosne	11	II-25, II-60, II-74, II-96, IV-03, IV-76, V-17, V-68, V-71, VIII-38, IX-85
338	rosne	5	IV-94, VII-22, VIII-46, VIII-62, IX-68
339	rostis	1	II-35
340	Rouan	5	III-09, IV-19, IV-61, V-84, VI-60
341	Rouane	1	III-09
342	Roubine	1	III-85
343	Roudés	1	IV-44
344	Rouen	1	IV-100
345	Rouge	2	III-01, VI-91
346	rouge	13	II-85, V-44, VI-25, VI-38, VI-46, VI-57, VIII-19, VIII-22, IX-41, IX-50, IX-58, IX-59, X-30
347	rougeras	1	III-23
348	Rouges	1	VI-10
349	rouges	15	I-03, IV-11, V-22, V-46, VII-07, VII-36, VIII-19 (3), IX-02, IX-15, IX-46, IX-51, IX-58, X-86
350	Rougir	1	IV-94
351	rougir	1	VI-98
352	rougira	1	I-87
353	Roulera	1	I-69
354	Rousseau	1	I-07
355	Roustir	1	IV-56
356	roustira	1	I-74
357	route	1	IV-12
358	routte	3	IX-35, IX-88, X-53
359	roux	1	IX-01
360	Roy	75	I-13, I-97, II-02, II-07, II-71, III-41, III-50, III-89, IV-22, IV-34, IV-35, IV-38, IV-54, IV-57, IV-64, IV-77, IV-86, IV-87, IV-89 (2), IV-99, IV-100, V-06, V-13, V-52, V-77, V-97, VI-14, VI-15, VI-18, VI-23, VI-24, VI-31, VI-36, VI-46, VI-51, VI-53 (2), VI-54, VI-75, VI-84, VI-94, VII-15, VIII-37, VIII-38, VIII-62, VIII-73, VIII-74, VIII-88, IX-08, IX-22, IX-33, IX-57 (2), IX-73, IX-77, IX-81, IX-84, IX-90, IX-92 (2), X-09, X-16, X-21, X-28, X-36, X-44, X-45, X-66, X-72

roy - ruin

(360)	Roy (Cont.)	(75)	(2), X-95, XI-97, XII-56 (2)
361	roy (see also roi)	40	I-10, I-52, I-85, II-36, II-69, III-77, III-78, III-91, IV-16, IV-45, V-06, V-17 (2), V-37, V-54, V-84, VI-01, VI-71, VI-92, VIII-32, VIII-44, VIII-52, VIII-66, VIII-76, VIII-90, VIII-92, IX-07, IX-17, IX-21, IX-23, IX-36, IX-85, X-22 (2), X-44, X-63, X-80, X-86 (2), X-87
362	Royal	11	IV-79, IV-100, V-19, VI-08, VI-12, VI-45, VII-01, VII-11, VII-23, VII-32, VII-38
363	royal	7	I-65, IV-93 (2), V-40, V-81, X-35, X-56
364	royalle (as l'royale)	1	X-43
365	royalz	1	III-98
366	Royaume	1	III-25
367	royaume	2	III-20, VIII-88
368	royaux	1	IX-24
369	Royne	2	IV-38, VII-16
370	royne	7	I-86, III-89, VIII-23, VIII-66, IX-77, X-17, X-18
371	Roys	1	VI-51
372	roys (see also rois)	4	I-99, III-18, IX-90, X-75
**	r' sacquera (anagram of saracquer)	1	VIII-16
373	rubes	1	VI-49
374	Rubicon	1	II-72
375	rubre	1	IV-37
376	Rubriche	1	IX-100
377	rubriche	1	I-82
378	rude	4	IV-84, VII-11, X-20, X-34
379	rudement	2	III-48, VII-38
380	rudesses	1	VI-83
381	ruer	1	VII-07
382	ruffiens	1	X-98
383	Ruine	1	VIII-97
384	ruine (see also ruyne)	9	I-53, I-79, II-83, IV-46, V-01, V-32, V-43, VIII-67, XII-36
385	ruiné	1	V-31
386	ruiner	3	II-56, VIII-52, IX-80
387	ruinera (see also ruynera)	1	IX-83
388	ruïnera	1	V-68
389	ruines	1	III-39

ruin - ryn

390	ruineux (see also ruyneux)	1	II-88
391	rural	1	V-36
392	ruse	1	IX-87
393	rusé	1	IX-81
394	rutilant	2	IV-29, VII-19
395	ruyne (as ruine)	7	I-15, V-66, VI-37, VIII-26, VIII-98, IX-100, X-65
396	Ruyné (as Ruiné)	1	VI-98
397	ruynera (as ruinera)	2	IV-82, IX-51
398	ruyneux (as ruineux)	1	VI-25
399	ruysseau (as ruisseau)	1	VIII-25
400	Ryn (see also Rin)	5	IV-68, V-12, V-43, VI-40, VI-87

S,s

*	S' (as abbv. Se)	5	(See below)
*	s' (as abbv. se)	22	(See below)
1	Sa	7	I-29, IV-47, IV-57, VI-13, VI-33, VIII-74, X-33
2	sa	53	I-15, I-48, I-50 (2), I-52, I-78, II-05, II-14, II-29, III-16 (2), III-35, III-62, III-86 (2), IV-07, IV-61 (2), IV-64, IV-82, IV-92, V-31, V-32, V-60, V-61, V-67, V-76, V-78, VI-14, VI-40, VI-52, VI-84, VIII-16, VIII-18, VIII-31, VIII-42, VIII-68, VIII-77, VIII-95, IX-22, IX-35, IX-77, IX-87, IX-90, X-09, X-11, X-12, X-17, X-42, X-43, X-48, X-69, X-90
3	sabee	1	V-16
4	Sabinois	1	V-46
5	sablon	1	V-88
6	sac	1	VII-30
7	sacaigé	1	X-20
8	Sacarbance	1	X-61
9	Saccagee	1	IX-04
10	saccager	1	VII-23
11	saccagez	1	XII-24
12	sacer	1	VI-100
**	sacquera (see saracquer - as anagram: r'sacquera)		
		1	VIII-16
13	Sacrafiant	1	IX-23
14	sacre	7	VI-85, VII-73, VIII-29, VIII-71, VIII-72, VIII-90, IX-21
15	sacré	2	III-65, VI-57
16	sacree	1	V-79
17	sacrées	1	IV-25
18	Sacrement	1	IX-70
19	sacrera	1	IX-23
20	sacres	1	VIII-71
21	sacrés	1	II-08
22	sacrez	3	V-43, VIII-62, IX-71
23	sacréz	1	VI-09
24	sacrifice	2	II-13, IX-46
25	sacrifiée	1	II-98

sacr - sall

26		sacrifices	1	I-44
27		sacriste	1	II-76
28		sacristes	1	IV-40
29	S'	adjoignant	1	II-22
30	s'	advance	1	V-32
31		sage	1	VIII-47
32		Sagitaire	1	I-16
33		Sagont	1	VIII-50
34		Sagonte	1	IV-03
35	s'	aidera	1	I-93
36		saigner	1	III-54
37		saignera	2	VIII-45, VIII-76
38		saigneront	1	IV-03
39		saignes	2	I-19, IX-29
40		Saillinons	1	VII-03
41		sainct	4	IV-08, IV-72, VIII-36, X-30
42		saincte	3	I-53, IV-24, VI-29
43		sainctes	3	IV-43, VI-23, VIII-52
44		saincteté	2	VI-30, VI-48
45		saincts	1	IV-24
46		sainctuaire	1	VIII-78
47		sainctz	3	II-08, V-73, IX-83
48		saint	15	VIII-12, VIII-41, VIII-42, VIII-62, VIII-85, VIII-99, IX-23, IX-30, IX-31, IX-33, IX-35, X-31, X-37, X-38, X-63
49		Saintz	1	VIII-80
50		saintz	1	IX-72
51		saisi	3	II-23, VIII-82, X-49
52		saisies	1	III-88
53		Saisir	2	IV-72, X-33
54		saisir	1	IX-41
55		saisira	2	IV-62, X-23
56		saisiront	1	VIII-17
57		saisiz	1	VII-42
58		saison	1	III-11
59		salarés	1	IX-79
60		Salerne	1	VII-06
61		Salique	1	V-38
62		salle	1	I-52

sall - sapi

63	Sallon	1	X-62
64	Salon	1	IV-27
65	Salonne	2	IX-21, IX-23
66	salubre	1	VII-41
67	saluee	1	X-19
68	salut	1	X-19
69	salvaterre	1	VIII-48
70	Samarobryn	1	VI-05
71	Samothrace	1	IV-38
72	Sang	11	III-60, III-87, IV-79, VI-10, VI-81, VII-08, VIII-77, VIII-87, IX-03, IX-55, IX-60
73	sang	93	I-15, I-18, I-19, I-36, I-55, I-57, I-95, I-97, II-26, II-32, II-42, II-45, II-46, II-51, II-53, II-57, II-60, II-61, II-78 (2), II-97, II-98, III-10, III-18, III-19, III-22, III-37, III-45, III-57, III-59 (3), III-65, III-66, III-68, III-75, IV-01, IV-24, IV-38, IV-49, IV-55, IV-58, IV-80, IV-94, IV-98, V-10, V-19, V-27, V-39, V-40, V-41, V-52, V-60, V-62, V-63, V-74, V-87, V-96, VI-07, VI-12, VI-21, VI-38 (2), VI-98, VII-18, VII-30, VII-44, VIII-01, VIII-07, VIII-17, VIII-20, VIII-40, VIII-43, VIII-77, VIII-79, VIII-80, VIII-98, IX-02, IX-17, IX-19, IX-20, IX-52, IX-53, IX-90, IX-96, X-16, X-26, X-30, X-56, X-60, X-65, X-78, X-88
74	sanglante	2	I-57, V-54
75	Sanglier	1	I-23
76	sanguin	1	IV-56
77	sanguinaire	5	II-09, II-89, VI-33, VI-38, IX-76
78	sanguine	2	I-84, IV-47
79	Sans	5	II-58, II-94, V-01, VIII-11, X-39
80	sans	34	I-14, I-65, II-09, II-13, II-19, II-53, II-54, III-30, III-68, III-81, III-82, IV-25, VI-05, VI-08, VI-43, VI-69, VII-41, VII-83, VIII-23, VIII-63 (2), VIII-76 (2), VIII-85, VIII-93, VIII-96, IX-14, IX-80, X-14, X-68, X-84, X-98, XII-04, XII-59
81	Sante	1	X-89
82	Saonne	1	VI-79
83	saouler	1	III-42
84	sapience	1	V-31

Concordance to *The Prophecies* of Nostradamus (1568 Lyon)

sapp - saul

#		word	count	locations
85	s'	appreste	2	II-46, VIII-50
86	S'	approchant	1	III-76
87	s'	approche	8	I-08, I-56, IV-82, V-32, VI-96, VII-30, VIII-76, X-65
88		sapproche (as s'approche)	1	IX-52
89	S'	approchera	1	III-32
90	s'	apreste	2	III-10, III-18
91		sapreste (as s'apreste)	1	IX-55
92	s'	aproche	1	III-46
93		saracquer (as anagram: r'sacquera)	1	VIII-16
94		Sardaigne	2	II-81, III-87
95		Sardeigne	2	VII-06, VIII-88
96		Sardon	2	VIII-06, X-06
97		sarez	1	VIII-47
98		Sarragousse	1	III-75
99	s'	assembleront	1	III-31
100	s'	assied	2	I-02, IV-03
101		Sat. (as Saturne)	1	V-91
102		satalites (possibly Occitan, as s'atal-ites)	1	IV-89
103		satrapie	1	VII-13
104		satrappe	1	V-78
105	S'	atrestera	1	XII-24
106		Satur. (as Saturnine)	1	VIII-49
107		Saturne	21	I-51, I-83, II-48, II-65, III-92, III-96, IV-67, IV-86, V-11, V-14, V-24, V-62, V-87, VI-04, VIII-29, VIII-48, IX-44, IX-72, IX-73, X-50, X-67
108		Saturnin	1	VIII-29
109		Saturnins	3	V-24, VI-17, VIII-40
110		Satyre	1	III-90
111		Saulce	1	IX-34
112		saulcer	1	VI-89
113		saulmons	1	II-48
114		Saulne	1	VIII-36
115		Sault	1	VIII-48
116		saults	2	III-44, IV-37
117		saulver	1	VIII-24
118		saulvera	1	X-04

saur - scor

119	saura	1	VIII-10
120	sauran	1	IV-26
121	Saurome	1	III-58
122	Saut	1	X-24
123	sautera	1	VI-97
124	sauterelles	2	III-82, IV-48
125	sauve	1	VIII-18
126	sauvé	2	I-98, VI-51
127	s' avance	1	X-64
128	Savillan	1	VII-30
129	savoir	1	I-78
130	Savone	5	I-75, V-88, VI-62, VIII-09, X-60
131	Savonne	1	IX-39
132	Saxe	2	VI-44, X-46
133	Saxons	1	V-100
134	scaura	3	III-58, IV-82, VIII-23
135	sçaura	1	IX-37
136	Scavans	1	III-27
137	scavant	2	VI-45, X-90
138	scavoir	1	VI-08
139	sçavoir	1	II-76
140	Scelde	1	X-52
141	scelestes (also as s'celestes [sceleste = Latin])	1	IV-18
142	scenique	1	I-45
143	Sceptre	1	IV-10
144	sceptre	8	I-32, II-69, V-06, V-14, V-48, VI-03, VI-24, VII-23
145	sceptres	1	I-62
146	sceptrifere	1	VIII-61
147	Scerry	1	IX-39
148	sceu	3	I-97, IV-63, VII-01
149	sceuz	1	IV-63
150	schismatique	1	I-45
151	scintiles	1	I-59
152	scismatique	1	VI-22
153	scisme	3	IV-40, VIII-93, IX-16
154	scismes	1	V-46
155	Sclavonie	1	X-62
156	scorne	1	VIII-88

scor - sedi

157	Scorpion	1	I-52
158	scyphe	1	III-65
159	Se (also see S')	8	II-20, III-61, III-69, IV-62, IX-38, IX-90, X-04, X-37
160	se (also see s')	47	I-04, I-23, I-36, I-60, I-62, I-74, I-86, II-64, II-71, II-80, II-89, II-100, III-21, III-36, III-40, III-70, III-75, IV-11, IV-22, IV-26, V-04, VI-24, VI-33, VI-37, VI-57, VI-88, VI-99, VII-21, VII-29, VII-33, VII-37, VIII-24, VIII-40, VIII-55, VIII-68, VIII-80, IX-44, IX-51 (2), X-01, X-23, X-32, X-35, X-51, X-52, XII-36, XII-65
161	sec	1	VIII-82
162	Secatombe	1	VIII-34
163	seché	1	III-91
164	Secile	4	II-04, II-71, III-25, IX-28
165	Secille	4	I-11, II-16, VII-06, IX-42
166	Second	2	V-15, X-28
167	second	6	IV-29, VI-41, VI-54, VI-92, VII-40, VIII-54
168	seconde	2	IX-97, X-88
169	Secors	1	IX-30
170	secourir	2	II-37, VI-01
171	secourront	1	III-05
172	Secours	1	VI-85
173	secours	20	I-74, II-06, II-45, II-96, III-07, III-47, III-75, III-89, IV-01, IV-39, V-59, IX-60, IX-75, IX-88, IX-90, IX-95, IX-99, X-03, X-63, XII-24
174	secourus	1	V-10
175	secouruz	1	V-21
176	Secret	2	I-13, I-70
177	secret	6	I-01, II-27, IV-30, IV-89, VI-73, X-81
178	secrette	1	VI-47
179	secretz	1	IV-67
180	Secte	1	X-96
181	secte	9	I-07, I-95, II-51, III-61, III-67, VI-66, VII-14, X-96, XII-71
182	Sectes	1	I-55
183	sectes	5	I-45 (2), I-96, III-76, IX-51
184	Secteur	1	I-45
185	sedifragues	1	VI-94

sedi - semp

186	seditieuse	1	VI-68
187	sedition	3	I-13, IV-83, VI-34
188	seditions	1	V-89
189	seducteur	2	VIII-95, X-46
190	seductive	3	III-95, VI-48, VI-84
191	Seduict	1	III-89
192	seduictz	1	VI-11
193	seduira	1	III-35
194	seduire	1	VI-68
195	seduits	1	II-49
196	Seez	1	V-43
197	seiché	1	IV-67
198	Seicher	1	II-64
199	seicheresse	1	V-98
200	Seigneur	2	I-14, X-101
201	seigneur	2	I-52, IX-15
202	seigneurs	1	III-38
203	seille	1	IV-58
204	Seine	4	I-89, II-63, VI-43, VI-79
205	seing	1	V-28
206	seins	1	IV-31
207	sejour	3	V-59, VIII-61, IX-71
208	sejourné	1	I-74
209	sel	7	II-21, V-34, VII-34, VIII-22, IX-49, X-07, X-98
210	SELIN	1	IV-77
211	Selin (see also Selyn)	5	I-94, VI-27, VI-42, VI-58, VI-78
212	selin (see also selyn)	1	VIII-54
213	Seline	2	II-79, V-35
214	selle	1	I-01
215	Selyn (as Selin)	2	II-01, IV-23
216	selyn (see also selin)	1	X-53
217	Semblant	1	X-82
218	semblant	1	IX-88
219	semblera	2	VI-87, IX-05
220	sembloit	1	III-36
221	seme	1	VIII-52
222	semés	1	IV-66
223	semond	1	IV-31
224	sempiternel	1	III-79

Concordance to *The Prophecies* of Nostradamus (1568 Lyon)

sen - sept

225	s'	en	2	I-75, V-68
226		Senat	3	III-65, IX-49, X-15
227		senat	4	II-76, III-65, IX-72, X-76
228		Senegalia	1	X-08
229		senestre	2	I-34, II-10
230		senez	1	I-07
231	s'	enflamme	1	VI-19
232	S'	enfuira	1	VII-43
233		senile	1	III-59
234		senille (as l'senile)	1	VIII-50
235		Senis	1	V-61
236		Senoise	1	I-18
237		Sens	3	I-22, II-74, V-67
238		sens	9	I-11, I-22, I-67, I-78, II-44, IV-25, VI-86 (2), VIII-90
239	s'	entendra	1	VIII-84
240		sentine	1	II-93
241		sentinelle	1	IX-82
242		sentrebatron (as s'entrebatront)	1	X-53
243		sentu	1	VI-32
244	s'	enyurer	1	VI-39
245		separés	2	I-81, V-86
246		sepmaines	1	I-47
247		sepmano	1	IV-44
248		Seps	1	V-02
249		Sept	19	I-48, III-10, III-48, III-57, IV-100, V-81 (2), VI-63, VI-75, VII-15, VII-18 (2), VIII-93 (2), IX-14, IX-86, IX-89, X-04, X-89
250		sept	30	I-49, I-69, II-18, II-41, III-39, III-56, III-77 (2), IV-50, IV-55, IV-60, IV-66, IV-81, IV-95, V-67, V-71, VI-02, VI-11, VI-54, VI-82, VII-26, VII-36, VIII-44, VIII-64, VIII-71, VIII-77, VIII-94, X-08, X-44, X-72
251		septains	1	I-10
252		Septante	1	I-15
253		septante	3	II-37, VI-74, IX-54
254		Septanteneuf	1	IV-78
255		Septentrion	1	VI-06

sept - sera

256	Septentrionale	1	I-52
257	septieme (as septiesme)	1	VIII-34
258	septiesme	4	II-88, V-18, V-32, X-74
259	Sepulchre	1	VI-66
260	sepulchre	2	I-37, X-06
261	sepulcre	2	III-32, III-65
262	sepulturer	1	IX-74
263	Sera	48	I-04, I-18, I-25, I-61, III-36, III-66, III-81, IV-09, IV-11, IV-92, IV-93, V-04, V-08, V-31, V-41, V-56, VI-03, VI-30, VI-40, VI-50, VI-60, VI-72, VI-85, VII-09, VII-26, VIII-14, VIII-24, VIII-32, VIII-36, VIII-39, VIII-81, VIII-82, VIII-85, VIII-96, VIII-99, IX-09, IX-43, IX-48, IX-71, IX-76, X-21, X-28, X-46, X-48, X-49, X-73, X-78, X-85
264	sera	259	I-04 (2), I-06, I-17 (2), I-19, I-25, I-29, I-32, I-44, I-55 (2), I-60, I-76, I-81, I-90, I-91, I-92, I-100, II-10, II-24, II-27, II-31, II-32, II-38, II-40 (2), II-44, II-50, II-60, II-64, II-68 (2), II-75, II-88, II-89, II-90, II-96, II-99, II-100, III-15, III-17, III-22, III-25, III-30, III-32, III-34 (2), III-41, III-42, III-44, III-45, III-52 (2), III-55, III-58, III-63, III-65 (2), III-73, III-79, III-80, III-84, III-89, III-92, III-93, III-98 (2), III-99, III-100, IV-04, IV-05, IV-09, IV-12 (2), IV-17, IV-21, IV-22 (2), IV-28 (3), IV-29 (3), IV-32, IV-45, IV-47, IV-49 (2), IV-52, IV-62, IV-65, IV-71, IV-73, IV-80, IV-85, IV-86 (2), IV-88, V-12, V-14, V-19, V-28, V-29 (2), V-30, V-36, V-40, V-44 (3), V-45, V-46, V-47, V-49 (3), V-52, V-54, V-56, V-57, V-58 (2), V-65 (2), V-69, V-72, V-73, V-80, V-86, V-87 (3), V-88, V-92 (2), V-93, VI-09, VI-15, VI-16, VI-17, VI-19, VI-20 (2), VI-22, VI-24, VI-25, VI-29, VI-31, VI-32, VI-34, VI-38, VI-39, VI-40, VI-42 (3), VI-43, VI-46, VI-52, VI-59, VI-63, VI-69, VI-70, VI-75 (2), VI-78, VI-83 (2), VI-90 (2), VI-93, VI-94, VI-96, VII-01, VII-05 (2), VII-06, VII-08 (2), VII-13, VII-15, VII-16, VII-17, VII-19 (2), VII-23, VII-34, VII-35, VII-82, VIII-01, VIII-03, VIII-04 (2), VIII-06, VIII-7,

Concordance to *The Prophecies* of Nostradamus (1568 Lyon)

sera - sero

(264)	sera (Cont.)	(259)	VIII-16, VIII-18, VIII-19, VIII-23, VIII-37, VIII-41, VIII-45, VIII-58, VIII-73, VIII-79, VIII-83, VIII-90 (2), VIII-95, VIII-98 (2), VIII-99, IX-02, IX-10, IX-27, IX-34 (2), IX-35, IX-45, IX-52, IX-53, IX-65, IX-66, IX-68, IX-87, IX-89, IX-100, X-10, X-12, X-18, X-19, X-22 (2), X-25, X-32, X-34 (2), X-39, X-44, X-53, X-54, X-71, X-73, X-76, X-83 (2), X-84, X-90 (2), X-92 (2), X-98, X-100, X-101, XII-55, XII-56, XII-59
265	serain	2	I-91, X-80
266	seraphicque (as c'seraphique)	1	X-94
267	seraphin	1	VIII-69
268	Seras	1	I-08
269	seras	4	I-08, III-49 (2), X-16
270	sereine	1	II-14
271	serer	1	IX-07
272	sermons	1	I-47
273	Seront	37	I-11, I-14, I-59, II-06, III-08, III-74, III-82, IV-18, IV-43, IV-66, IV-74, IV-76, V-30, V-67, V-73, V-77, V-85, V-91, VI-66, VII-11, VII-14, VII-40, VII-41, VIII-09, VIII-94, IX-01, IX-14, IX-24, IX-29, IX-58, IX-62, IX-69, IX-98, X-30, X-51, X-52, X-69
274	seront	125	I-03, I-05 (2), I-20, I-33, I-44 (3), I-47, I-59, I-81, I-83, I-89, I-91, II-12, II-14 (2), II-35, II-36 (2), II-37, II-38 (2), II-39, II-42, II-43, II-50, II-51, II-68, II-89, II-95, III-04, III-07, III-25, III-26, III-33, III-67, III-71, IV-05, IV-16, IV-18, IV-40, IV-52, IV-60, IV-63, IV-79, IV-94, V-07 (2), V-23 (2), V-28, V-37, V-40, V-48 (2), V-50, V-53, V-63, V-65, V-73, V-78, V-85, VI-07, VI-08, VI-09 (2), VI-11 (4), VI-17, VI-23, VI-34, VI-50, VI-52, VI-59, VI-62, VI-65, VI-68, VI-69, VI-88, VI-94, VI-95, VI-99, VII-02, VII-03, VII-35, VIII-03, VIII-17, VIII-23, VIII-43, VIII-64 (2), VIII-71, VIII-75, VIII-91, IX-11, IX-12 (2), IX-16, IX-40, IX-49, IX-53, IX-61, IX-62, IX-65, IX-70, IX-72, IX-94, X-17, X-18, X-38, X-51, X-76, X-77, X-79,

sero - seur

(274)		seront (Cont.)	(125)	X-83, X-89, X-97, X-99, X-100, XI-97, XII-62, XII-71
275		Serpens	1	I-10
276		serpens	1	I-19
277		serpent	3	II-43, IV-93, VI-62
278		Serra	1	VIII-03
279		Serré	1	IV-84
280		serre	4	VI-65, VI-94 (2), VII-12
281		serré	3	VII-03, VIII-03, VIII-37
282		serree	1	V-75
283		serrée	1	IV-17
284		serrés	2	IV-40 (2)
285		Serrez	1	IX-47
286		serrez	1	IX-61
287		servaige	1	V-87
288		serve	2	II-87, IV-16
289		service	1	II-90
290		servitude	2	II-87, V-05
291		Ses	4	III-80, VI-74, VI-93, X-76
292		ses	28	I-06, I-33, I-48, I-58, I-85, II-11, II-20, II-36, II-59, II-89, III-02, III-45, III-46, III-62, IV-31, IV-39, V-76, VI-29, VII-15, VII-23, VII-29, VIII-08, VIII-53, VIII-61, VIII-89, IX-81, X-77, X-85
293	s'	esbatans	1	III-07
294	s'	esbatre	1	I-23
295	s'	esconse	1	I-37
296	s'	esloigne	1	V-43
297	s'	esmeut	1	II-52
298	s'	estonnera	1	IV-13
299	s'	estouffer	1	VIII-63
300		seu	1	II-56
301		Seul	2	I-01, I-93
302		seul	8	II-35, III-84, IV-31, IV-49, IV-90, VI-70, IX-45, IX-98
303		Seule	1	IV-04
304		seule	1	VI-63
305		seulz	4	II-10, II-12, IV-24, IV-35
306		Seur	1	I-63
307		seur	2	V-87, X-69

seur - sien

308	seure	2	V-11, IX-64
309	seureté	1	VI-30
310	seurs	2	I-76, II-20
311	severe	3	II-85, V-97, VI-91
312	Seville	2	I-73, VI-19
313	SEX.	1	IV-27
314	sexe	5	III-84, IV-41, V-60, V-70, VII-08
315	SEXT.	1	V-57
316	Seysset	1	IV-42
317	s' expolier	1	V-67
318	Si	10	I-67, II-75, III-23, V-60, V-90, VI-05, VIII-16, IX-07, IX-11, IX-55
319	si	77	I-25, I-38, I-54, I-56, I-65, I-80, II-09, II-38, II-100, III-28, III-29, III-44, III-48 (2), III-52 (2), III-70, III-73, III-75, III-80, III-88, III-98 (2), III-99, IV-95, IV-14, IV-16, IV-30, IV-40, IV-48, IV-51, IV-54, IV-65, IV-90, IV-99, V-40, V-42, V-72, V-74, V-98, VI-23, VI-40, VI-56, VI-87, VI-96, VI-98, VII-38, VIII-16, VIII-49, VIII-53, VIII-62, VIII-71, VIII-76, VIII-79, VIII-98, IX-37, IX-52, IX-57, IX-64, IX-68, IX-69, IX-83, X-06, X-09, X-19, X-27, X-65, X-66, X-67, X-69, X-71 (2), X-84, X-87, X-88, X-91, XII-36
320	siccité	4	I-17, III-03, III-04, III-52
321	Sicile	2	VIII-81, VIII-84
322	Sicille (as l'Sicile)	1	V-43
323	Siecle	1	IX-17
324	siecle	10	I-16, I-25 (2), I-51, I-62, II-10, III-94, III-97, V-41, VI-02
325	siecles	3	I-27, I-54, II-46
326	Siege	1	I-41
327	siege	16	II-29, II-50, III-02, IV-19, V-56, V-92, VI-26, VI-30, VII-15, VIII-99 (2), IX-99, X-03, X-38, X-51, X-64
328	siegen	1	IV-26
329	sieges	2	VII-73, VIII-61
330	sien	3	I-77, VI-87, IX-26
331	Siene	1	VIII-07
332	Sienne	6	I-75, II-84, VI-06, VI-48, VI-58, X-60

sien - sola

333	siens	13	I-13, II-02, IV-53, V-10, VI-76, VII-11, VIII-42, VIII-87, VIII-92, IX-12, IX-80, X-44, X-83
334	signe	7	I-54, VII-25, VIII-33, VIII-61, X-22, X-46, X-83
335	signes	2	I-30, IX-44
336	signez	1	IX-47
337	Silene (see Selin)	1	II-58
338	silve	1	V-45
339	simple	2	V-36, VIII-57
340	simulachres	2	VIII-28, VIII-80
341	simulacres	2	III-26, IX-12
342	simulant	1	V-37
343	simulé	1	IX-90
344	simulera	1	IX-88
345	Simulte	1	VI-58
346	simulte	3	V-36, VI-47, VII-82
347	singulier	1	I-35
348	sinistre	1	I-34
349	sinus	1	IX-28
350	Six	5	II-84, III-22, VI-27, VIII-49, X-94
351	six	11	II-51, III-30, III-56, III-78, VI-52, VI-54, VIII-32, VIII-71, X-91, X-101 (2)
352	sixiesme	1	I-80
353	size	1	X-20
354	sizeaux	1	X-101
355	soche	1	X-56
356	sod	1	IX-74
357	soeur	3	I-78, IV-96, V-36
358	soient	1	VIII-61
359	soif	11	II-09, II-62, II-64, III-06, III-19, IV-59, IV-90, VI-40, VI-69, VIII-100, X-15
360	soin	1	VIII-88
361	soir	3	II-96, IV-73, V-40
362	sois	1	III-24
363	soit	6	II-04, II-53, III-59, V-40, VI-68, VIII-68
364	Sol	22	I-38, II-35, IV-29 (2), IV-30, IV-84, IV-86, V-11, V-25, V-27, V-53 (2), V-62, V-66, VI-35, VI-52, VI-58, VI-98, VIII-02, IX-19, IX-73, IX-83
365	sol	2	I-57, IV-28,
366	solaire	4	I-08, II-03, IV-48, V-81

sola - son

367	solaires	1	V-11
368	solcy	1	X-07
369	soldartz	2	VI-96, VII-02
370	Soldat	1	VIII-73
371	Soldats	1	X-13
372	soldats	2	IV-64, IX-68
373	soldatz	1	V-30
374	Soleil	8	I-23 (2), I-48, II-91, III-34, IV-58, V-24, V-32
375	soleil	6	I-31, I-37, I-64, II-41, V-72, VIII-53
376	Soliman	1	III-31
377	solitude	1	I-01
378	solstice	1	IX-48
379	soluz	1	IX-34
380	someil	1	VIII-88
381	sommeil	1	V-69
382	sommet	1	II-56
383	Son	23	I-50, I-84, I-88, I-95, II-11, II-25, III-35, III-63, IV-53, IV-65, IV-83 (2), IV-87, IV-91, IV-92, V-15, V-39, VI-65, VI-70, VII-19, VIII-51, VIII-59, VIII-76
384	son	142	I-10, I-16, I-22, I-23, I-25, I-32, I-36 (2), I-51, I-54, I-56, I-83, I-90, I-95, I-98, II-10, II-13, II-28, II-29, II-33, II-36, II-55, II-69, II-70, II-81, II-87, III-01, III-14, III-15, III-16, III-17, III-46 (2), III-47 (3), III-55, III-57, III-59, III-65, III-73, III-74, III-81, III-89, III-94, III-97, IV-20, IV-21, IV-34, IV-37, IV-39, IV-41, IV-51, IV-58, IV-60 (2), IV-61, IV-62, IV-64, IV-65, IV-87, IV-88, IV-92, IV-96, V-03, V-12, V-15, V-16, V-18, V-20, V-41, V-42, V-44, V-49, V-76, V-87, V-100, VI-18, VI-29, VI-32, VI-42, VI-45, VI-50, VI-52, VI-53, VI-59, VI-60, VI-74, VI-77, VI-83, VI-86 (2), VII-09, VII-15, VII-21, VII-35, VII-44(3), VIII-06, VIII-14, VIII-18, VIII-55, VIII-65, VIII-75, VIII-79, VIII-82, VIII-83, VIII-89, VIII-90, VIII-92, VIII-93, VIII-94, IX-08, IX-37, IX-45, IX-50, IX-53, IX-56, IX-60, IX-84, IX-85, IX-89 (2), X-04, X-08, X-11, X-22, X-26 (2), X-32, X-34, X-40, X-41, X-42, X-56, X-57, X-76, X-79, X-84, X-87, X-90

song - soui

385	songe	2	I-97, IV-86
386	songes	1	VII-41
387	sonnaillons	1	II-44
388	sonnant	1	VIII-41
389	sonne	1	IX-68
390	sonné	1	IV-01
391	sonnés	1	VII-02
392	sont	6	I-10, II-47, II-77, II-80, IV-68, V-66
393	sophe	1	IV-31
394	sophismes	1	V-46
395	s' opposera	1	VI-87
396	Sorbin	1	X-62
397	sordide	2	IV-88, VII-13
398	Sorgues	1	VII-21
399	sort	7	I-81, III-48, III-66, IV-32, VI-18, IX-77, X-46
400	Sortant	1	X-48
401	sortant	1	I-01
402	sortes	1	II-01
403	sortie	1	IX-26
404	sortir	6	II-74, III-50, III-51, IX-79, X-02, X-83
405	sortira	8	II-05, II-29, V-82, VI-53, VII-24, VIII-10, IX-16, X-56
406	sortiront	2	I-10, X-74
407	Sortis	1	IX-79
408	soubmetz	1	X-07
409	soubs	2	II-85, IV-24
410	soubson	1	IX-08
411	soubstance	1	X-65
412	soubstenir	1	VIII-19
413	Soubz	11	I-55, I-92, IV-28, IV-66, V-05, V-66, V-93, VI-14, VII-02, VIII-29, VIII-54
414	soubz	19	I-65, I-84, II-47, II-48, III-06, III-77, IV-05, IV-33, IV-62, IV-84, IV-94, V-24, V-35, V-41, V-42, V-52, VI-14, VI-73, VIII-66
415	souche	1	VI-82
416	soucq (as c'souque)	1	X-36
417	soudain	1	X-12
418	souffert	1	I-24
419	souillard	1	VII-42

Concordance to *The Prophecies* of Nostradamus (1568 Lyon)

soui - spar

420	souiller	1	IV-11
421	Souisses (see also Souysses)	1	IV-74
422	souldars	2	II-59, II-83
423	souldarts	1	IV-64
424	souldartz	2	VI-68, VII-25
425	souldat	1	VIII-57
426	Soulde	1	IX-88
427	soulfre (see soulphre)	1	X-43
428	Soulongue	1	IX-13
429	soulphre (as soulfre)	1	IV-23
430	Soulz	1	X-13
431	soulz	1	IX-47
432	Sous	1	IV-11
433	sous	1	X-101
434	souspecon	1	III-72
435	souspir	1	I-99
436	souspirer	1	I-66
437	soustenant	1	X-21
438	soustenement	1	IV-10
439	soustenens	1	X-31
440	soustenir	3	II-59, VI-13, X-32
441	soustenu	4	II-23, VI-21, VIII-90, X-101
442	soustenus	1	X-01
443	soustiendront	1	VI-26
444	soustient	1	X-30
445	Souvent	1	I-67
446	souverain	1	X-09
447	souveraine	2	II-14, V-41
448	souverains	1	II-47
449	Souysses (as Souisses)	1	IV-09
450	Souz	1	IX-54
451	souz	3	III-02, X-26, X-33
452	Soy	1	VII-39
453	soy	12	II-86, IV-52, VI-69, VII-44, VIII-51, VIII-88, VIII-92, IX-41, IX-57, X-02, X-14, X-101
454	soyxante	1	IV-42
455	spacieuse	1	IV-48
456	lspalme (as l'spalme)	1	IX-06
457	Sparte	2	V-90, VI-84

spat - subs

458	spatieuse	1	I-33
459	Sperants	1	IV-20
460	Splendeur	1	I-02
461	splendeur	2	I-80, X-98
462	stades	1	I-69
463	statue	1	IV-55
464	statut	1	II-85
465	stecades	1	VII-37
466	sterile	1	VIII-96
467	sterne	1	VIII-47
468	stratageme	2	VII-82, IX-79
469	stupende	1	I-46
470	suave	1	I-29
471	subditte (as t'subdite [Latin])	1	V-31
472	subges	1	VIII-74
473	Subit	2	V-65, X-12
474	subit	10	I-20, II-18, III-30, III-46, V-20, VI-55, VIII-06, VIII-17, X-04, X-43
475	Subite	2	IX-82, X-78
476	subite	5	II-18, II-57, IV-14, VIII-16, X-78
477	subites	2	II-18, III-39
478	subjectes	1	V-70
479	subjourné	1	I-39
480	Subjugant	1	I-49
481	subjugant	1	X-95
482	Subjuguer	1	V-69
483	subjuguer	1	III-39
484	Subjuguera	3	II-79, V-61, VI-49
485	subjuguera	4	II-63, III-15, X-44, X-101
486	subjuguez	1	II-47
487	sublevé	1	X-57
488	sublimee	1	X-28
489	sublimes	1	IV-25
490	submergé	2	IV-53, VI-79
491	submergée	2	II-22, III-13
492	subornera	1	IV-61
493	subroge	1	I-39
494	subrogée	1	II-22
495	subscrit	1	VIII-23

subs - sur

496	substance	2	III-02, VIII-99
497	substanté	1	VI-89
498	subvertir	1	V-83
499	Succedera	2	IV-96, VI-57
500	succedera	1	V-38
501	successeur	2	V-03, X-26
502	succombé	1	III-11
503	succomber	1	III-83
504	succombera	1	V-25
505	succombés	1	III-29
506	succre (as c'sucre)	1	VI-94
507	succumbera	1	X-70
508	Sueve	2	I-61, II-83
509	Sueves	1	V-85
510	suffocque (as c'soffoque)	1	VIII-85
511	suffoqué	2	II-39, V-97
512	soffoquez	1	IV-53
513	Suite	1	I-86
514	suite (also see suyte)	1	II-52
515	Suitte	1	IX-40
516	suitte	2	II-14, V-12
517	Suivant	1	I-26
518	suivant	1	VI-14
519	suivra	1	II-74
520	sunto	1	VI-100
521	Supelman	1	XII-69
522	superee	1	IX-100
523	superstile	1	IV-71
524	supperée	1	VI-38
525	supplice	1	VII-44
526	supportée	1	IV-57
527	supporter	1	VI-76
528	supportez	1	VIII-64
529	supresme	1	I-39
530	Sur	12	II-52, II-64, II-75, V-30, V-36, V-62, V-88, V-96, VII-07, VII-28, IX-24, IX-69
531	sur	31	II-77, IV-55, IV-85, IV-89, V-52, V-63, V-75 (2), V-79, V-81, VI-36, VI-37, VII-05, VII-38, VII-73, VIII-27, VIII-79, VIII-89, IX-01, IX-08, IX-14,

sur - Syri

(531)	sur (Cont.)	(31)	IX-23, IX-26, IX-33, IX-34, IX-51, IX-93, X-25, X-32, X-64, X-75
532	surmonté	1	VI-32
533	surmonter	1	VIII-69
534	surmontera	1	I-35
535	surnom	3	II-28, VIII-33, X-30
536	surnommé	1	IX-33
537	Surnom	1	X-09
538	surpassera	1	VI-70
539	surprendra	1	I-88
540	Surprins	2	IV-08, VIII-58
541	surprins	3	V-91, VI-11. VI-14
542	surprinses	1	X-78
543	surpris	1	III-30
544	surres	1	VIII-01
545	survaincu	1	X-24
546	surviendra	3	III-05, VI-26, VI-86
547	survint	1	III-28
548	Sus	6	I-86, II-68, II-69, III-34, VIII-34, X-04
549	sus	15	I-01, I-43, II-02, II-03, II-43, II-61, II-84, II-86, III-07, IV-31, V-06, V-24, VII-39, VIII-41, X-47
550	suscitant	1	VIII-78
551	suscitées	1	I-63
552	susciteront	1	VI-44
553	Suses	1	II-16
554	suspect	1	VI-53
555	suspecte	1	I-68
556	suspendue	1	III-44
557	suspire	1	VIII-76
558	sustenus	1	IX-15
559	suyte (as suite)	1	XII-69
560	suyvra (as suivra)	2	I-58, IV-38
561	suyvre (as suivre)	1	IX-35
562	Suze	1	VI-06
563	Symacle	1	IX-28
564	synagogue	1	VIII-96
565	Syracuses	1	II-16
566	Syrie	1	III-97

T,t

*		t' (as abbv. te)	2	(see below)
1		ta	4	IV-46, V-32, X-65, XII-36
2		table	4	II-34, V-83, VII-05, IX-01
3		tache	1	IV-07
4		TAG	1	VIII-61
5		Tag	2	II-60, III-12
6		tago	1	X-25
7		taille	1	II-26
8		taillis	1	VI-37
9		Tain	1	VI-79
10		taincte	5	IV-55, V-63, VI-21, VI-94, VI-98
11		taint	1	IX-98
12		tainte	3	II-57, IV-24, VIII-20
13		Taintz	1	III-57
14		taire	1	VIII-79
15		Tamins	1	II-61
16		Tamise	2	VI-43, VIII-37
17		Tant	9	I-31, I-82, II-11, II-100, III-02, VIII-80, X-70, X-75, XII-55
18		tant	21	II-31, III-27, IV-47, IV-48, IV-87, IV-93, V-26, V-58, VI-31, VI-57, VI-83 (3), VI-84, VI-92, VIII-32, VIII-41, VIII-55, VIII-84, IX-12, X-20
19		tante	1	VIII-42
20		taons	1	IV-48
21		tappis	1	VI-61
22	t'	approcher	1	II-97
23		tarasc (as tarasque)	1	VIII-46
24		Tarascon	1	IV-27
25		Tarbe	1	X-29
26		Tard	4	I-07, I-36, II-45, IX-25
27		tard	13	I-30, I-56, II-96, III-58, III-73, III-92, IV-14, V-71, V-96, VI-62, VIII-58, X-73, X-84
28		Tardaigne	1	VIII-49
29		tarde	1	II-45
30		tardee	1	VIII-45
31		tarder	1	VI-69

Concordance to *The Prophecies* of Nostradamus (1568 Lyon)

tard - temp

32	tardif	1	II-78
33	tardifve	1	V-36
34	tare	3	I-19, I-28XII-36
35	Tarn	1	III-43
36	Tarpee	1	III-96
37	Tarraconne	1	VII-22
38	Tartarie	1	V-54
39	Tasche	1	X-10
40	tasché	1	V-58
41	taschera	1	IV-91
42	tasses	1	IV-59
43	Taurer	1	VIII-40
44	tauropole	1	I-79
45	Taurus	2	I-28, VI-35
46	taurus	1	IX-83
47	te	4	III-23, III-49, IV-26, X-07
48	teccon (as c'tecon)	1	IX-27
49	Tedesq (as Te-desquamare)	1	VIII-47
50	tel	8	I-76, II-06, IV-99, V-78, V-92, VII-27, VII-28, VIII-74
51	telle	8	III-61, III-74, V-52, VI-34, VI-72, VIII-15, VIII-18, X-70
52	telles	1	I-49
53	telz	1	IX-53
54	temerité	1	VII-34
55	tempeste	3	I-50, III-39, IX-20
56	tempestes	1	I-66
57	Temple	1	VII-08
58	temple	26	II-17, III-45, III-84, IV-27, IV-76, V-01, VI-01, VI-16, VI-21, VI-22, VI-65, VI-76, VIII-05, VIII-45, VIII-53, VIII-62, IX-09, IX-21, IX-22, IX-23, IX-31, IX-87, X-27, X-35, X-81 (2)
59	Temples	2	I-96, II-08
60	temples	8	II-12, III-06, IV-24, V-73, VI-09, VI-10, VI-98, IX-72
61	temporelz	1	VIII-99
62	Temps	1	X-97
63	temps	59	I-28 (2), I-51, I-63, I-84, I-87, I-92, I-100, II-10, II-31, II-52, II-66, II-80, II-87, III-28, III-40, III-

temp - terr

(63)	temps (Cont.)	(59)	64, III-71, III-86, III-89, III-91, III-94, IV-01, IV-20, IV-32, IV-46, IV-49, V-52, V-92, VI-10, VI-24, VI-43, VI-74, VI-83, VII-19, VII-33, VII-41, VIII-18, VIII-76, VIII-95, VIII-98, IX-36, IX-82, X-07, X-26, X-32, X-34, X-42, X-43, X-52, X-56, X-58, X-73, X-74, X-84, X-88, X-89, X-98, XI-97
64	tempté	2	VI-89, IV-56
65	temptee	1	IX-48
66	temptée	1	VI-43
67	tempter	1	IV-64
68	temptera	1	X-66
69	temptez	1	X-13
70	t' en	1	III-87
71	Tenant	2	I-100, V-88
72	tenant	1	IV-76
73	Tendant	1	IX-95
74	tendant	1	II-91
75	tende	1	X-11
76	tendra	2	I-74, V-76
77	tendus	2	III-40, IV-47
78	tenebres	2	I-84 (2)
79	tenebreux	1	V-84
80	tenens	1	IX-85
81	tenir	3	IV-50, X-42, XII-65
82	tension	1	III-24
83	tente	1	VI-77
84	tentée	1	IV-57
85	Tenter	1	X-58
86	tentes	1	I-20
87	tenu	3	V-92, IX-59, X-20
88	terax	1	VIII-60
89	terme	2	V-40, V-92
90	termes	1	III-74
91	Terre	3	I-93, II-49, VI-66
92	terre	96	I-17, I-18, I-20, I-21, I-46, I-50, I-55, I-63 (2), I-87, I-92, I-100, II-05, II-15 (2), II-18, II-40, II-43, II-52, II-57, II-74, II-84 (2), II-86 (2), II-89, II-92, III-02, III-03, III-05, III-07, III-28, III-29, III-31, III-41, III-44, III-45, III-47, III-82 (2),

terr - thol

(92)	terre (Cont.)	(96)	III-88, III-90, III-97, IV-04, IV-14, IV-19, IV-20, IV-21, IV-24 (2), IV-34, IV-50, IV-58, IV-77, IV-80, IV-95, V-19, V-31, V-48, V-63, V-64, V-70 (2), V-79, VI-10, VI-14, VI-22, VI-24, VI-64, VI-80, VII-02, VII-10, VII-26, VII-16, VIII-29, VIII-60, VIII-74, VIII-76, VIII-77, VIII-79, IX-31, IX-52, IX-64 (2), IX-65, IX-69, IX-83 (2), X-31, X-50, X-60, X-68, X-71, X-79, X-95, X-100
93	terres	2	I-63, VI-88
94	terrestre	2	I-29, VI-36
95	terreur	1	II-94
96	terrible	4	V-58, VII-16, XII-56, XII-65
97	terribles	1	VI-98
98	territoire	1	IV-75
99	Terroir	1	II-99
100	terroir	6	II-41, III-32, III-100, V-87, V-93, VI-60
101	terrois	2	II-01, III-75
102	terrouer	1	VIII-64
103	Tertre	1	VIII-70
104	tertre	1	VIII-56
105	tes	2	I-08, X-65
106	Tesin	1	VI-79
107	tesmoignage	1	VIII-47
108	tesmoigner	1	IV-49
109	tesmoing	1	IV-45
110	tesmoings	1	VI-02
111	Teste	1	IV-92
112	teste	10	I-57, I-88, II-02 (2), II-28, V-60, V-86, VII-13, VIII-50, IX-03
113	testes	5	I-14, I-58, II-48, IV-66, V-86
114	Tharse	1	VI-85
115	theatre	3	I-45, III-40, IX-83
116	themeraire (as h'temeraire)	1	X-90
117	Theroanne	1	IX-88
118	Thesin	2	II-26, II-72
119	Thessalie	2	I-98, IX-91
120	Thita	1	I-81
121	Tholentin	1	VIII-39
122	Tholose	4	IX-09, IX-10, IX-37, IX-46

thol - timi

123	tholoser	1	VIII-86
124	Tholossain	1	IX-72
125	Tholosse	1	X-05
126	Tholoze	3	I-72, VIII-30, VIII-39
127	Thoulousains	1	III-45
128	Thrace	1	IX-75
129	Thrasmien	1	VIII-47
130	thresor (as h'tresor)	3	III-24, V-07, VII-01
131	throsne	2	II-87, VIII-68
132	thuille (as t'huille)	1	IX-34
133	Thunes	1	VIII-50
134	Thunis	1	IX-42
135	Thurins	1	I-71
136	Ticcin	1	VI-78
137	Ticin	1	IV-90
138	Tiedera	1	I-84
139	Tiendra	1	IV-57
140	tiendra	35	I-34, I-48, I-75, II-09, III-25, III-61, III-93, III-94, IV-32, IV-83, V-03, V-50, V-53, V-56, V-90, VI-04, VI-12, VI-26, VI-64, VII-13, VIII-01, VIII-65, VIII-88, VIII-92, VIII-93, IX-01, IX-04, IX-85, IX-91, IX-92, X-01, X-07, X-26, X-36, X-68
141	Tiendront	1	III-09
142	tiendront	6	IV-69, IV-95, V-11, V-33, V-78, IX-94
143	tiennent	1	IV-50
144	tiens	1	II-97
145	tient	2	VIII-26 (2)
146	tierce	1	VIII-21
147	Tiers	1	IX-05
148	tiers	12	I-92, II-88, III-59, III-77, IV-60, VII-05, VIII-83, IX-17, IX-62, IX-69, X-28, XI-91
149	Tigre	1	III-90
150	Tiltre	1	VIII-58
151	tiltre	1	VI-70
152	tiltré	1	IX-34
153	Timbre	2	II-43, III-12
154	Timide	1	X-99
155	timide	3	X-12, X-14, X-85
156	timides	1	IX-79

timi - tort

157	timidité	1	VII-83
158	Tiran	1	VIII-65
159	tire	2	V-02, X-56
160	tiré	1	VII-38
161	tissu	1	V-39
162	tissue	1	VII-18
163	to' (as abbv. tous)	1	VIII-17
164	toc	1	IX-44
165	toict	2	VI-37, IX-23
166	toison	1	II-47
167	tollu	1	VIII-39
168	Tombe	1	VIII-56
169	tombe	7	IV-07, V-18, VI-15, VIII-02, VIII-34, IX-84, X-74
170	tombé	1	III-11
171	tombeau	2	III-43, VII-24
172	Tombera	1	X-67
173	tombera	2	II-57, IX-19
174	tombereau	1	IV-85
175	tomberont	2	III-31, III-42
176	tombés	1	III-29
177	Ton	3	I-08, II-97, III-88
178	ton	4	VIII-32 (2), X-64, X-65
179	Tonant	1	II-98
180	tonne	1	IX-23
181	Tonneaux	1	VIII-55
182	tonneaux	1	VII-40
183	tonner	1	I-80
184	tonnera	1	IX-57
185	tonnerre	3	III-56, V-81, V-97
186	tonnes	1	VII-08
187	topique	1	X-40
188	topographie	1	VII-14
189	tormens	1	VI-09
190	torment	1	IX-66
191	torneront	1	X-02
192	Torrent	2	V-91, IX-84
193	torrent	1	II-33
194	Tort	1	IV-91
195	tort	2	VI-31, IX-11

tort - tous

196	torte	1	VIII-78
197	tortu	1	V-75
198	Toscane	1	III-32, VII-20
199	Tosquan	1	V-20
200	Tosquane	1	V-03
201	Tosquans	1	I-83
202	Tost	1	IV-14
203	tost	19	I-29, I-32 (2), I-56, I-100, II-23, II-26, II-36, II-45, II-62, III-48, IV-63, IV-65, V-45, VI-95, VII-17, VII-77, IX-50, X-97
204	totale	1	I-53
205	Toucham	1	VIII-22
206	touché	1	III-18
207	toucher	1	I-21
208	touchera	1	III-06
209	Toulouze	1	I-79
210	Touphon	1	IX-87
211	Tour	1	XII-52
212	tour	3	I-28, I-71, I-87
213	tourbillon	1	I-03
214	tourment	2	I-30, I-68
215	tourmenté	1	I-53
216	Tournant	1	V-74
217	tournant	1	II-48
218	tourne	2	II-83, II-96
219	tourner	2	I-67, III-79
220	tournera	3	V-20, VI-76, VI-99
221	Tournon	1	I-66
222	Tours	4	I-20, II-14, IV-46, VIII-75
223	tours	1	VIII-36
224	Tous	15	I-89, II-79, IV-30, IV-45, IV-74, V-77, VI-64, VII-28, VIII-70, VIII-84, IX-58, X-20, X-77, X-98, XII-69
225	tous (also see to')	35	I-17, I-28, I-47, I-89, II-35, II-37, III-15, III-85, IV-63, IV-78, IV-93, V-37, V-38, V-43, V-61, V-76, VI-62, VI-85, VII-42, VIII-13, VIII-28, VIII-61, VIII-86, IX-02, IX-33, IX-40, IX-43, IX-44, IX-62, X-31, X-65, X-75, X-79, X-83, XI-97
226	Touscane	1	I-100

tout - trah

227	Tout	7	I-46, III-34, V-30, VI-04, VI-93, X-90, XII-65
228	tout	49	I-36, I-72, I-92, II-08, II-10, II-62, III-17, III-54, III-63, III-68, III-72 (2), III-93, IV-12, IV-20, IV-34, IV-48, IV-55, V-32 (2), V-60, V-67, V-70 (2), V-71, V-72, V-90 (2), VI-28, VI-67, VI-71, VII-25, VII-36, VIII-30, VIII-72, VIII-79, VIII-92, IX-51, X-07, X-10, X-84, X-87, X-88, X-94, X-97, X-101, XII-24 (2), XII-59
229	Toute	2	II-04, III-88
230	toute	17	I-53, I-86, I-89, II-32, II-41, II-84, III-02, III-60, V-11, VII-06, VII-22, VIII-10, IX-52, XII-04, XII-55, XII-56, XII-59
231	toutes	2	II-72, III-05
232	touts	1	IV-40
233	Toy (as Toi)	1	II-97
234	toy (as toi)	2	IV-46, VIII-32
235	trace	1	IX-75
236	tracer	1	III-80
237	tracte	1	VIII-54
238	tradiment	2	I-68, VII-29
239	traditeur	1	III-88
240	traditeurs	1	II-77
241	traducteur	2	IX-01, IX-81
242	traffique	1	VII-21
243	traftic	1	II-83
244	trahido	1	IV-26
245	trahie	2	IV-09, XII-55
246	Trahir	1	IV-76
247	trahir (also see trahyr)	2	V-12, V-37
248	trahira (also see trahyra)	3	I-70, II-25, III-20
249	trahiront	2	IV-35, IV-42
250	Trahis	1	VI-73
251	trahison (also see trahysons)	2	X-47, X-50
252	Trahy	1	V-47
253	trahy	7	III-68, VI-15, VI-30, VI-60, VI-92, VIII-06, X-34
254	trahye	1	VIII-22
255	trahyr (as trahir)	1	IX-34
256	trahyra (as trahira)	1	IV-61
257	trahysons (as trahisons)	1	VI-32

trai - trav

258	traict	1	III-100
259	traille	1	III-22
260	traine	1	X-59
261	Trainé	1	VII-38
262	trainées	1	II-74
263	traisne	1	VIII-89
264	traistre	1	III-41
265	traistres	1	VII-02
266	trait	1	II-23
267	traitera	1	VIII-06
268	Trajan	1	V-66
269	trajection	1	IV-67
270	tramme	2	II-80, IV-06
271	tramontane	1	I-90
272	tranche	2	III-22, IX-20
273	Tranché	1	I-58
274	tranchee	1	IV-92
275	trancher	1	VIII-50
276	tranner	1	II-24
277	tranquil	1	IV-56
278	transfereront	1	X-93
279	Translat	1	III-92
280	translaté	4	I-32, I-43, III-49, V-45
281	translatee	1	IX-78
282	translater	1	III-27
283	Translatera	1	V-94
284	transmis	1	I-10
285	transmué	1	VI-04
286	Transpercera	2	II-29, V-54
287	transporte	1	II-58
288	transportez	1	VIII-64
289	transy	2	VI-81, VIII-03
290	Trapesonce	1	VI-55
291	Trasimen	1	VI-39
292	trasse	3	IV-38, IV-59, V-76
293	trassés	1	IV-69
294	travail	1	III-14
295	travaillé	1	VII-17
296	traverse	1	III-68

trav - tres

297	Traverseront	2	III-53, III-78
298	traynera (as trainera)	1	X-34
299	Trebisconde (as c'Trebisonde)	1	VII-36
300	Trebisonde	1	V-27
301	trefve	2	V-94, VI-64
302	treilhos	1	IV-26
303	treisner	1	II-24
304	Tremblant	1	IV-54
305	tremblant	3	II-64, V-49, VIII-29
306	tremble	6	II-86 (2), III-03, IV-05, V-23, IX-94
307	tremblée	1	I-82
308	tremblees	1	VI-88
309	tremblement	3	I-20, IX-31, X-67
310	Trembler	5	I-82, V-27, V-50, V-68, IX-33
311	trembler	11	I-87, IV-36, IV-90, V-61, VI-66, IX-60 (2), IX-83, X-60, X-79, XII-65
312	Tremblera	1	II-68
313	tremblera	5	I-46, I-57, I-93, II-52, III-88
314	trempé	1	I-18
315	trempez	1	VIII-80
316	Tremples	1	I-09
317	tremulente	1	II-43
318	trenchant	1	IX-70
319	trenchera	3	V-60, VI-80, VIII-96
320	Trente	2	IV-89, X-77
321	trente	2	VI-51, VII-28
322	tres	2	IX-08, X-44
323	tresacerbe	1	IV-05
324	trescontens	1	III-94
325	tresdur	1	VI-23
326	tresfort	1	IX-57
327	tresgrand	1	VII-15
328	treshideuse	1	I-80
329	tresmeslé	1	V-40
330	Tresor	1	VIII-30
331	tresor	3	I-27, II-12, X-81
332	trespas	2	V-21, V-56
333	trespuissant	2	X-101
334	Trestous	1	III-87

tres - trom

335	trestous	3	IX-44, IX-70, X-66
336	Trestout	1	IV-47
337	tresveilliart	1	V-56
338	treuve	1	IV-06
339	treze	1	V-78
340	trible	1	IX-09
341	tribung	1	X-85
342	tributaire	3	I-08, VII-13, VIII-81
343	Tricast	1	III-93
344	tridens	1	II-59
345	Tridental	1	V-62
346	Trieste	1	VIII-84
347	trinacrie	1	VIII-84
348	triomphe	1	II-16
349	triomphera	1	VI-74
350	triples	1	VII-73
351	triplicité	1	I-50
352	Tripolis	1	VI-55
353	Trireme	1	III-64
354	Triremes	1	X-97
355	triremes	1	II-21
356	triste	3	IV-07, VIII-80, VIII-96
357	Tristes	1	XII-55
358	tristes	1	X-54
359	tristesse	1	X-78
360	Triumvir	1	V-07
361	trixe	1	IX-71
362	troche	1	II-46
363	Troien	1	II-61
364	Trois	10	I-65, I-68, III-22, IV-95, V-28, V-37, VI-74, IX-15, IX-53, X-08
365	trois	40	I-31, I-46, I-71, I-76, II-43, II-51, II-69, II-73 (2), III-31, III-39, III-56, V-02, V-83, V-86, VI-02, VI-11, VII-36, VIII-17, VIII-18, VIII-21, VIII-32, VIII-46 (2), VIII-48, VIII-69, VIII-77, VIII-88, VIII-97, VIII-99, IX-33, IX-36, IX-53, IX-58, IX-72, IX-81, IX-97, X-50, X-53, X-100
366	troisiesme	1	I-23
367	trombe	2	I-40, I-57

trom - trou

368	trompe	1	X-76
369	trompé	2	III-85, VI-93
370	tromperie	2	III-85, VI-64
371	trompés	1	VII-35
372	Trompette	1	XII-62
373	trompette	1	III-50
374	tronc	1	X-92
375	Trop	4	II-45, III-40, VI-62, VIII-100
376	trop	25	I-39, I-70, I-93, II-45, II-54, II-57, II-85, II-99 (2), III-25, III-58, V-59, V-92, VI-39, VI-48 (2), VI-74, VI-92, VI-93, X-12, X-16, X-43 (2), X-56, X-97
377	trophée	1	III-43
378	troppe	2	X-48, X-86
379	trosne	3	VII-73, VIII-46, IX-85
380	trossees	1	X-78
381	trossés	1	III-82
382	trou	1	V-57
383	trouble	8	III-55, IV-02, IV-10, VI-25, VI-29, VIII-17, VIII-90, IX-03
384	troublé	1	I-85
385	troublee	2	V-44, VIII-19
386	troublée	1	II-54
387	Troubler	1	VIII-81
388	troubler	4	V-70, VI-34, IX-83, XI-91
389	troublera	1	VIII-56
390	troubleront	1	II-36
391	Troubles	1	X-48
392	troubles	2	I-21, VIII-28
393	troupe	3	III-35, VI-39, VI-80
394	troupeau	3	I-81, VIII-56, X-03
395	troussés	3	I-65, II-21. IV-36
396	trouve	3	I-53, IX-08, IX-09
397	Trouvé	1	I-27
398	trouvé	12	I-25, I-95, II-42, III-36, III-65, V-88, VI-15, VIII-30, VIII-90, IX-07, IX-09, IX-84
399	trouvee	3	VIII-29, VIII-66, IX-32
400	trouvée	5	IV-18, IV-78, VI-50, VI-66, VI-74
401	trouvees	3	VIII-23, IX-01, X-93
402	trouvera	3	I-60, VI-24, VI-31

trou - tusc

403	trouveront	4	II-10, II-20, VII-25, X-31
404	trouves	1	VIII-26
405	trouvez	2	V-07, IX-12
406	Troye	1	III-51
407	Troyen	4	I-19, V-74, V-87, VI-52
408	troys	2	I-39, VII-16
409	trucidé	1	II-15
410	trucidées	1	IV-71
411	trucider	1	IV-60
412	Trucidés	1	IV-08
413	trucidés	1	III-89
414	trucidez	1	VIII-89
415	truculent	1	IX-13
416	truye	1	VI-44
417	Tu	2	III-23, III-24
418	tu	3	III-23, III-49, III-87
419	Tuant	1	VIII-47
420	tube	1	II-44
421	tue	2	V-15, X-92
422	Tué	1	II-09
423	tuera	2	III-55, IX-57
424	Tués	1	I-72
425	tués	2	I-11, VII-11
426	tumbe	2	I-26 (2)
427	tumber	1	VIII-89
428	tumbera	2	I-46, X-70
429	tumeur	1	III-12
430	tumult	1	VI-96
431	tumulte	3	II-40, II-100, XII-62
432	tumultuez	1	V-15
433	Tunes	2	VI-53, VI-54
434	tunique	1	V-67
435	Tunys	2	I-73, X-56
436	Turban	3	VI-85, IX-73 (2)
437	Turbi	1	IX-39
438	Turin	9	I-06, I-58, II-15, V-88, V-99, VII-27, VII-30, VIII-03, VIII-08
439	Turinge	1	V-100
440	turque	1	IV-58
441	Tuscie	1	III-42

tust - tyso

442	Tustie	1	II-84
443	Tycin	1	VIII-07
444	Tymbre	2	II-93, V-63
445	Tyran (see Tiran)	1	IV-55
446	tyran	4	I-75, I-94, VI-76, X-90
447	tyrannie	3	VII-13, IX-80, X-36
448	Tyrannisant	1	VIII-70
449	tyranniser	1	VII-32
450	Tyrannizer	1	VIII-41
451	tyrans	1	II-16
452	Tyrant	1	IX-05
453	tyrant	3	II-36, II-42, VII-21
454	Tyrren	1	III-90
455	Tyrrene	1	V-95
456	Tyrrens	1	V-51
457	Tyrron	1	IX-45
458`	tyson	1	II-11

U,u

1	uberté	1	IV-20
2	Ulisbone (as Lisbonum)	1	IX-54
3	Ulme	1	VIII-34
4	Ulpian	1	VIII-66
5	umbre	3	II-25, VII-02, IX-04
6	l' umbre	1	IX-46
7	umbres	2	V-41, V-95
8	Un	54	I-02, I-23, I-28, I-37, I-60, I-88, II-15, II-30, II-33, II-39, II-40, II-89, II-93, III-15, III-16, III-19, III-20, III-86, III-90, IV-03, IV-51, IV-62, IV-70, IV-84, IV-87, IV-88, IV-89, IV-93, V-10, V-20, V-35, V-52, V-54, VI-01, VI-10, VI-13 (2), VI-24, VI-26, VI-44, VI-46, VI-83, VI-88, VI-94, VIII-18, VIII-37, VIII-47, VIII-78, IX-36, IX-81, IX-90, X-27, X-32, X-75
9	un	86	I-04, I-40, I-43, I-66, I-70, I-88, I-92, I-100, II-06, II-09, II-10, II-11, II-28, II-38, II-91, II-94, III-17, III-21, III-28, III-35, III-51 (2), III-55, III-58, III-66, III-84, III-86, III-94, IV-05, IV-14, IV-22, IV-45, IV-54, IV-57, IV-59, IV-90, IV-93, V-19, V-26 (2), V-77, V-88 (2), V-91, V-93, VI-02, VI-20, VI-27, VI-67 (2), VI-73, VI-86 (2), VI-91, VII-19, VII-40, VIII-20, VIII-30 (2), VIII-33, VIII-41, VIII-53, VIII-65, VIII-88, VIII-90 (2), VIII-91, VIII-93, IX-05, IX-34, IX-50, IX-51, IX-57, IX-68, IX-69, X-03, X-17, X-27, X-36, X-57, X-63, X-66, X-72, X-86, X-92, XII-52
10	L' un	5	I-34, II-07, III-54, V-02, V-50
11	l' un	18	I-34, I-93, II-38, III-04, III-13, III-16, IV-15, IV-38, V-53, V-92, VI-27, VII-37, VIII-67, VIII-69, IX-04, IX-65, X-23, X-76
12	D' un	13	I-50, I-76, I-78, II-88, III-25, III-45, III-60, III-100, IV-09, VI-09, VII-37, IX-84, X-91
13	d' un	19	I-21, I-33, I-72, I-92, II-42, II-94, III-85, IV-31, IV-49 (2), IV-84, V-01, V-25, V-37, V-71, VIII-98, IX-36, IX-52, IX-98

un - url

14	Qu'	un	2	III-98, V-78
15	qu'	un	4	III-55, VII-44, X-44, X-67
16		Un' autre (as Undes autre)	1	VIII-50
17		uncailhau (as un-cailhau)	1	IV-44
18		undans (as un-dans)	1	II-43
19		unde	1	VI-05
20	l'	unde	2	VII-36, IX-33
21		undes	1	V-31
22		Une	2	III-67, VIII-38
23		une	10	I-35, II-62, II-84, III-28, III-91, III-95 (2), VI-77, VI-96, VII-26
24	L'	une	1	VII-43
25	l'	une	2	V-80, VIII-27
26	d'	une	5	I-59, V-17, VI-48, VII-32, X-59
27	qu'	une	2	II-100, III-48
28	L'	unie	1	VI-63
29		unies	3	IV-13, IX-94, X-02
30		union	3	VIII-93, IX-66, X-42
31	L'	union	1	VI-20
32		Unique	1	VIII-07
33		unique	1	VIII-32
34		unis	11	I-99, IV-05, IV-77, V-23, VI-07, VI-21, VIII-09, VIII-55, IX-27, IX-42, X-51
35	l'	univers	3	I-04, VII-15, X-101
36		universel	1	X-98
37		universelle	1	I-67
38		uniz	1	V-78
39		Uns	1	VI-08
40		uns	1	VI-20
41		uny (as uni)	1	VIII-95
42		unys (as unis)	2	VI-28, VIII-91
43		unze	1	IV-30
44		Urban	1	VI-85
45		urben (Latin, as urban)	1	VIII-20
46		urlemens	1	IX-63
47		heurlemens (as h'urlements)	1	V-33
48		hurlement (as h'urlement)	1	VI-81
49	d'	urlements	1	II-90
50		hurlements (as h'urlements)	1	II-77

51	urne	2	V-41, VIII-29
52	L' urne	1	II-81
53	l' urne	1	VI-52
54	Urnel	1	X-14
55	Ursins	1	X-38
56	l' usitant	1	IV-97
57	usurpé	1	III-59
58	l' usurpera	1	V-05
59	d' Uticense	1	V-58

Concordance to *The Prophecies* of Nostradamus (1568 Lyon)

V,v

1	vague	1	I-29
2	vaguera	1	II-28
3	vagues	1	V-63
4	vaillans	1	II-52
5	Vaillant	1	VIII-57
6	vaillant	6	III-14, IV-83, IV-92, IV-99, VII-10, IX-17
7	Vain	1	VI-41
8	vain	5	I-01, I-21, II-47, IV-20, VII-34
9	Vaincu	2	IV-83, VII-19
10	vaincu	8	I-38, I-86, IV-94, VIII-72, IX-100, X-14, X-24, X-76
11	vaincue	1	X-02
12	Vaine	1	II-94
13	vaine	3	I-38, IV-83, V-63
14	vaines	2	I-08, I-47
15	Vainguer	1	VIII-72
16	vaisseaux	1	VI-20
17	valbuee	1	X-19
18	Valen. (as Valencien)	1	IX-67
19	Valence	1	VIII-11
20	valet	1	VIII-82
21	vallee	1	X-41
22	valloit	1	II-55
23	vaner	1	V-32
24	vanicra	1	X-96
25	vapin	1	V-20
26	vaqua	1	IX-03
27	VAR	1	VIII-97
28	Varennes	1	IX-20
29	Varneigne	1	III-99
30	vasacle (as c'vassale)	1	VIII-30
31	Vast	3	I-71, VII-27, IX-28
32	vast	1	XII-36
33	vastant	1	II-84
34	vaste	1	X-65
35	vastée	1	I-61

vast - vent

36	vastees	1	III-82
37	vastera	1	IX-91
38	vastient	1	X-88
39	Vatican	1	VI-12
40	Vauclle	1	X-14
41	vaultorte	1	IX-20
42	Ve	1	VIII-98
43	ve	1	VIII-98
44	veau	1	VII-20
45	vef	1	VIII-80
46	vefve	2	VI-29, X-39
47	veille	1	X-88
48	veilles	1	IV-08
49	veine	1	I-89
50	veines	2	I-08, IV-70
51	velle	1	I-89
52	venant	2	IV-82, VII-20
53	vendange	1	III-38
54	vendanges	1	IX-80
55	vendenge	1	II-83
56	Vendosme	1	X-18
57	vendredy	1	X-95
58	vendu	1	I-60
59	vendue	1	VI-71
60	venerer	1	X-71
61	vengeance	3	II-62, VIII-33, X-26
62	vengée	1	II-53
63	Venger	1	III-29
64	venger	1	VIII-40
65	vengera	1	X-26
66	venguddos	1	IV-26
67	venin	1	VII-34
68	Venins	1	II-48
69	venir	5	IV-15, IV-48, V-37, IX-25, X-03
70	Venise	11	IV-01, V-29, VI-75, VIII-09, VIII-11, VIII-31, VIII-33, VIII-93, IX-28, IX-42, X-64
71	venise	1	IV-06
72	Venitiens	1	I-73
73	Vent	3	IV-52, VII-83, IX-99

vent - verr

74	vent	9	I-07, III-82, IV-67, IV-92, VI-45, IX-26, IX-27, IX-48, X-97
75	ventre	3	I-58, VIII-75, X-13
76	ventz	1	I-25
77	venu	8	I-30, III-58, IV-14, IV-93, V-65, V-71, X-30, XII-24
78	venue	2	V-01, V-79
79	Venus	14	IV-28, IV-33 (2), IV-68, IV-84, IV-97, V-11, V-24, V-25, V-53, V-72, VIII-32, X-28, X-67
80	venus	2	II-19, IV-68
81	venuste	1	VI-92
82	venuz	1	VII-42
83	veoir	1	X-97
84	ver.	1	V-25
85	verbe	5	II-13, II-27, III-02, IV-05, VII-36
86	Verbiesque	1	VIII-48
87	Verbine	1	III-11
88	Verceil	1	VIII-07
89	verdoyant	1	I-100
90	verdure	1	VIII-75
91	verez	1	VII-02
92	verge	1	I-02
93	verges	1	VI-32
94	vermeil	1	V-69
95	Verone	1	III-75
96	Veronne	4	I-12, II-33, VI-26, VIII-33
97	Veront	1	IX-39
98	Verra	1	IV-17
99	verra	26	I-53, I-62, I-64, I-86, II-31 (2), II-55, II-56, II-62, II-89, II-91, III-52, III-86, III-95, IV-22, IV-50 (2), IV-82, V-62, VII-43, VIII-05, VIII-55, VIII-62, VIII-68, VIII-80, VIII-90
100	verras	1	III-23
101	verrés	1	I-56
102	verrez	1	III-57
103	verrier	1	IX-100
104	verrifique	1	IV-96
105	Verront	1	II-50
106	verront	2	IV-93, IX-47

vers - vexe

107	VERS	1	II-01
108	Vers	4	III-03, III-97, V-75, VIII-15
109	vers	7	I-16, I-74, I-91, II-74, II-91, III-04, VI-06
110	versée	1	I-03
111	Verseil	1	I-06
112	verser	2	VI-38, VII-42
113	versera	2	II-26, III-60
114	versez	1	IX-37
115	versien	1	V-91
116	versus	1	VI-100
117	vert	2	II-31, X-30
118	vertes	2	VII-14, IX-26
119	verts	1	IX-24
120	vertu	1	I-49
121	vertueux	1	V-72
122	Vesta	1	X-06
123	vestale	1	II-17
124	Vestales	1	IX-09
125	vestales	1	IV-95
126	vestaulx	1	V-66
127	vestiges	2	III-63, IX-75
128	vestules	1	IV-71
129	vestutisque	1	I-95
130	Veu	1	VIII-27
131	veu	20	I-17, I-64, I-65, I-91, I-100, II-46, II-92, II-96, III-17, III-34, IV-29, IV-31, IV-93, VI-19, VII-01 (2), VIII-10, VIII-37, IX-71, X-45
132	veue	1	V-65
133	veuil	2	X-85 (2)
134	veult	1	I-40
135	vexé	1	I-19
136	vexee	1	V-86
137	Vexée	1	II-81
138	vexée	3	I-03, II-72, II-99
139	vexées	2	I-20, VI-07
140	Vexer	3	V-13, V-55, VIII-57
141	vexer	5	VI-68, VII-42, VIII-15, VIII-30, VIII-42
142	vexera	1	V-79
143	vexés	1	V-99

vexe - vien

144	Vexez	1	V-43
145	vexez	1	IV-76
146	Vicaire	1	VII-22
147	Vicence	2	III-75, VIII-11
148	Viceroy	1	VII-09
149	Victeur	1	IV-56
150	victeur	2	I-38, VI-70
151	Victime	1	VI-72
152	victime	2	II-98, III-26
153	Victoire	1	I-31
154	victoire	11	I-24, IV-36, IV-56, IV-75, VI-77, VI-78, VII-03, VIII-34, IX-21, IX-97, IX-100
155	Victor	1	IV-95
156	victorieux	1	III-100
157	Vidame	1	IX-59
158	Vie	3	IV-64, VII-20, X-46
159	vie	17	I-04, I-85, II-63, II-71, II-90, III-98, V-38, VI-18, VI-26, VI-63, VIII-15, VIII-22, VIII-100, IX-59, IX-77, X-16, X-45
160	vieil	3	II-47, VI-04, X-85
161	vieillard	1	I-78
162	vieillart	1	III-69
163	vieille	2	VI-48, XII-71
164	viel	1	III-14
165	viellart	3	III-72, IV-59, V-100
166	vielle	2	V-36, VIII-18
167	viellesse	1	X-52
168	Vien.	1	IX-69
169	Viendra	19	I-22, I-80, III-62, III-70, III-79, IV-41, IV-64, V-06, V-26, V-27, V-36, VI-34, VI-59, VI-82, VII-17, VIII-42, VIII-78, IX-81, X-33
170	viendra	105	I-09, I-32 (2), I-36 (2), I-66, I-67, I-68, I-74, I-88, I-89, I-96, I-97, II-30, II-34, II-38, II-62, II-64, II-67, II-75, II-87, II-100, III-01, III-19, III-27, III-40 (2), III-44, III-45 (2), III-48, III-54, III-69, III-75, III-91, III-95, IV-11, IV-15, IV-37, IV-49 (2), IV-60 (2), IV-70, IV-90, IV-97, V-03, V-06 (2), V-35, V-47, V-48, V-54, V-60, V-68, V-69, V-79, V-95, V-96, VI-13, VI-32, VI-61, VI-71 (2), VI-75, VI-

vien - vin

(170)	viendra	(105)	76, VI-93, VII-14, VII-23, VII-25, VII-29 (2), VII-32, VII-35, VII-38, VIII-31, VIII-52, VIII-69, VIII-81, VIII-87, VIII-88, IX-07 (2), IX-11 (2), IX-20, IX-50, IX-55, IX-65, IX-68, IX-90, IX-92, X-02, X-15, X-31, X-32, X-62 (2), X-70, X-71, X-72, X-86, X-87, X-95, XI-91
171	viendras	1	II-97
172	Viendront	4	III-29, IV-27, IX-25, X-27
173	viendront	20	I-19, II-03, II-21, II-71, II-74, III-08, III-70, III-73, IV-11, IV-25, IV-51, IV-72, V-12, VI-40, VII-31, VII-33, VIII-74, X-71, X-82, XI-91
174	Vienne	6	I-82, V-94, IX-70, X-61, X-94, XII-24
175	vient	3	I-24, II-45, VI-43
176	Vierge	1	VI-35
177	vierge	5	II-17, III-44, III-84, VIII-80, VIII-90
178	vierges	1	IV-35
179	Vieulx	1	IV-32
180	vieulx	2	IV-61, IX-55
181	Vieux	2	III-89, VIII-68
182	vieux	16	I-10, I-13, I-35, II-85, III-47, III-72, IV-82, V-99, VIII-65, VIII-69 (2), IX-27, IX-39, X-15, X-69, X-79
183	Vif	1	X-82
184	vif	4	III-72, V-08, X-15, X-56
185	vifs	1	IV-40
186	vifz	2	IX-39, IX-53
187	vigilance	1	X-99
188	Viglanne	1	VIII-03
189	vignes	1	II-17
190	vigueur	2	III-15, III-71
191	vilain	2	V-29, VIII-70
192	vilaine	1	X-46
193	vilan	1	VIII-12
194	ville	9	I-92, II-04, IV-78, VIII-22, VIII-86, X-41, X-47, X-50, XII-55
195	Ville-franche	1	XI-97
196	ville.	1	XII-55
197	villes	4	II-19, III-82, V-30, V-64
198	Vin	2	VII-05, IX-14

vin - voia

199	vin	5	V-34, VII-34, IX-49, IX-80, X-07
200	Vincence	1	VIII-33
201	vindicatif	1	III-66
202	vindications	1	I-56
203	Vindicte	1	I-38
204	vindicte	1	I-94
205	Vingt	4	I-48, V-37, VIII-65, VIII-77
206	vingt	5	III-56, III-77, IV-07, VII-40, IX-83
207	vingtcinq	1	X-59
208	vint	1	II-51
209	violance (as violence)	1	X-61
210	Violant	1	VIII-60
211	violee	2	III-84, VI-72
212	violence	1	VIII-42
213	violer	1	VI-98
214	vires	1	VII-26
215	vis	4	IX-22 (2), IX-47 (2)
216	Visaige	1	V-28
217	visaige	1	II-98
218	vise	1	IX-42
219	visibles	1	IV-25
220	vitrix	1	V-18
221	Vitry	1	IX-58
222	vitupere	3	VI-59, IX-65, X-26
223	vivans	1	I-96
224	vivant	1	VIII-41
225	vive	1	V-14
226	Viviers	1	I-66
227	vivra	2	I-22, I-58
228	vivres	1	IV-90
229	vivrez	1	IX-97
230	Vivront	1	VI-05
231	Vlcan (as Vulcan, or c'Ulan)	1	IV-29
232	voeu	1	VIII-32
233	voguera	1	IX-83
234	vougeront	1	I-74
235	voiage (as voyage)	3	VIII-87, VIII-92, IX-66
236	voiages (as voyages)	1	X-93
237	Voiant (also Voyant)	1	II-69

Concordance to *The Prophecies* of Nostradamus (1568 Lyon)

voia - vous

238	voiant (also voyant)	1	X-17
239	voil	1	X-02
240	Voile	1	VI-55
241	voile	2	III-91, VIII-83
242	voiles	1	VIII-84
243	Voille	2	IX-28, X-02
244	voille	2	I-77, II-68
245	voilles	2	I-18, IV-04
246	voir	14	I-10, I-23, II-20, II-29, III-19, IV-24, V-33, V-54, V-62, VI-36, VI-51, VI-55, VI-93, VIII-97
247	voisin	1	III-63
248	voisins	1	III-08
249	Voix	1	VIII-20
250	voix	6	I-02, II-22, II-75, IV-24, V-40, IX-02
251	vol	1	VIII-22
252	volant	2	I-34, II-56
253	volce	1	V-76
254	volera	1	VIII-53
255	volerie	1	VII-27
256	vollée	1	II-04
257	Volsicque	1	VII-21
258	Volsques	1	VI-98
259	voltigeant	2	VII-38, X-34
260	voluptueux	1	V-72
261	vopisque	1	I-95
262	vorer	1	IV-79
264	Vostre	1	III-43
265	Voudra	2	III-16, V-84
266	voudra	8	III-50, IV-77, IV-88, VI-13 (2), VI-19, VI-62, VI-97
267	Voudront	2	IV-43, X-61
268	voudront	1	I-15
269	voulans	1	VI-72
270	voulant	7	I-79, III-41, IV-17, V-12, VI-34, VI-45, X-21
271	vouldra	11	IV-30, V-13, V-76, VII-35, VIII-22, VIII-26, VIII-33, VIII-53, IX-29, IX-80, IX-92
272	vouldront	3	III-51, VII-31, X-31
273	vouloir	2	V-37, X-22
274	Vous	1	I-56

voy - vvit

275		voy	1	VIII-02
276		voyage	4	IV-02, VI-41, VII-82, VIII-54
277		Voyant	1	II-13
278		voyant	1	V-10
279		voye	4	VI-84, VII-28, VII-82, VIII-27
280		Voyr (as Voir)	1	IV-47
281		voyr (as voir)	1	IV-41
282		Vratislave	1	IX-94
283		vray	5	III-76, V-39, V-96, VIII-99, X-45
284		vraye	1	VI-19
285	l'	vrie	1	II-63
286		Vstagois	1	IV-64
287		vueille	1	II-10
288		vuide	1	VI-56
289		vuidé	1	II-15
290		vuidera	1	I-82
291		vuides	1	I-09
292		Vuidex	1	IX-17
293		Vulcan (see Vlcan)	1	IX-74
294		vulcanal	1	V-77
295		vulgus	1	VI-100
296		vultry	1	IX-26
297		Vuydez (as Vuidez)	2	IX-02, IX-46
298		vuydez (as vuidez)	1	IX-02
299		Vvitemberg	1	VI-15

Concordance to *The Prophecies* of Nostradamus (1568 Lyon)

W, w - 96

W, w

N/A

X, x

1	xiiij. (as 14th)	1	I-07

Y, y

1	y	2	III-06, VII-15
2	n' y	2	III-34, VI-78
3	Yeulx	2	II-12, IV-31
4	yeulx	3	I-35, II-14, IX-95
5	Yrés	1	VII-22
6	yront (as iront)	1	X-86
7	Lyris (as L'iris)	1	VI-44
8	Ysseu	1	IX-76
9	yssu	2	X-75, X-91
10	yssue	1	IX-19

Z, z

1	Zara	1	VIII-83

Numerals

1	13. (as 13th)	1	III-96

Ampersands

Centurie I	83	I-02 (3), I-03, I-04, I-05, I-08, I-09 (2), I-10 (2), I-11, I-12, I-14 (2), I-15, I-18 (2), I-20 (2), I-22 (3), I-24, I-26, I-28, I-29 (2), I-37, I-38, I-40, I-41, I-42, I-45, I-46 (2), I-48, I-50, I-51 (2), I-52, I-54 (2), I-55, I-56 (2), I-57, I-59, I-63, I-66 (2), I-67 (2), I-68, I-69, I-71 (2), I-72, I-76 (2), I-77, I-78, I-79, I-80, I-81, I-82, I-83, I-88, I-89, I-91, I-92 (3), I-93 (2), I-94, I-95 (2), I-96, I-98 (2), I-100 (2)
Centurie II	65	II-03, II-04, II-05, II-06 (2), II-08, II-09, II-10, II-14, II-15, II-16, II-17 (2), II-18 (2), II-20, II-21, II-25, II-27, II-28, II-29, II-32, II-33, II-35 (2), II-37, II-40, II-42 (2), II-44, II-45, II-46, II-50, II-54, II-56, II-57, II-58 (2), II-59 , 2), II-60 (3), II-61, II-62, II-63, II-65 (2), II-67, II-72, II-74, II-77, II-78, II-79 (2), II-83, II-87, II-90 (3), II-91 (2), II-95, II-96, II-97
Centurie III	85	III-01, III-03 (2), III-05 (2), III-08 (2), III-09 (2), III-10, III-12 (3), III-13, III-18, III-19 (3), III-21, III-22 (3), III-23 (2), III-25 (2), III-26 (2), III-28 (2), III-30, III-31, III-33, III-37, III-38 (3), III-39, III-40, III-43 (2), III-44 (2), III-46, III-47, III-49 (2), III-53, III-54, III-55, III-56 (3), III-58, III-60, III-61, III-62, III-63, III-64 (2), III-66, III-67 (2), III-68, III-69, III-73, III-74, III-75, III-76, III-77, III-78, III-79, III-82 (2), III-84, III-85 (2), III-89, III-90, III-95, III-96, III-97, III-98, III-99, III-100
Centurie IV	72	IV-03, IV-04 (3), IV-05 (2), IV-06, IV-07 (2), IV-08 (3), IV-09 (2), IV-10, IV-12, IV-14 (3), IV-16, IV-17, IV-19 (3), IV-23, IV-25, IV-29, IV-30, IV-32, IV-34, IV-35, IV-36, IV-42 (2), IV-43, IV-44, IV-46, IV-47, IV-50, IV-52 (2), IV-53 (3), IV-54, IV-56 (3), IV-59, IV-61, IV-63, IV-64, IV-66, IV-67, IV-68 (3), IV-69, IV-72 (2), IV-73, IV-74, IV-76, IV-79, IV-81, IV-84, IV-86 (3), IV-97, IV-98, IV-99
Centurie V	70	V-01, V-04, V-05, V-07, V-10 (2), V-14, V-17, V-18, V-20, V-23, V-24 (2), V-27, V-28, V-30, V-31 (2), V-32, V-34, V-36, V-37 (2), V-38, V-39, V-41 (2), V-43 (2), V-44, V-46, V-48, V-51, V-53, V-54 (2), V-56, V-57, V-58, V-60 (2), V-62, V-64 (2), V-66, V-67, V-68 (2), V-69, V-70, V-78, V-80, V-83, V-84 (3), V-85 (2), V-86, V-90 (2), V-91, V-94 (3), V-97, V-99 (2), V-100 (2)

Concordance to *The Prophecies* of Nostradamus (1568 Lyon)

Ampersands

Centurie VI	72	VI-02 (2), VI-07 (2), VI-08, VI-09, VI-10 (2), VI-12, VI-14, VI-15, VI-16 (2), VI-18, VI-21, VI-22, VI-24, VI-26, VI-28, VI-29, VI-35 (2), VI-41, VI-43 (2), VI-44, VI-46, VI-47, VI-48 (3), VI-50, VI-51 (2), VI-53, VI-54 (2), VI-55 (2), VI-57 (2), VI-58, VI-60, VI-64 (2), VI-65 (2), VI-68, VI-70, VI-73 (2), VI-74, VI-77, VI-78, VI-79 (2), VI-80 (2), VI-81 (2), VI-82, VI-83, VI-89 (3), VI-93, VI-95, VI-97, VI-98, VI-99 (2), VI-100
Centurie VII	35	VII-02, VII-04, VII-06 (2), VII-09, VII-10 (3), VII-11, VII-13, VII-14, VII-16, VII-17, VII-20 (2), VII-21, VII-26 (2), VII-29, VII-31 (2), VII-32 (2), VII-36, VII-37, VII-39, VII-40 (2), VII-41 (2), VII-73 (3)* VII-80 *, VII-83 *
Centurie VIII	67	VIII-02 (2), VIII-03, VIII-04, VIII-05 (2), VIII-09 (2), VIII-12, VIII-15 (2), VIII-16, VIII-17, VIII-18, VIII-21, VIII-26, VIII-27, VIII-28 (2), VIII-29 (2), VIII-30, VIII-31, VIII-32, VIII-33 (2), VIII-34 (2), VIII-35 (2), VIII-36 (3), VIII-42 (2), VIII-44, VIII-45, VIII-46, VIII-47, VIII-52, VIII-55, VIII-58, VIII-60 (2), VIII-63, VIII-66 (2), VIII-67, VIII-68, VIII-71 (2), VIII-73, VIII-74, VIII-75, VIII-77, VIII-79, VIII-80, VIII-82, VIII-83 (2), VIII-85, VIII-87, VIII-89, VIII-94, VIII-96, VIII-98, VIII-99
Centurie IX	68	IX-05, IX-07, IX-10 (2), IX-11, IX-12 (2), IX-14 (2), IX-15 (2), IX-22 (4), IX-28, IX-30 (2), IX-33 (2), IX-34, IX-36, IX-37, IX-38, IX-39 (3), IX-40, IX-42, IX-48, IX-49 (2), IX-50, IX-52, IX-56, IX-61, IX-62, IX-63 (3), IX-64, IX-65, IX-66 (2), IX-68, IX-69, IX-74, IX-75 (3), IX-76, IX-80, IX-82 (2), IX-83 (3), IX-84, IX-85 (2), IX-88, IX-91 (3), IX-92, IX-94, IX-99, IX-100
Centurie X	66	X-01, X-05 (2), X-08, X-10, X-12, X-15 (2), X-16, X-18, X-19, X-20, X-27 (2), X-28 (2), X-29, X-30 (3), X-32, X-33 (2), X-36, X-41 (2), X-43, X-44 (2), X-47, X-48, X-49, X-50 (3), X-52, X-54, X-55 (2), X-60, X-61, X-65, X-70, X-71, X-78, X-79, X-80, X-82, X-84, X-86, X-88 (2), X-89 (2), X-90, X-91 (2), X-93, X-94, X-95, X-96, X-99 (2), X-100 [not numbered Cinqtain], X-100 *
Centurie XI *	3	XI-91 (2) *, XI-97 *
Centurie XII *	6	XII-24 *, XII-56 (3) *, XII-59 *, XII-62 *

Katrina Pearls Nostradamus Series, by Robert Tippett

Punctuation Symbols

Period Marks

.   1,127   An average of 1.1691 per quatrain.

Comma Marks

,   2.583   An average of 2.6795 per quatrain.

Colon Marks

:   648   An average of .6722 per quatrain.

Semi-Colon Marks

;   1   Quatrain 1-58

Parenthese Marks

( )   1 set   Quatrain II1-46

Exclamation Point Marks

!   1   Quatrain 1II-05

Punctuation Symbols

Asterisk Marks

*   1   Quatrain XII-69

Question Marks

?   4   Quatrain 1-28,
                                    Quatrain 1-51 (2),
                                    Quatrain II-15

The Concordance to the Letters

those

Prefacing the quatrains

and

Explaining the quatrains

Foreword

The words listed that are stated to be from the Preface are denoted by a "P" letter. The words listed that are stated to be from the epistle to King Henry II are denoted by a "H" letter.

All words are then listed by the page that word appear on in the letter. The Preface is a document that begins with the page numbered as "3," as it appeared in the 1568 Lyon print edition. The Preface' last page is then numbered "12." Thus, every word found listed in the Preface will appear as "P-3" through "P-12," accordingly.

The letter to King Henry II of France is a longer document. It also begins with the page numbered "3," and ends on the page numbered "23." All words in the concordance that come from this letter are denoted as "H-3" through "H-23," accordingly.

A,a

1	A [Latin]	2	P 3, H 3
2	a [French & Latin]	77	P 3, P 5, P 9, All Henry
3	à	48	P 3, P 4, P 5, P 6, P 8, P 9, P 10, P 11, P 12, H 4, H 9, H 11, H 12, H 16, H 18, H 20
4	aage	1	P 9
*	eage (as aage)	3	H 9 (2), H 19
	(see also ages)		
5	abaissees	1	H 9
*	habandonné (as abandonné)	1	H 21
7	abisme (as abysme)	1	H 22
8	abismee (as abysmeé)	1	H 11
9	abominable	1	H 13
10	abomination	2	H 11
11	abominations	1	H 13
12	abondance	1	P 10
13	Abraham	4	P 10, H 11, H 13 (2)
14	Abscondisti [Latin]	1	P 4
15	absolue	1	H 20
16	absolues	1	P 5
17	abusé	1	P 8
18	abysmes	1	P 9
	(see also abisme, abismee)		
19	accelerée	1	P 4
20	accompagné	2	H 4, H 9
	(see also acompagné)		
21	accompagnee	2	H 4, H 8
22	accompaignez	1	P 3
	(see also acompagnez)		
23	accomplie	1	H 15
24	accomplies	1	P 12
25	accomplissement	1	P 12

Concordance of the Letters of Nostradamus (1568 Lyon)

acco - advi

26	accordant	3	P 4, P 8, H 6
27	accordé	2	H 4, H 6
28	accordees	1	H 9
29	accordent	1	P 11
30	accordes	1	P 5
31	acommançant	1	H 5
32	acompagné	1	H 19
33	acompagneront	1	H 18
34	acompagnez	1	H 19
35	acomplis	1	H 20
36	acquerir	1	P 6
37	Ad [Latin]	1	P 3
38	ad [Latin]	2	H 22
39	Adam	1	H 7
40	adapté	2	H 14, H 22
41	adaptees	1	H 22
42	addresse	1	H 4
43	adherans	2	H 13, H 20
44	adjoincte	1	H 8
45	adjoustant	1	H 5
46	adjoustee	1	H 9
47	adoncques	1	H 22
48	adresse	1	H 4
49	Adriatique	2	H 10, H 18
50	Adriatiques	1	H 19
51	adultereront	1	H 13
52	advenant	1	P 6
53	advenemens	2	H 20, H 21
	(see also advenements)		
54	advenement	4	P 3, P 5, H 5, H 15
55	advenements	1	P 5
56	advenir	12	P 4 (2), P 5 (3), P 8 (2), P 10 (2), H 5 (2), H 9
57	adventures	8	P 4, P 9, P 12 (2), H 5, H 8 (2), H 9
58	advenu	1	P 4
59	advenue	1	H 21
60	advenues	2	P 4, P 12
61	adversaires	2	H 5, H 18
62	adviendra	1	H 5
63	adviendront	2	P 8, P 12

advi - an

64	advient	1	P 5
65	æneo	1	H 6
66	ænigmatique (as enigmatique)	1	H 8
67	æquor [Latin]	1	H 21
68	affin	1	P 6
69	afflati	1	P 4
70	affliction	2	H 14, H 22
71	afflictions	1	P 8
72	affligé	1	H 20
73	affligee	1	H 10
74	affoiblies	1	H 14
75	affoyblis (as affoiblis)	1	H 13
76	Affrique	3	H 4, H 13, H 18
77	ages (as aages)	1	H 6
78	agitation	1	P 6
79	agite	1	P 5
80	agreable	1	H 16
81	aille (also as l'aile)	1	H 19
82	ainsi	2	H 5, H 17
83	air	1	H 22
*	ayr (as air)	1	H 13
84	aller	2	H 4, H 12
85	allidez	1	H 21
86	Alors	1	P 12
87	alors	2	H 13, H 19
88	altitude	1	P 9
89	ambigue	1	H 8
90	ame	3	P 7 (2), H 6
91	amour	1	H 13
*	emphibologique (as amphibologique)	1	H 8
92	ample	2	H 3, H 16
93	amplissimo [Latin]	1	H 22
94	amplitudo [Latin]	1	H 22
95	an	4	H 7, H 16 (2), H 18

Concordance of the Letters of Nostradamus (1568 Lyon)

anar - apro

96	anaragonique	1	P 10
97	angelicque	1	P 11
98	Anges	1	P 5
99	annee	5	H 5 (2), H 17, H 18, H 21
100	année	1	P 8
101	années	1	P 10
102	ans	29	P 3, P 10, H 4, H 5, H 7 (5), H 11, H 15, H 16 (9), H 17 (3), H 19, H 20 (3), H 21, H 22
103	ante	1	P 4
104	Antechrist	2	H 10, H 11
105	antichrist	2	H 18, H 19
106	antecrist (as antechrist)	1	H 21
107	antique	2	H 9, H 18
108	antiques	2	H 7, H 18
109	antiquissimes	1	H 6
110	Aoust	1	H 17
111	aperta [Latin]	1	P 8
112	apertement	1	H 20
113	apostateront	1	H 13
114	apostatique	1	H 20
115	appaire	1	P 6
116	apparitions	1	P 11
117	apparoir	2	P 5, P 6
118	appartenans	1	H 13
119	apperceu	1	P 4
120	approchant (see also aprochant)	2	P 10, H 8
121	approche	4	P 5 (2), P 10, P 11
122	approchent (see also aprochent)	2	H 4, H 16
123	approcher	2	H 4, H 8
124	approchera	1	H 18
125	appuy	1	H 18
126	Apres	2	H 7, H 10
127	apres	23	P 3, P 10 (2), P 12, H 4, H 5, H 6, H 7 (3), H 9, H 11 (2), H 12, H 17 (2), H 18 (2), H 19, H 20, H 21, H 22 (2)
128	aprochant	1	H 19

apro - astr

129	aprochent	1	H 8
130	Aquarius	4	P 10, H 17 (3)
131	Aquilon	3	H 15 (2), H 19
132	Aquilonaire	2	H 18, H 21
133	aquilonaire	1	H 20
134	Aquilonaires	2	H 15, H 19
135	aquilonaires	1	H 20
136	Arabes	2	H 9, H 15
137	arbitre	1	P 6
138	arche	2	H 16
139	arcz	1	H 18
140	ardant	1	H 8
141	armee	1	H 21
142	armes	1	H 14
143	armetz	1	H 9
144	arriere	1	H 13
145	art	1	H 6
146	Asie	1	H 4
147	aspect	1	H 17
148	assaille	1	H 14
149	assaillemens	1	H 14
150	assaillie	1	H 14
151	assavoir	3	P 9, H 10, H 22
152	assemblez	1	P 10
153	assertions	1	P 4
154	asseurez	1	P 9
155	assez	1	H 20
156	assize	1	H 12
157	association	1	H 7
158	associees	1	H 18
159	Astres	2	P 9, P 11
160	astres	1	P 6
161	Astrologicque (as c' Astrologique)	1	H 20
162	Astrologie	1	P 5
163	astrologie	1	P 5
164	astrologue	1	H 7
165	Astronomicque (as c' Astronomique)	1	P 11

astr - autr

166	astronomique	4	H 4, H 5, H 15, H 17
167	Astronomiques	1	P 3
168	astronomiques	4	P 4, P 8, H 6, H 7
169	ataché (as attaché)	1	H 11
170	Atila	1	H 10
171	attainct	3	P 6, P 9, H 23
172	attire	1	H 12
173	attribuant	1	P 4
174	attribue	1	H 8
175	attribuent	1	H 6
176	attribuer	2	P 6, P 8
177	au	39	P 3, P 4 (4), P 5, P 7 (3), P 8 (2), P 9, P 10 (2), P 11, P 12 (2), H 3, H 4, H 5, H 9, H 11 (3), H 12, H 13, H 14 (3), H 15, H 16, H 17 (7), H 19
178	aucteur	1	H 4
179	auctoritas [Latin]	1	H 22
180	aucunes	1	H 21
181	aucunesfois	1	P 11
182	aucuns	7	H 5, H 6, H 7 (2), H 8, H 20, H 21
183	audace	1	H 4
184	audiret [Latin]	1	H 15
185	augmentee	2	H 9, H 11
186	augures	1	P 6
187	aulcuns	1	H 22
188	auparavant	1	H 12
189	auquel	1	H 6
190	aura	6	P 9, H 9 (2), H 13, H 20, H 22
191	auriculaire	2	P 4 (2)
192	auroit	1	H 5
193	auront	2	H 12, H 14
194	ausquelz	1	P 5
195	aussi	12	P 3, P 4 (2), P 5 (2), P 9, P 10 (2), P 11, P 12, H 6, H 21
196	autant	3	H 5 (2), H 6
197	autre	13	P 6, P 12, H 5, H 10 (2), H 12 (2), H 15 (2), H 19, H 20 (2), H 22
198	autrement	1	P 11
199	autres	14	P 4, P 5, P 10, P 12 (2), H 6 (3), H 9 (2), H 18, H 21, H 22 (2)

aux - Azoa

200	aux	28	P 5 (5), P 6 (2), P 8 (2), P 11, P 12, H 4 (4), H 9, H 10 (2), H 13 (3), H 14, H 16, H 18 (3), H 20, H 22
201	avant	8	P 9, P 10 (5), H 9, H 21
202	avec	8	H 4, H 6, H 8, H 11, H 12, H 17 (2), H 21
203	avecques	5	P 11, H 9, H 13, H 20, H 22
204	aventures	1	P 3
205	avites	2	H 5, H 21
206	avoir	7	P 8, P 11, H 4, H 8 (2), H 11, H 20
207	avoit	1	H 11
208	avons	1	P 12
209	Avril	3	H 17 (3)
210	ay	17	P 4, P 7 (2), P 8 (3), P 12, H 3 (2), H 4 (4), H 17, H 19, H 20, H 23
211	ayant	3	P 4, H 8, H 17
212	aye	6	P 4, P 5, P 6, P 10, H 13, H 16
213	aygu	1	H 12
214	ayr (as air)	1	H 13
215	aysles	1	H 18
216	Azoarains	1	H 19

B,b

1	Babylonne	1	H 11
2	bacchante	1	P 4
3	barathre	1	H 22
4	baratte	1	H 11
5	Barbarique	1	H 10
6	batailles	1	H 21
7	beaucoup	1	H 19
8	bellique	1	H 15
9	belliques	1	H 10
10	Bellis [Latin]	1	H 21
11	benigne	1	H 12
12	besoing	1	H 5
13	beuf	1	H 14
14	bien	9	P 6 (2), H 5 (4), H 8, H 15, H 19
15	Bisantines	1	H 18
16	bisayeulx	1	H 21
17	blancs	1	H 13
18	bon	2	P 5, H 3
19	bonne	2	P 12, H 7
20	bonnement	1	P 6
21	bons	1	P 5
22	bonte	1	P 5
23	bonté	1	P 6
24	bouche	1	H 8
25	bout	1	H 12
26	brevi [Latin]	1	H 22
27	brief	1	P 10
28	brisez	1	H 21
29	bruict	1	H 15
30	bruslez	2	H 21 (2)

C,c

1	c. [Latin abbv.]	2	P 5, P 8
2	ça	3	H 3, H 7, H 17
3	Cæsar [Latin]	1	P 3
4	Cæsarem [Latin]	1	P 3
5	calamiteuse	1	H 14
6	calamiteuses	2	H 8, H 9
7	calcul	1	H 5
8	calculation	2	P 8, H 8
9	Calculation	1	H 4
10	calculations	2	H 6, H 7
11	calculé	5	P 10, H 5, H 7, H 17, H 22
12	caldeiques	1	H 7
13	calumniateurs	1	H 16
14	calumnie	1	H 6
15	calumnieusement	1	H 6
16	Cancer	1	P 10
17	candentes	1	P 10
18	canibus [Latin]	1	P 4
19	capacité	1	P 9
20	cappe	1	H 21
21	Capricorne	2	H 17
22	captivant	1	H 12
23	Car	6	P 5, P 10 (2), P 11, H 6, H 9
24	car	7	P 3, P 5, P 6 (3), P 11, P 12
25	caresme	1	H 9
26	carnem [Latin]	1	H 8
27	cas	4	P 6, P 11, P 12, H 6
28	Castulum	1	H 14
29	catholique	2	H 6, H 10
30	cause	9	P 4 (2), P 5, P 8, P 9 (2), H 6, H 16, H 22
31	causes	13	P 4, P 5, P 6 (3), P 7 (4), P 8, P 9 (2), P 11
32	Ce	2	H 4, H 6
33	ce	41	P 3 (3), P 4 (3), P 6, P 7 (2), P 8, P 9 (2), P 10 (2), P 11 (2), P 12 (2), H 5, H 6 (3), H 7, H 8, H 10,

Concordance of the Letters of Nostradamus (1568 Lyon)

ce - cher

(33)	ce (Cont.)	(41)	H 12 (2), H 14 (2), H 15 (3), H 16 (4), H 18 (3), H 19, H 23
34	cecy	4	P 10 (2), H 10, H 13
35	cela	4	P 8, P 9, H 4, H 19
36	celeste	6	P 6, P 8, P 10, H 7, H 8 (2)
37	celestes	5	P 8 (2), P 10, P 11, H 22
38	celle	12	P 5, P 6, P 7 (2), P 9, H 4, H 7, H 9, H 11, H 12, H 13, H 20
39	celles	1	P 4
40	celuy	6	P 6, P 9 (2), P 11, H 9, H 10
41	cendres	1	P 8
42	cens	14	H 7 (5), H 16 (6), H 17, H 18, H 23
43	censure	1	H 22
44	cent	5	P 8, P 10, H 16 (2), H 17
45	Centuries	1	H 4
46	certain	1	H 6
47	certaine	2	P 5, P 9
48	certaines	1	H 7
49	certitude	1	P 11
50	cerveau	2	P 6, P 8
51	ces	4	H 4, H 13, H 19, H 22
52	Cesar	1	H 20
53	cessera	1	H 13
54	cest	2	P 11, H 8
55	ceste	5	P 3, P 6, H 7, H 17, H 18
56	ceulx	5	H 6, H 8, H 14, H 15, H 20
57	ceux	2	P 4, P 9
58	chacun	2	P 8, H 16
59	chacune	1	P 12
60	chaleur	1	P 5
61	champs	2	P 10, H 13
62	changemens	2	H 11, H 18
63	changement	2	H 4, H 13
64	changes	1	P 4
65	chassez	1	H 15
66	chasteaux	1	H 21
67	chaysne	1	H 17
68	chef	2	H 12, H 14
69	cherchant	2	H 3, H 15

chey - comb

70	cheyne	1	H 14
71	chiefz	1	H 13
72	chien	1	H 12
73	choses	5	P 6 (2), P 8, H 19, H 22
74	chrestien	2	H 3
75	Chrestienne	4	H 9, H 11, H 18, H 21
76	chrestienne	1	H 9
77	Chrestienté	1	H 21
78	Christ	8	H 5, H 7, H 11 (2), H 17, H 18, H 19 (2)
79	Christianissimo [Latin]	1	H 22
80	ciel	5	P 6, P 8, P 9, P 10, H 14
81	cinq	6	H 7 (2), H 16 (2), H 18, H 23
82	cinquante	1	H 7
83	cinquantehuit	1	H 23
84	cinquantiesme	1	H 11
85	circuit	2	P 10, H 10
86	cité	5	H 12, H 14 (2), H 18, H 19,
87	citez	6	H 4, H 5, H 12, H 13, H 14, H 21
88	clairement	1	P 12
89	clarté	2	P 9, H 18
90	tresclement (as tres-clement)	1	H 22
91	clerc	1	H 12
92	clerge	1	H 14
93	climat	1	P 9
94	climatz	2	P 4, H 4
95	cœur	1	H 3
96	cogité	1	H 4
97	cogneu	1	P 6
98	cogneuës	1	P 6
99	cognoissance	9	P 3, P 5, P 6 (5), P 8, H 3
100	cognoissants	1	P 12
101	cognoist	1	P 9
102	cognoistra	4	P 4, H 5, H 9, H 13
103	cognoistre	1	P 5
104	colligee	1	H 17
105	colliger	1	H 7
106	Combien	3	P 4, P 9, H 6
107	combien	10	P 4 (2), P 5, P 7 (2), P 11 (2), H 5, H 19 (2)

comi - conf

108	comitiale	1	P 6
109	commancera	1	H 18
110	commanceront	1	H 12
111	Comme	1	H 3
112	comme	22	P 5 (3), P 6 (2), P 7 (2), P 8, P 12 (2), H 4 (2), H 5 (3), H 6, H 7, H 8 (2), H 12, H 20, H 22
113	commençant	1	H 18
114	commencement	2	H 5, H 18
115	commencera	3	H 10, H 12, H 22
116	commenceront	1	H 5
117	commetra	1	H 20
118	commettre	1	H 12
119	commettront	1	H 21
120	commun	2	P 3, P 4
121	communication	1	H 15
122	compeditorum [Latin]	1	H 15
123	compose	2	H 4, H 5
124	composé	2	P 8, H 4
125	composées	1	P 12
126	composees	1	H 4
127	comprenant	5	H 4, H 5, H 17, H 18 (2)
128	comprendre	1	P 8
129	comprins	4	P 8, H 6, H 14, H 20
130	comprinse	1	P 6
131	comprinses	2	P 9, P 12
132	comptans	1	H 16
133	computant	1	H 7
134	concavité	2	P 6, P 9
135	concevra	1	H 9
136	concorde	2	H 10, H 11
137	conculcent	1	P 4
138	conculqué	1	H 19
139	condescendre	1	H 12
140	conduicts	1	P 10
141	conferant	1	H 6
142	conferee	1	H 20
143	confesse	1	H 8
144	confirmation	1	H 10
145	conflagration	4	P 8, P 10 (2), H 19

conf - corr

146	conforme	1	H 15
147	confringam [Latin]	1	P 12
148	confusement	1	H 15
149	confusion	1	H 10
150	conjoinct	1	H 22
151	conjoincte	1	P 11
152	conjonction	2	H 17
153	conjurateurs	1	H 13
154	conquestes	1	H 10
155	consacré	1	H 4
156	consacrer	1	H 4
157	conservation	1	H 9
158	Considerant	1	P 4
159	considerant	2	P 3, P 11
160	conspiration	1	H 13
161	constitutee	1	H 12
162	consummé	1	P 10
163	contemplant	1	P 5
164	contenant	1	P 8
165	contenues	1	H 19
166	Conteram [Latin]	1	P 12
167	contient	1	H 17
168	contingent	1	P 6
169	continuelles	3	P 3, P 7, P 12
170	continuelz	1	H 18
171	continues	1	P 10
172	contrainct	1	P 3
173	contre	4	H 6, H 11 (2), H 21
174	contrees	4	H 4, H 12, H 18, H 21
175	contrées	1	P 10
176	contrefera	1	H 11
177	conversi	1	P 4
178	convertu	1	P 8
179	converty	1	H 14
180	coronnez	1	H 9
181	corporelle	1	P 3
182	corps	2	P 5, P 7
183	correction	1	H 7
184	correspondant	1	H 4

cos - cy

185	cos [Latin]	1	P 12
186	coulera	1	H 20
187	courage	4	P 11, H 3, H 6, H 23
188	courages	1	H 6
189	cours	6	H 5, H 6, H 7, H 8, H 9, H 19
190	covert	1	P 10
191	crainte	1	P 6
192	Createur	2	P 5, H 13
193	createur	5	P 5, P 7, P 9, P 11, H 22
194	creation	3	H 8, H 11, H 16
195	creature	3	P 6 (2), P 7
196	crée	1	P 7
197	Cretenses	1	H 18
198	crieront	1	H 22
199	Cronique	1	H 8
200	Cronographes	1	H 7
201	cuidant	1	H 5
202	culteurs	2	H 8, H 13
203	cure	1	H 6
204	curvature	1	H 12
205	cuydera	2	H 11, H 18
206	cy	1	P 10

D,d

*	d'	47	P 6, P 8, P 10 (2), H 3, H4 (4), H 5, H 6 (2), H 8 (3), H 9 (3), H 10 (2), H 11 (2), H 12 (2), H 13 (3), H 14, H 15 (4), H 16 (5), H 17 (6), H 20 (3), H 22
1	dame	2	H 9, H 10
2	damner	1	P 4
3	dans	16	P 3 (3), P 6, H 8, H 10, H 12 (2), H 16 (2), H 17 (2), H 18, H 21, H 22 (2)
4	David	2	H 7
5	DE	1	P 3
6	De	3	P 12, H 10, H 23
7	de	300	P 3 (5), P 4 (7), P 5 (9), P 6 (15), P 7 (8), P 8 (8), P 9 (14), P 10 (12), P 11 (12), P 12 (4), H 3 (4), H 4 (12), H 5 (11), H 6 (10), H 7 (11), H 8 (7), H 9 (8), H 10 (9), H 11 (9), H 12 (13), H 13 (11), H 14 (14), H 15 (6), H 16 (11), H 17 (10), H 18 (13), H 19 (19), H 20 (7), H 21 (10), H 22 (5), H 23 (6)
8	de [Latin]	1	H 5
9	debile	2	P 3, P 6
10	decadence	2	H 9, H 13
11	dechassera	1	H 13
12	dechassez	1	H 21
13	decipi	1	P 8
14	declairer	1	H 4
15	declarant	1	P 4
16	declaré	1	H 20
17	declarer	1	P 12
18	Dedans	1	H 19
19	dedans	3	H 9, H 14, H 19
20	dedié	1	H 20
21	defaict	1	H 21
22	defaillira	1	H 20
23	defauldront	1	H 13

defe - desc

24	deferatur [Latin]	1	H 22
25	deffendre	1	H 6
26	definement	2	P 3, H 19
27	definer	1	P 3
28	degré	1	H 11
29	degrez	3	H 10
30	deité	1	H 3
31	delaissant	1	H 10
32	delaissé	2	P 4, H 12
33	delaissees	1	H 7
34	delaisser	1	P 3
35	delaissera	1	H 9
36	delivree	1	H 19
37	delivrer	2	H 12, H 14
38	delivrera	1	H 12
39	deluge	4	H 7, H 16 (3)
40	deluges	2	P 10, H 19
41	Demeurant	1	H 21
42	demeuré	1	H 11
43	demeurent	1	P 5
44	demeurera	4	H 11, H 12, H 14, H 22
45	demourera	1	P 10
46	deniere	1	P 10
47	denombrement	2	H 15, H 16
48	denomination	1	H 14
49	Deo [Latin]	1	H 8
50	deósque [Latin]	1	H 22
51	depeuplees	1	H 14
52	depuis	24	P 3, P 4 (2), H 3 (2), H 5, H 7 (2), H 8, H 11, H 16 (7), H 17 (5), H 21, H 23
53	derniere	2	P 10, H 21
54	derniers	1	H 21
55	des	75	P 3, P 5 (3), P 6 (2), P 7 (2), P 8 (3), P 9, P 12, H 4 (4), H 5 (3), H 6 (6), H 7 (3), H 8 (2), H 9 (3), H 10 (4), H 11 (3), H 12, H 13 (7), H 14 (2), H 15 (7), H 16 (2), H 17 (2), H 18 (3), H 19 (2), H 20 (5), H 21 (3)
56	descendant	1	H 9
57	descendre	1	H 10

58	deschassant	1	H 10
59	deschassee	1	H 10
60	deschasser	1	H 18
61	desdicts	1	H 4
62	desir	2	H 4, H 23
63	desistant	1	H 3
64	deslie	1	H 13
65	deslié	1	H 22
66	desolation	3	H 12, H 14
67	desolé	2	H 21
68	desolez	1	H 21
69	desquelles	1	H 12
70	dessus	1	H 9
71	destroitz	1	H 21
72	destruction	1	H 12
73	destruicte	1	H 21
74	destruictz	1	H 21
75	determinata [Latin]	1	H 5
76	detestable	1	H 7
77	deux	15	P 9, H 7 (2), H 8, H 9 (3), H 10, H 12, H 13, H 15, H 16 (2), H 18 (2)
78	deuxiesme	1	H 10
79	devant	7	P 11, H 3 (2), H 4, H 6, H 7, H 11
80	devers	3	P 9, H 13, H 19
81	deviendront	1	P 10
82	devorer	1	P 7
83	dextre	1	H 12
84	diametralement	1	P 4
85	dic	1	H 5
86	dicitur [Latin]	1	P 6
87	dict	1	P 12
88	Dieu	28	P 3 (2), P 5 (4), P 6 (2), P 7, P 9 (2), P 10 (2), P 11, P 12 (2), H 6 (2), H 8 (3), H 9, H 13 (2), H 14, H 20, H 22 (2)
89	dieux	1	H 4
90	differe	1	H 7
91	difference	1	H 10
92	differences	1	H 9
93	differentz	1	H 10

diff - Doga

94	difficile	1	H 5
95	difficulté	1	H 22
96	dignement	1	H 3
97	dignité	1	H 12
98	dignitez	1	H 12
99	dignus [Latin]	1	H 22
100	dimension	1	P 10
101	diminué	1	P 10
102	dira	2	P 12, H 22
103	dire	1	P 3
104	dirumpant [Latin]	1	P 4
105	dis	2	P 6, P 9
106	discorde	1	H 18
107	discours	1	H 15
108	dispergée	1	P 12
109	disposees	1	H 5
110	distant	1	H 18
111	dit	1	H 20
112	diurne	1	P 11
113	divers	1	H 11
114	diverses	2	P 11, H 10
115	diversité	2	H 11, H 17
116	divin	1	P 9
117	divination	1	H 8
118	divinatrice	1	H 6
119	Divine	2	P 3, P 6
120	divine	7	P 4, P 7 (2), P 8 (2), P 9, H 19
121	divinement	1	P 9
122	divines	4	P 5 (2), P 6, H 22
123	divinité	1	P 11
124	divino [Latin]	1	P 4
125	divins	1	P 7
126	division	1	H 18
127	dix	1	H 16
128	dixhuictiesme	1	H 9
129	doctrine	2	P 9, H 17
130	doctrines	1	P 9
131	Dog	1	H 13
132	Dogam	1	H 13

133	doit	1	P 11
134	doivent	1	P 8
135	dominateur	1	H 9
136	don	1	P 12
137	donc	1	P 12
138	donnant	1	P 7
139	donné	3	P 3, P 9, H 5
140	donnee	1	H 9
141	donnees	1	H 20
142	donner	2	H 5, H 16
143	donnera	1	H 18
144	dons	1	H 16
145	doubte	1	H 4
146	doutant	1	P 7
147	dragon	2	H 17
148	dressera	1	H 21
149	dresseront	1	H 12
150	droict	1	H 12
151	du	79	P 3, P 4 (6), P 5 (4), P 6 (3), P 7, P 8, P 9, P 10 (2), P 11 (2), H 4 (3), H 5 (4), H 6, H 8 (5), H 9, H 10 (5), H 11 (5), H 12, H 13 (3), H 14 (6), H 15 (4), H 16 (5), H 17 (8), H 19 (3), H 20, H 21 (2), H 22
152	dudit	2	H 17
153	duquel	1	P 7
154	dura	1	H 16
155	durant	2	P 12, H 20
156	duré	1	H 22
157	durera	5	H 15, H 18 (2), H 19, H 20

Concordance of the Letters of Nostradamus (1568 Lyon)

E,e

1	ea [Latin]	1	P 5
2	eage	3	H 9 (2), H 19
3	eages	1	H 5
4	eau	2	P 10, H 20
5	eaux	1	P 12
6	ebergement	1	H 14
7	ecclesiasticques	1	H 20
8	(as c'ecclesiastiques)		
9	ecclesiastique	1	H 22
10	ecclesiastiques	2	H 20 (2)
11	eclarcie	1	H 4
12	eclipse	1	H 17
13	eclypse	1	H 11
14	edification	2	H 16, H 17
15	edifices	1	H 21
16	edifiez	1	H 18
17	effect	1	P 8
18	effectrice	1	P 6
19	effectz	3	P 5, P 6, H 4
20	efficace	1	P 9
21	effrayeur	1	H 15
22	effrenées	1	P 7
23	Effundam [Latin]	1	H 8
24	effusion	1	H 21
25	egaulx	1	H 10
26	Egipte (see also Egypte)	2	H 16 (2)
27	Eglise	3	H 9, H 13, H 21
28	eglise	11	H 5, H 10, H 11 (2), H 18 (3), H 19, H 20 (3)
29	eglises	2	H 13 (2)
30	Egypte (see also Egipte)	1	H 16
31	election	1	H 5
32	elementaires	2	P 5 (2)
33	elle	6	P 7, P 10, H 7, H 9 (2), H 12
34	embrasser	1	P 6

embu - entr

35	embusches	1	H 15
36	empeschement	1	H 18
37	emphibologique (as amphibologique)	1	H 8
38	Empire	1	H 19
39	employer	1	P 7
40	emprisonnez	1	H 15
41	empyre	1	H 10
42	En	1	H 17
43	en	71	P 3, P 4, P 5, P 6, P 7 (2), P 8 (4), P 9, P 10 (6), P 11 (2), P 12, H 3, H 4 (3), H 5, H 6 (3), H 7 (2), H 8 (2), H 9 (4), H 10, H 11 (2), H 13 (3), H 14 (5), H 15 (2), H 16, H 17 (8), H 18 (6), H 19, H 21 (5), H 22
44	enceintes	1	H 14
45	encontre	1	H 18
46	encore	1	H 20
47	Encores	1	P 6
48	encores	5	P 3, P 6, P 10 (2), H 21
49	endroict	1	H 8
50	enfans	6	H 9 (3), H 11, H 14, H 21
51	engin	1	P 5
52	enographies	1	P 10
53	enquerir	1	H 6
54	enseignes	1	H 12
55	ensuivra	1	H 21
56	ensuyvant	1	H 11
57	entendant	3	P 9, H 21, H 22
58	entendement	7	P 3, P 5 (2), P 7 (2), P 9, P 11
59	entendez	1	P 6
60	entendre	2	P 11, H 23
61	entension	1	P 9
62	entra	2	H 16
63	entre	9	P 10, H 7 (2), H 11, H 13, H 19 (3), H 22
64	entrée	1	H 16
65	entrefaictes	1	H 13
66	entremeslees	1	H 15
67	entrer	1	H 17
68	entreront	1	H 14

enuc - Et

69	enucleasti [Latin]	1	P 5
70	envers	3	H 3, H 4, H 20
71	environ	7	H 7 (5), H 17, H 22
72	environnee	1	H 14
73	eorum [Latin]	1	P 12
74	epistola [Latin]	1	H 22
75	Epistre	1	H 19
76	epistre	1	H 6
77	ergo [Latin]	1	P 12
78	erit [Latin]	1	P 12
79	errare [Latin]	1	P 8
80	esblouy	1	H 3
81	esclarci	1	P 12
82	esclarcissant	1	P 9
83	est	28	P 3 (2), P 5 (2), P 6, P 7, P 9 (6), P 10 (2), P 11, H 5 (4), H 6 (4), H 7, H 10, H 15, H 18, H 22
84	est [Latin]	2	P 5, H 5
85	estans	1	P 7
86	estant	6	P 6 (2), P 8, H 3, H 4, H 12
87	estat	3	H 12, H 21 (2)
88	esté	20	P 4, P 7 (4), P 11, H 3, H 4, H 5 (3), H 7 (5), H 8, H 11, H 12, H 18
89	estendent	1	P 6
90	estendra	1	H 10
91	estendre	2	P 4, H 5
92	estendue	1	P 6, H 15
93	estés	1	P 10
94	estoient	1	H 16
95	estoit	4	H 4 (2), H 8, H 18
96	estomach	1	P 3
97	estonnast	1	H 4
98	estonné	1	H 4
99	estoyent	1	H 16
100	estre	16	P 3, P 4 (2), P 5, P 6, P 11, P 12, H 4, H 5, H 6, H 7, H 11, H 15, H 16, H 18, H 21
101	estude	1	H 23
102	estudes	1	P 8
103	esvanouys	1	H 22
104	Et	30	P 3, P 6, P 7 (2), P 10, H 5 (2), H 7, H 9, H 10,

Et - extr

(104)	Et (Cont.)	(30)	H 11, H 12 (3), H 13, H 14 (5), H 15, H 16 (6), H 17 (2), H 19
105	eternel	5	P 6, P 9, P 10 (2), H 6
106	eternelle	1	H 8
107	eternité	5	P 6 (2), P 8, P 9 (2)
108	etheréement	1	P 9
109	etiam [Latin]	1	H 22
110	eu	3	H 3, H 4, H 10
111	eulx	2	H 4, H 13
112	Europe	5	H 4, H 9, H 10 (2), H 18
113	europe	1	H 13
114	Eusebe	1	H 7
115	eusse	2	H 3, H 22
116	eut	1	H 9
117	eux	3	P 5 (2), H 12
118	evenemens	1	H 8
119	evenements	1	H 8
120	evidence	1	P 11
121	excedants	1	P 11
122	excepté	1	P 7
123	execrable	1	P 7
124	exigue	3	P 7, P 9, P 12
125	exiguis [Latin]	1	P 5
126	extension	1	H 3
127	extensions	1	H 10
128	exterieur	1	P 11
129	exterieure	1	P 11
130	exterieurs	1	P 11
131	exterminee	1	H 13
132	exterminez	1	H 15
133	extinction	2	P 3, H 6
134	extreme	1	H 10
135	extremes	1	H 11

F,f

1	fabrication	1	H 16
2	face	2	H 3, H 4
3	facherie	1	H 6
4	fachés	1	H 12
5	Faciebat [Latin]	1	H 23
6	facile	1	H 5
7	facilement	2	P 8, H 7
8	facta [Latin]	1	H 22
9	faction	2	H 5, H 11
10	faculté	2	P 5, P 8
11	faict	8	P 3, P 4, P 6 (2), P 7, P 11, H 3, H 15
12	faicte	14	P 7, H 9, H 11 (2), H 13, H 14 (2), H 15, H 16, H 17, H 18 (3), H 19
13	faillir	1	H 15
14	faillois	1	H 6
15	faire	6	P 4, P 6, H 12, H 13, H 16 (2)
16	Faisant	1	P 12
17	faisant	2	H 11, H 12
18	faisoit	1	H 4
19	faite	3	H 9, H 11, H 14
20	falli [Latin]	1	P 8
21	famine	3	P 10, P 11, H 21
22	fantasie	1	P 4
23	fantastiques	1	P 8
24	fata [Latin]	1	H 22
25	fato [Latin]	1	H 8
26	felices	1	P 4
27	felicité	3	P 3, P 12, H 3
28	femelle	1	H 9
29	femmes	2	H 14
30	fera	5	H 10 (3), H 12, H 15
31	ferme	1	P 11
32	feront	5	P 4, P 9, H 10 (2), H 13
33	Ferrare	1	H 19

Concordance of the Letters of Nostradamus (1568 Lyon)

ferr - frap

34	ferrea [Latin]	1	P 12
35	feu	5	P 5 (2), P 7, P 10, P 11
36	feussies	1	P 8
37	Fevrier	1	H 17
38	fidelité	1	H 9
39	fiel	1	H 19
40	figure	1	P 4
41	figures	2	P 8, H 22
42	filiæ [Latin]	1	H 8
43	filii [Latin]	1	H 8
44	filios [Latin]	1	H 15
45	filium [Latin]	1	P 3
46	fille	2	H 9, H 11
47	fils	1	H 20
48	filz	12	P 3, P 5, P 6 (3), P 7, P 8, P 9 (2), P 11, P 12 (2)
49	fin	8	P 8, P 9, P 10, P 12, H 4, H 13, H 16 (2)
50	firmament	1	P 10
51	flambe	1	P 5
52	flamme	5	P 7 (3), P 9, P 11
53	fleuves	1	H 20
54	foiblesse	1	H 7
55	fois	3	P 8, P 12, H 5
56	fondation	1	H 21
57	force	2	H 18, H 22
58	forces	4	H 10, H 14, H 15, H 18
59	forfaictz	2	H 12, H 20
60	fort	2	H 5, H 20
61	fosse	1	H 22
62	Foy	2	H 13, H 18
63	foy	4	P 4, H 6, H 10, H 21
64	foyble	1	P 7
65	foys	3	P 4, P 10, H 19
66	fraction	1	H 13
67	fragilité	1	P 4
68	fraiz	1	H 4
69	franc	1	H 3
70	France	2	H 3, H 6
71	franchement	1	P 9
72	frapper	1	H 12

73	freres	3	H 9, H 15 (2)
74	frons	1	H 11
75	front	1	P 9
76	fuite	1	H 14
77	Fulcy	1	H 19
78	fulgurant	1	P 7
79	furent	1	H 23
80	fureur	2	P 4, H 4
81	furibonde	1	H 9
82	furieux	1	H 9
83	fusse	1	P 7
84	fust	1	P 7
85	fut	4	H 7, H 13, H 14, H 16
86	futeur	2	P 4, P 8
87	futur	3	P 6, P 11 (2)
88	future	2	P 9, P 11
89	futures	5	P 4, P 6, P 7, P 8, P 9
90	futuris [Latin]	1	H 5
91	futurs	1	P 5

G,g

1	Galique	1	H 19
2	gauche	1	H 12
3	gemitus [Latin]	1	H 15
4	genius	1	P 5
5	genoulx	1	H 14
6	gens	3	H 14, H 20 (2)
7	gentilz	1	H 7
8	Germanie	1	H 10
9	Germaniques	1	H 10
10	gettans	1	P 5
11	glaive	2	P 11, H 19
12	glaives	1	H 12
13	gouverné	1	P 3
14	gouverneur	1	H 12
15	gouverneurs	1	H 15
16	graces	1	H 8
17	grand	14	P 6, P 8, P 10, H 9, H 10 (2), H 11, H 12, H 13, H 14, H 15, H 19 (2), H 21
18	grande	27	P 4, P 5, P 9, P 10, H 10 (2), H 11 (2), H 13 (3), H 14 (3), H 15 (2), H 18 (5), H 19 (3), H 21 (2), H 22
*	tresgrande (as tres-grande)	1	H 14
19	grandement	3	H 10 (2), H 20
20	grandes	4	H 8, H 14, H 18, H 21
21	grandeur	1	H 23
22	grands	2	H 11, H 20
23	grans	1	H 8
24	gravissime	1	H 4
25	grieves	1	H 21
26	gros	1	H 12
27	gueres (see also guerres)	1	H 18
28	guerre	3	P 11, H 11, H 20
29	guerres	2	P 10, H 21
30	guery	2	H 6

guie

31   guieres   1   P 10

H,h

1	habandonné (as abandonné)	1	H 21
2	habitation	1	H 14
3	hac [Latin]	1	H 22
4	hæc [Latin]	1	P 4
5	hault	1	H 13
*	treshault (as tres-hault)	1	H 18
6	haulte	3	P 6, H 12, H 14
7	haut	1	P 6
8	hautes	2	P 9, P 10
9	hauteur	2	H 10 (2)
10	Henry	1	H 3
11	herbe	1	H 13
12	hereditaire	1	P 3
13	heu	1	H 6
14	heur	1	P 7
15	heure	2	P 11, H 16
16	heures	2	H 5, H 7
17	hierographes	1	H 17
18	Hiraclienne	1	P 6
19	hodie [Latin]	1	P 6
20	holocauste	1	H 11
21	homines [Latin]	1	H 22
22	hommaige	1	H 10
23	homme	3	P 8, P 11, H 7
24	hommes	2	P 11, H 22
25	honneur	1	H 8
26	honneurs	1	H 12
27	honnorer	1	H 3
28	honte	1	H 13
29	horrible	2	P 11, H 21
30	horribles	1	H 20
31	horrida [Latin]	1	H 22
32	hors	2	P 10, P 11
33	hostie	1	H 15

huic - huy

34	huict	1	H 17
35	huictante	1	H 7
36	huictiesme	2	P 10
37	humain	4	P 9, H 9, H 20 (2)
38	humaine	4	P 3, P 4, H 3, H 7
39	humaines	3	P 5, P 6, P 8
40	humains	6	P 3, P 5, P 6, P 12, H 6, H 19
41	humanissime	1	H 5
42	humanitas [Latin]	1	H 22
43	humanité	2	H 4, H 23
44	humble	1	H 3
45	Huy	1	H 22
46	huy	1	H 22

I, i

1	icelle	9	P 9, H 3 (2), H 13, H 14, H 18 (2), H 20, H 23
2	icelles	1	H 18
3	iceluy	12	H 3 (2), H 4, H 6, H 15, H 16 (3), H 17, H 18 (2), H 20
4	iceulx	5	H 15 (3), H 16, H 21
5	ici	1	H 6
6	icy	6	P 5, P 8, P 12, H 11, H 18, H 20
7	id [Latin]	1	P 5
8	ignorance	1	H 19
9	ignorant	1	H 13
10	ignorantia [Latin]	1	P 12
11	Il	1	H 5
12	il	14	P 3 (2), P 5, P 7, P 10, P 12, H 4, H 5 (2), H 6, H 7, H 15, H 16, H 20
13	illuminant	1	P 7
14	illuminer	1	P 11
15	ilz	6	P 4, P 5 (2), P 10, H 6
16	images	1	P 11
17	imaginatif	1	P 11
18	imaginations	1	P 8
19	imaginatives	1	P 5
20	immaculee	1	H 15
21	immense	1	P 9
22	immesuree	1	H 3
23	immortel	3	P 3, P 5, P 12
24	immortelle	1	H 8
25	immortelz	1	H 4
26	immundicitez	1	H 13
27	imperialle	1	H 6
28	impetueuse	1	H 20
29	impressions	1	P 5
30	imprimer	1	P 6
31	in [Latin]	8	P 11, P 12 (3), H 11, H 22 (3)
32	incapables	1	P 3

ince - inso

33	incertaines	1	P 3
34	inclinabitur [Latin]	1	P 11
35	inclination	1	P 5
36	incliner	1	P 7
37	incomparable	1	P 9
38	incompotable	1	H 4
39	incomprehensible	1	P 9
40	incomprehensibles	1	P 6
41	incorruptibles	1	P 8
42	incroyables	1	H 20
43	incursion	1	H 14
44	indifferantes	1	P 7
45	indifferentement	1	P 7
46	indivisible	1	P 6
47	inextimable	1	P 3
48	infalliblement	2	P 11, P 12
49	inferé	1	P 6
50	infernal	2	H 21
51	infernales	1	H 13
52	infernalle	1	H 18
53	infideles	1	H 19
54	infidelité	1	H 10
55	infidelles	2	H 9, H 21
56	influence	1	P 5
57	infuse	1	H 7
58	infuser	1	P 9
59	infusion	1	H 8
60	iniquitates [Latin]	1	P 12
61	injure	3	P 3, P 4, H 8
62	innectere [Latin]	1	H 22
63	Innocens	1	H 19
64	innocentz	1	H 20
65	innondation	1	H 9
66	innumerable	2	H 10, H 19
67	insense	1	H 19
68	insensez	1	H 13
69	insidies	1	H 15
70	insolite	1	P 7
71	insolites	1	H 21

insp - isle

72	inspirant	2	P 4, P 5
73	inspiration	8	P 4, P 7 (3), P 8 (2), P 9, P 11
74	inspirations	1	P 5
75	inspiré	2	P 9, P 11
76	inspirée	1	P 9
77	instigation	1	P 9
78	instinct	5	H 4, H 5, H 6 (2), H 17
79	instrumens	1	H 19
80	insuperable	1	H 10
81	intellectuelle	1	P 7
82	intellectuellement	1	P 7
83	intelligence	3	P 9, H 5, H 8
84	intelligences	1	P 12
85	intelligenda [Latin]	1	H 22
86	intercluse	1	P 3
87	interemptorum [Latin]	1	H 15
88	interpreter	2	H 5, H 16
89	intrepidez	1	H 9
90	inundation	1	H 16
91	inundations	3	P 10
92	inventa	1	H 7
93	inverecunde	1	P 6
94	invicta [Latin]	1	H 5
95	INVICTISSIME	1	H 3
*	yre (as ire)	1	H 14
96	Isaac	2	H 16
97	isles	1	H 14

J, j

*	j'	10	P 6, P 8 (2), P 10, P 12, H 4, H 17, H 20, H 22, H 23
1	Ja	1	H 8
2	Jacob	2	H 16
3	jacture	1	P 9
4	jadis	2	P 7, H 14
5	jamais	4	P 7, H 9, H 13, H 21
6	Je	2	P 6, H 16
7	je	22	P 3, P 4, P 5, P 6, P 7, P 8 (2), P 9 (3), P 11, H 3 (2), H 4, H 6 (3), H 8 (2), H 15 (2), H 23
8	jecté	1	H 12
9	Jesuchrist (as Jesus Christ)	1	H 17
10	Jesus	8	H 5, H 7, H 11 (2), H 17, H 18, H 19 (2)
11	Joel	1	H 8
12	joint	1	H 4
13	Jouis	1	H 9
14	jour	1	H 3
15	jours	3	P 3, P 10, H 5
16	jouxte	2	H 6, H 8
17	Jovialistes	1	H 14
18	Jovis	1	H 19
19	judicielle	2	P 5, P 7
20	juge	1	H 6
21	jugement	5	P 7, P 8 (2), P 10, H 7
22	juger	3	P 5, P 9, P 11
23	jugeront	1	H 13
24	Juin	1	H 17
25	Juing	3	H 17 (2), H 23
26	Jupiter	6	H 12, H 17 (4), H 22
27	jusques	24	H 5, H 7, H 11 (2), H 12, H16 (9), H 17 (8), H 18, H 19
28	juste	1	H 6
29	justement	2	H 5, H 22

K,k

No words in the Letters beginning with the letter K

L,l

*	L'	1	H 13
*	l'	118	P 4 (4), P 5 (4), P 6, P 7 (5), P 8 (2), P 9 (4), P 10, P 11 (4), H 4 (4), H 5 (5), H 6 (7), H 7 (4), H 8, H 9 (5), H 10 (9), H 11 (4), H 13 (5), H 14 (4), H 15 (5), H 16 (8), H 17 (3), H 18 (8), H 19 (9), H 20 (5), H 21 (3), H 22 (4)
1	La	2	H 13 (2)
2	la	201	P 4 (5), P 5 (6), P 6 (12), P 7 (9), P 8 (4), P 9 (9), P 10 (6), P 11 (9), P 12 (2), H 3, H 4 (7), H 5 (3), H 6 (7), H 7 (6), H 8 (8), H 9 (9), H 10 (11), H 11 (8), H 12 (8), H 13 (8), H 14 (6), H 15 (7), H 16 (11), H 17 (7), H 18 (5), H 19 (6), H 20 (4), H 21 (9), H 22 (3), H 23
3	là	1	H 7
4	labeur	1	H 23
5	laict	1	H 21
6	laisse	1	H 17
7	laisser	2	P 3, H 5
8	langue	2	P 4, H 15
9	langues	2	H 15, H 19
10	laquelle	4	P 7, P 8, P 9, H 3
11	Latines	1	H 21
12	Latins	3	H 9, H 10, H 15
13	latitudinaire	1	P 10
14	Le	3	H 6, H 9, H 19
15	le	137	P 3, P 4 (3), P 5 (4), P 6 (6), P 7 (4), P 8, P 9 (6), P 10 (10), P 11 (9), P 12 (3), H 3, H 4 (3), H 5 (6), H 6 (3), H 7 (6), H 8, H 9 (5), H 10 (6), H 11 (7), H 12 (8), H 13 (3), H 14 (5), H 15 (3), H 16 (2), H 17 (7), H 18 (4), H 19 (6), H 20 (5), H 21 (6), H 22, H 23 (2)
16	lecture	1	P 7
17	legislateurs	1	H 13
18	lequel	5	P 5, P 11, H 7, H 15, H 18

Concordance of the Letters of Nostradamus (1568 Lyon)

lequ - long

19	lequelle	1	P 7
20	Les	1	H 18
21	les	127	P 3 (1), P 4 (5), P 5 (7), P 6 (5), P 7 (5), P 8 (7), P 9 (5), P 10 (6), P 11 (4), P 12 (6), H 4, H 5 (2), H 6 (2), H 7 (3), H 8 (2), H 9 (5), H 10, H 12 (6), H 13 (13), H 14 (7), H 15 (3), H 16 (4), H 17 (2), H 18, H 19 (8), H 20 (5), H 21 (6), H 22 (5)
22	leschant	1	P 7
23	lesion	1	P 11
24	lesquelles	1	P 8
25	lesquelz	2	H 13, H 20
26	lettres	6	P 9, H 7, H 17, H 19, H 20, H 22
27	leur	12	P 4, P 5, P 6, H 10, H 12 (2), H 13 (2), H 18 (2), H 19 (2)
28	leurs	4	P 7, H 14, H 15
29	levera	2	H 13, H 18
30	libanda [Latin]	1	H 22
31	libera [Latin]	1	H 5
32	liberal	1	P 6
33	liberes	1	P 10
34	liberté	1	H 12
35	libidineuse	1	H 13
36	libra	1	H 17
37	libre	2	P 11, H 12
38	lieu	4	P 9, H 13, H 14 (2)
39	lieux	3	P 8 (2), P 12
40	ligues	1	H 10
41	liguriens	1	H 19
42	ligustiques	1	H 18
43	limitant	2	P 8, P 12
44	limphatiquant	1	P 8
45	limphatique	1	P 4
46	Lions	1	H 9
47	livres	1	P 8
48	loing	5	P 6, P 8, H 5, H 19 (2)
49	loingtaines	5	P 5, P 6 (2), P 7, H 10
50	Loix	1	H 9
51	lon	8	P 10, H 4, H 5 (2), H 7, H 11, H 18, H 22
52	long	12	P 3, P 4 (2), P 10, P 12, H 3, H 9, H 11, H 12 (2),

long - lymb

(52)	long (Cont.)	(12)	H 13, H 14
53	longs	2	P 7, H 6
54	longue	9	P 6, P 8, P 9 (2), P 10, P 12, H 4, H 6, H 9
55	longuement	4	P 10, H 4 (2), H 22
56	longues	1	P 10
57	loquacité	1	P 6
58	lors	10	H 12, H 13, H 14 (2), H 15 (3), H 19, H 20, H 21
59	louange	1	H 8
60	louanges	1	H 20
61	loy	3	H 18, H 19, H 20
62	lume	1	P 11
63	lumiere	9	P 3, P 6, P 7, P 9 (4), P 11, H 13
64	lumieres	1	P 8
65	lunaires	1	H 16
66	Lune	2	P 9, P 10
67	lune	2	H 14, H 17
68	luxure	1	H 13
69	luxurier	1	H 12
70	luy	14	P 5 (2), P 6, P 7, P 9 (2), P 11, H 7, H 8, H 9, H 12 (2), H 20 (2)
71	Lycurgue	1	H 4
72	lyé	3	H 19, H 22 (2)
73	lymbe	1	P 7

M,m

*	m'	4	H 4, H 5, H 8, H 16
1	M. [Abbreviation - Maister]	2	P 3, P 12
2	ma	6	P 4, H 3, H 4, H 6 (2), H 22
3	Machometiques	1	P 11
4	magesté	1	H 4
5	magie	1	P 7
6	magnitude	1	P 9
7	Mahumetane	1	H 14
8	main	2	H 10, H 12
9	mains	2	H 13, H 19
10	maintenant	2	P 10, P 11
11	maintenu	1	H 19
12	Mais	15	P 5, P 6, P 7, P 8 (2), P 9, H 4, H 8 (3), H 9, H 16, H 20, H 22 (2)
13	mais	13	P 3, P 4 (2), P 5, P 6, P 7, P 8, P 10, P 11, H 7, H 8, H 10, H 21
14	maison	2	P 7, H 18
15	maisons	1	H 13
16	Majesté	2	H 16, H 23
17	majesté	4	H 3 (3), H 6
18	mal	1	P 4
19	malignité	1	H 6
20	maling	1	H 6
21	manié	1	H 13
22	manifestée	1	P 9
23	manifestées	1	P 7
24	manifestees	1	H 13
25	manifestement	1	P 6
26	manifester	3	P 8, P 11, H 3
27	manifestez	1	H 8
28	Marciaulx	1	H 14
29	Marçiaux (see also Martiaux)	1	H 18
30	margaritas [Latin]	1	P 4
31	mariees	1	H 21

Concordance of the Letters of Nostradamus (1568 Lyon)

mari - mett

32	marin	1	H 14
33	marine	1	H 10
34	maritimes	3	H 14, H 15
35	Mars (as the planet-god)	8	P 10, P 12, H 9, H 12, H 17 (3), H 22
36	Mars (as the month March)	1	H 5
37	martialle	1	H 11
38	Martiaux (see also Marçiaux)	1	P 3
39	masles	1	H 9
40	matiere	1	P 6
41	matin	1	H 12
42	mauvais	1	P 5
43	maux	1	H 21
44	May	1	H 17
45	me	9	P 4, P 6, P 8, H 3, H 6 (3), H 7, H 16
46	mechantz	1	H 6
47	melancolique	1	P 9
48	Melite	1	H 14
49	memoire	2	P 3, H 19
50	menu	1	H 14
51	mer	1	H 20
52	Mercure	4	H 17
53	meretricquer	1	H 12
54	meridional	1	H 20
55	meridionaulx	1	H 10
56	merveilleuse	1	H 21
57	merveilleux	1	H 20
58	mes	11	P 3, P 11, P 12, H 4 (2), H 5, H 7 (2), H 19 (2), H 23
59	meslant	1	H 5
60	meslé	1	H 8
61	mesler	1	H 19
62	mesme	8	P 6, H 5, H 9, H 12, H 15 (2), H 19, H 21
63	mesmement	1	P 11
64	mesmes	5	P 4, P 6 (2), P 7, P 9
65	mesopotamie	1	H 18
66	messagiers	1	P 11
67	mesure	1	P 9
68	metaux	1	P 8
69	mettent	1	P 7

mett - mome

70	mettra	1	H 18
71	mettre	4	P 3, P 4, H 6, H 16
72	metz	1	H 15
73	meum [Latin]	1	H 8
74	mezopotamie	1	H 12
75	Michaël [Latin]	1	H 23
76	MICHEL	1	P 3
77	Michel	1	H 3
78	miel	1	H 19
79	mienne	2	H 6, H 7
80	miennes	1	P 12
81	Mil	1	H 23
82	miliade	1	H 4
83	milieu	3	P 5, H 12, H 13
84	militaire	1	H 10
85	militaires	1	H 12
86	militante	1	H 20
87	mille	12	P 10, P 12, H 7 (3), H 8, H 9, H 12, H 16, H 17, H 18, H 22
88	millenaire	2	H 5, H 19
89	Minerva	1	H 5
90	ministres	1	P 11
91	Mirmidons	1	H 10
92	mirouer	1	H 8
93	mis (see also mys)	7	P 10, P 11, P 12, H 7, H 8, H 14, H 22
94	miserable	1	H 11
95	miserebor [Latin]	1	P 12
96	misericorde	1	P 12
97	misericordieux	1	H 6
98	mises	1	H 4
99	missive	1	P 11
100	mittatis [Latin]	1	P 4
101	mixtions	1	H 16
102	Modene	1	H 19
103	moindre	1	H 9
104	moings	2	H 16, H 20
105	moins	6	P 6, P 8, P 9, H 4, H 5, H 17
106	mois (see also moys)	1	P 10
107	momenta [Latin]	1	P 5

Concordance of the Letters of Nostradamus (1568 Lyon)

mon - mys

108	mon	29	P 3 (3), P 5, P 6 (3), P 7, P 8, P 9 (2), P 11, P 12 (2), H 3, H 4 (3), H 5 (2), H 6 (3), H 7, H 17, H 20, H 22, H 23 (2)
109	monarchie	2	H 9
110	monarque	1	H 4
111	monde	12	P 4, P 8, P 9, P 10 (3), H 8, H 11, H 13, H 16, H 19, H 21
112	mont	2	H 9, H 19
113	monter	1	H 9
114	mordre	1	H 16
115	morsure	1	H 6
116	mort	4	H 9, H 11, H 14, H 15
117	mortel	2	P 8, P 11
118	moucher	1	H 5
119	mouvant	1	P 7
120	mouvement	5	P 4, P 6, P 11, H 8, H 11
121	mouvoir	1	P 11
122	movenda [Latin]	1	P 12
123	Moy	1	H 8
124	moy	1	H 6
125	moyen	8	P 5, P 9, P 11, H 12, H 15 (2), H 18, H 21
126	moyennant	12	P 6 (2), P 7 (2), P 8, P 9 (3), P 10, P 11, H 3, H 13
127	moyenne	1	P 5
128	moys (as mois)	8	P 3, H 4, H 11 (2), H 16, H 17 (3)
129	Moyse	2	H 7 (2)
130	Multa [Latin]	1	H 22
131	murs	1	H 21
132	mutation	1	P 4
133	mys (as mis)	2	H 13 (2)

N,n

*	n'	13	P 7, P 11 (2), H 4 (2), H 6, H 7 (2), H 8, H 9, H 13, H 15, H 18
1	nagera	1	H 20
2	naissance	2	H 16
3	naistra (see also naystra)	2	H 13
4	naistre	1	H 13
5	nations	2	H 6, H 7
6	nativité	4	P 9, 16 (3)
7	natura [Latin]	1	H 8
8	nature	2	P 7, H 10
9	naturel	6	P 9, H 4, H 5, H 6, H 11, H 17
10	naturelle	10	P 3, P 5, P 6 (2), P 7, P 9 (3), H 4, H 8
11	naturelles	2	P 8, P 11
12	navalibus [Latin]	1	H 21
13	navalle	1	H 20
14	nay	2	H 7, H 19
15	naystra (as naistra)	1	H 12
16	ne	70	P 3 (3), P 4 (3), P 5 (2), P 6 (8), P 7 (8), P 8, P 9, P 10 (5), P 11, P 12, H 3, H 4 (3), H 5 (2), H 6 (3), H 7, H 8 (4), H 9 (3), H 11, H 12 (2), H 13 (5), H 14, H 15, H 16 (3), H 18 (2), H 19 (2), H 20, H 23 (2)
17	nec [Latin]	3	P 4, P 5, H 22
18	Neptune	1	H 18
19	neufve	1	H 11
20	nocens	1	H 19
21	nocturne	1	H 22
22	nocturnes	5	P 3, P 8 (2), P 11, H 4
23	Noë	5	H 7 (2), H 16 (3)
24	Nolite [Latin]	1	P 4
25	nom	1	P 6
26	nombre	6	P 10, H 8, H 10, H 15, H 16, H 19
27	nomination	1	P 8
28	nomine [Latin]	1	H 22

nomm - ny

29	nommeement	1	H 5
30	non	13	P 4 (2), P 5, P 7, P 8 (2), P 9, P 11, H 4, H 15 (2), H 17, H 18
31	non [Latin]	7	P 5, P 8, P 11, P 12, H 5 (2), H 22
32	nonante	3	H 16, H 17, H 18
33	nonobstant	5	P 6, P 8, P 12, H 4, H 6
34	noscere [Latin]	1	P 5
35	Nostradame	1	P 3
36	Nostradamum [Latin]	1	P 3
37	NOSTRADAMUS	1	P 3
38	Nostradamus	3	P 12, H 3, H 20
39	Nostradamus [Latin]	1	H 23
40	nostre	3	P 5, H 7, H 15
41	nostrum [Latin]	1	P 5
42	noté	1	P 12
43	notice	1	P 6
44	notices	1	P 7
45	nous	9	P 4, P 5 (3), P 10 (2), P 11 (2), H 7
46	nouveau	1	H 21
47	nouveaux	1	H 9
48	nouvelle	1	H 14
49	nouvelles	1	H 9
50	noz	3	P 7, P 11, H 6
51	nubileuse	1	P 4
52	nuda [Latin]	1	P 8
53	nuée	1	P 12
54	nul	3	P 8, H 19, H 20
55	nullement	4	H 4, H 8, H 15 (2)
56	numine [Latin]	1	P 4
57	ny	5	P 8, P 10, H 4, H 5 (2)

O,o

1	O	2	H 14, H 20
2	ò	3	H 5, H 22, H 23
3	ò [Latin]	1	H 22
4	ô	2	H 3, H 8
5	obeissant	1	H 3
6	obeyr	1	H 23
7	objectees	1	H 13
8	objecter	1	H 7
9	obliteré	1	P 3
10	obnubilee	3	H 3, H 8 (2)
11	obscur	1	H 11
12	obscurement	1	P 8
13	obscures	1	H 18
14	obscurité	2	H 4, H 8
15	observateur	1	H 20
16	observation	1	H 3
17	obstiné	1	H 10
18	obstrusement	1	P 5
19	obstruses	2	P 4, P 5
20	obtenebration	1	H 4
21	obtenebre	1	H 13
22	occasion	1	H 3
23	occasione [Latin]	1	H 11
24	occidentaulx	3	H 10, H 14 (2)
25	occulte	5	P 3, P 6, P 7, P 8, P 9
26	occultement	1	P 7
27	occultes	3	P 5, P 7, P 8
28	occupera	1	H 9
29	octante	1	H 16
30	Octobre	3	H 11, H 17 (2)
31	octroyé	1	H 16
32	odeur	1	P 8
33	œil	2	P 11, H 4
34	œuvres	1	P 5

offr - oyse

35	offres	1	H 4
36	ogmium	1	H 19
37	oincles	1	P 11
38	olim [Latin]	1	P 6
39	omnem [Latin]	1	H 8
40	omnes [Latin]	1	H 22
41	omnia [Latin]	2	P 8, H 22
42	omnino [Latin]	1	H 5
43	omnium [Latin]	1	H 22
44	on	8	P 4, P 5 (2), P 10, H 4, H 5, H 9, H 13
45	onques	1	P 7
46	ont	12	P 3, P 5, P 7, P 9, H 6 (3), H 7 (3), H 8 (2)
47	opinions	1	P 11
48	opposite	2	H 12, H 17
49	opposites	1	P 4
50	oppression	1	H 15
51	Or	3	H 3, H 4, H 17
52	or	1	H 22
53	oratione [Latin]	1	P 12
54	ordre	2	H 17, H 20
55	Orient	1	H 10
56	orient	1	H 15
57	oriental	1	H 14
58	orientaulx	2	H 10, H 13
59	orientaux	4	H 15 (3), H 20
60	origine	3	P 6, P 9, H 20
61	osoient	1	H 4
62	ostee	1	H 13
63	ostez	1	H 12
64	ou	13	P 6, P 7, P 10, P 11, H 5 (2), H 6, H 7, H 15, H 16 (3), H 17
65	oultre	1	H 5
66	ouverte	1	H 14
67	oyseaulx	1	H 21

P,p

1	pacifique	1	H 17
2	paganisme	1	H 9
3	paganismes	1	H 21
4	Paix	1	H 19
5	paix	3	H 11 (2), H 22
6	pannons	1	H 10
7	papier	1	P 4
8	Par	1	H 21
9	par	185	P 3 (6), P 4 (9), P 5 (6), P 6 (4), P 7 (7), P 8 (8), P 9 (7), P 10 (7), P 11 (13), P 12 (5), H 3, H 4 (5), H 5 (4), H 6 (3), H 7 (6), H 8 (5), H 9 (4), H 10 (12), H 11 (4), H 12 (3), H 13 (7), H 14 (7), H 15 (11), H 16, H 17 (4), H 18 (3), H 19 (11), H 20 (9), H 21 (8), H 22 (4), H 23
10	parachevant	1	H 4
11	paracheve	2	P 10
12	parachevé	1	P 10
13	parachever	4	P 5 (2), P 8, P 11
14	paravant	2	P 4, H 18
15	pardonner	1	H 6
16	parfaicte	4	P 6, P 7, P 8, H 16
17	parlans	1	P 12
18	parle	1	P 5
19	parolle	1	P 3
20	Parquoy	3	P 7, P 8
21	parquoy	1	P 8
22	pars	2	H 13, H 14
23	part	10	P 4, H 4 (3), H 5 (2), H 8, H 13, H 14, H 21
24	participation	1	P 9
25	particularia [Latin]	1	P 4
26	particularité	1	P 8
27	particulieres	1	P 4
28	partie	8	P 7 (2), P 8, P 11 (2), H 4, H 6, H 12
29	parties	1	H 9

Concordance of the Letters of Nostradamus (1568 Lyon)

pas - pers

30	pas	1	P 6
31	passa	1	H 16
32	passant	1	H 5
33	passe	1	P 5
34	passée	1	P 8
35	passer	1	H 9
36	passera	2	H 19, H 21
37	passerent	6	H 16 (5), H 17
38	passez	4	H 5, H 7, H 16, H 19
39	passion	1	H 11
40	pattes	1	H 9
41	pauca [Latin]	1	H 22
42	pecheur	1	P 8
43	pedibus [Latin]	1	P 4
44	Pempotam	1	H 18
45	pendant	3	P 5, P 7, H 6
46	per [Latin]	1	H 11
47	percutiam [Latin]	1	P 12
48	perdition	1	P 7
49	perdu	1	H 11
50	perdue	1	H 12
51	pere	1	P 12
52	pere	1	H 9
53	perfaicte	1	H 12
54	periclitant	2	H 9
55	periode	1	P 10
56	permis	1	H 4
57	permutations	1	H 11
58	perpetré	1	H 12
59	perpetuellement	1	H 3
60	perpetuelles	2	P 8, H 11
61	perplexes	1	P 4
62	perscrutant	1	P 8
63	perscrutateur	1	H 6
64	Perse	1	H 4
65	persecuté	1	H 20
66	persecutera	2	H 18, H 20
67	persecution	4	H 13, H 18, H 2 (2)
68	personnaige	1	P 9

pers - plus

69	personnaiges	1	P 5
70	personnes	1	H 14
71	persuasions	1	P 7
72	perte	1	H 19
73	pery	1	P 10
74	pesanteur	1	H 11
75	peste	1	P 11
76	pestifere	1	H 19
77	pestilence	3	P 10, H 13, H 21
78	Petræ [Latin]	1	H 23
79	peu	10	P 5, P 8, P 10, H 5, H 13, H 15, H 17, H 18, H 19, H 20
80	peuple	6	H 12 (2), H 18, H 20, H 21, H 22
81	peuples	1	H 10
82	peusse	1	H 3
83	peut	6	P 5, P 6 (2), P 7 (2), H 7
84	peuvent	4	P 5, P 6, P 8, H 15
85	peux	1	P 8
86	phantasie	1	P 11
87	Philosophes	1	P 9
88	Philosophie	1	P 7
89	pie	1	H 6
90	piedz	1	P 8
91	pierres	1	P 10
92	pietas [Latin]	1	H 22
93	Pisces	2	H 17
94	plages	1	H 14
95	plaige	1	P 3
96	plain	2	P 12, H 22
97	plainte	1	H 21
98	Plaira	1	H 6
99	plaise	1	H 8
100	Plancus	1	H 19
101	planette	1	P 10
102	plebe	1	H 13
103	pleu	1	P 3
104	plume	2	P 4, H 22
105	plus	59	P 4 (3), P 6 (2), P 7 (2), P 8, P 9 (2), P 10 (2), P 11, P 12 (3), H 4 (4), H 5 (4), H 6 (2), H 7, H 8 (2),

plus - pred

(105)	plus (Cont.)	(59)	H 10 (2), H 11 (3), H 12 (3), H 13 (4), H 14 (3), H 18, H 19 (3), H 20 (3), H 21 (4), H 22 (3), H 23
106	plusieurs	10	P 4, P 7, P 10 (3), P 12, H 6, H 13, H 14, H 20
107	pluspart	1	P 12
108	Plutarque	1	H 4
109	pluye	1	H 20
110	pluyes	2	P 10, P 12
111	poësie	1	H 4
112	poëtique	1	H 4
113	poinctz	1	H 20
114	point	2	P 11, P 12
115	populaire	1	P 4
116	porcos [Latin]	1	P 4
117	port	1	H 14
118	possible	4	P 3, P 8, H 4, H 5
119	Possum [Latin]	1	P 8
120	possumus [Latin]	1	H 22
121	potentatz	1	H 12
122	potentibus [Latin]	1	P 5
123	potentissimè [Latin]	1	H 22
124	POUR	1	H 3
125	pour	22	P 4 (2), P 5, P 6 (2), P 8, P 9, H 4, H 5, H 6, H 7, H 9 (2), H 12 (3), H 13, H 15 (2), H 16 (3)
126	pource	3	P 4, H 5, H 7
127	pourra	3	H 7, H 15, H 22
128	pourroit	2	H 6, H 16
129	pouvant	1	H 9
130	pouvoit	1	H 3
131	pouvons	1	P 5
132	povres	1	H 13
133	præclara [Latin]	1	H 22
134	præsagiunt [Latin]	1	P 4
135	precedans	1	H 11
136	precedante	1	H 21
137	precedera	1	H 11
138	precedez	1	H 7
139	predict	2	P 4, P 11
140	prediction	4	P 3, P 6, P 11 (2)
141	predictions	1	H 15

pred - prin

142	predit	4	P 7, P 9 (2), H 8
143	PREFACE	1	P 3
144	prefix	2	P 10, P 12
145	premier	10	P 12, H 4, H 7 (2), H 9, H 10 (2), H 11, H 12, H 17
146	premiere	3	P 9, H 14, H 21
147	Premierement	1	H 8
148	premierement	1	H 3
149	premieres	1	H 12
150	premiers	1	H 6
151	prenant	1	P 7
152	prend	1	H 14
153	prendra	1	H 20
154	prendre	1	P 10
155	prennent	1	P 6
156	prens	1	P 12
157	pres	1	H 19
158	presage	1	H 20
159	presagé	1	H 6
160	presager	2	H 5
161	presaige	3	P 7, P 11 (2)
162	presence	1	P 8
163	presens	1	H 4
164	present	9	P 4 (2), P 5, P 6 (2), P 7, P 10, H 5 (2)
165	presentay	1	H 3
166	presente	3	P 8, H 3, H 6
167	presenté	1	H 19
168	presenter	2	P 7, H 4
169	presentes	2	P 7, H 17
170	presque	4	H 5, H 15, H 21, H 22
171	prester	1	P 12
172	pretens	1	H 6
173	prevoir	2	P 5, P 9
174	Priant	1	P 12
175	prie	1	H 6
176	prime	1	H 13
177	prince	3	H 4, H 21
178	princes	1	H 15
179	principal	4	P 7, H 14, H 20, H 21
180	principalement	1	P 9

Concordance of the Letters of Nostradamus (1568 Lyon)

prin - Prop

181	principales	1	P 9
182	principaulx	2	H 8, H 9
183	principe	1	P 7
184	principes	1	P 9
185	prins	3	P 9, H 4 (2)
186	prisons	1	H 13
187	pristin	3	H 12 (2), H 21
188	pristine	1	H 18
189	procedant	3	P 9, H 10, H 11
190	procede	1	P 6
191	procedoit	2	P 6, H 8
192	prochain	1	P 6
193	prochains	1	H 20
194	proche	2	H 12, H 19
195	proches	1	H 23
196	prodigieux	1	H 8
197	produictes	2	P 7
198	proffit	1	P 3
199	proflige	1	H 10
200	profligee	1	H 12
201	profligez	2	H 14, H 15
202	profond	1	H 11
203	profonde	1	H 22
204	profondement	4	P 9, H 5, H 12, H 22
205	profondera	1	H 9
206	profondes	1	P 9
207	profuscement	1	H 19
208	progeniteur	1	P 3
209	progeniteurs	2	H 6, H 7
210	promoteur	1	H 11
211	promptitude	1	P 4
212	promulguees	1	H 9
213	prononcant	1	P 6
214	prononcées	1	P 4
215	prononciations	1	P 6
216	prophanes	1	H 14
217	Propheta [Latin]	1	P 6
218	prophetabunt [Latin]	1	H 8
219	Prophete	5	P 6 (3), P 9, H 15

Prop - pyre

220	Prophetes	1	P 5
221	prophetes	1	H 8
222	prophetico [Latin]	1	P 4
223	Prophetie	1	P 12
224	prophetie	4	P 6, P 8, H 8, H 15
225	Propheties	3	P 3, P 12 (2)
226	propheties	6	P 7, P 8 (2), H 4, H 17, H 19
227	prophetique	3	P 4, P 7, P 8
228	prophetiques	1	H 4, H 5
229	prophetisant	1	P 11
230	prophetise	3	P 9 (2), P 11
231	prophetizer	1	P 8
232	proposer	1	P 11
233	propre	1	P 9
234	proprement	1	P 6
235	proprieté	1	P 8
236	prospere	1	P 12
237	protection	1	H 12
238	Protestant	1	H 6
239	provient	1	H 8
240	province	1	H 12
241	Provinciæ [Latin]	1	H 23
242	proximité	2	H 15, H 19
243	tresprudent (as tres-prudent)	1	H 4
244	prudente	1	H 23
245	prudentibus [Latin]	1	P 5
246	publiques	1	H 20
247	Puis	4	H 7, H 10, H 19, H 21
248	puis	9	P 4, P 7, P 10, H 9 (2), H 10, H 11, H 21, H 22
249	puissance	22	P 3, P 5 (3), P 6, P 8, P 10, H 8, H 10 (3), H 13, H 14, H 16, H 18 (5), H 20 (2), H 22
250	tres-puissant	1	H 3
251	pullulation	1	H 11
252	pulluler	1	H 5
253	punique	2	H 8, H 15
254	pyrenees	1	H 9

Q, q

*	qu'	23	P 5 (3), P 6, P 7, P 10 (4), P 11, P 12, H 4 (2), H 5, H 6 (2), H 7, H 12, H 13, H 15, H 16 (2), H 20
1	quadrin	1	H 17
2	quadrins	1	H 22
3	quædam [Latin]	1	H 22
4	quamvis [Latin]	1	H 22
5	quando [Latin]	1	P 12
6	Quant	1	P 5
7	quant	4	P 5, P 8, P 10, H 15
8	quarante	2	H 7, H 18
9	quarantedeux	1	H 18
10	quaranteung	1	H 18
11	quatorziesme	1	H 5
12	quatrain	1	H 16
13	quatrains	3	P 8, P 12, H 5
14	quatre	6	H 9, H 16 (3), H 17 (2)
15	quatriesme	1	H 16
16	Que	5	P 8, P 9, H 22 (3)
17	que	163	P 3 (5), P 4 (11), P 5 (5), P 6 (7), P 7 (7), P 8 (8), P 9 (13), P 10 (11), P 11 (9), P 12 (3), H 3 (4), H 4 (5), H 5 (5), H 6 (4), H 7 (2), H 8 (6), H 9 (4), H 10 (3), H 11 (4), H 12 (4), H 13 (7), H 14 (3), H 15 (6), H 16 (2), H 17 (2), H 18 (6), H 19 (7), H 20 (5), H 21 (2), H 23 (3)
18	quelconques	1	H 6
19	quelcun	2	H 5, H 7
20	quelcuns	1	H 22
21	quelle	3	H 6, H 14, H 15
22	quelque	11	P 4, P 6, H 3, H 11, H 17, H 18 (2), H 19 (2), H 20, H 22
23	quelques	3	P 5, P 9, H 18
24	quelquesfois	1	P 5
25	quelz	1	H 7
26	quem [Latin]	1	H 22

queu - quoy

27	queue	1	H 17
28	Qui	1	P 4
29	qui	87	P 3, P 5 (4), P 6 (4), P 7 (3), P 8 (2), P 9 (6), P 10 (6), P 11 (5), P 12 (2), H 4 (2), H 5 (4), H 6 (6), H 7, H 8 (4), H 9 (3), H 10 (6), H 11 (5), H 12 (4), H 13, H 14 (3), H 15 (3), H 17 (2), H 18, H 19 (4), H 20 (3), H 21, H 22
30	Quia [Latin]	1	P 5
31	quia [Latin]	1	P 8
32	quinze	1	H 7
33	Quod [Latin]	1	H 5
34	quoy	1	P 6

R,r

1	Rabieux	1	H 11
2	raboter	1	P 8
3	racompte	1	H 4
4	racompter	1	H 6
5	raison	1	P 11
6	raisonnable	1	P 6
7	raisons	1	P 11
8	Rameau	1	H 12
9	raport	1	H 20
10	rayons	1	P 5
11	receu	1	P 5
12	receuë	1	H 10
13	recevant	1	H 18
14	recevoir	2	P 3, P 5
15	recevra	1	H 19
16	recoit	1	P 7
17	reculez	1	H 9
18	redempteur	1	H 7
19	redemption	1	H 7
20	redigé	2	P 7, P 12
21	redresser	1	H 18
22	redressés	1	H 12
23	referées	1	P 7
24	referer	2	P 3, P 4
25	regardera	1	H 9
26	regi	1	P 3
27	regibus [Latin]	1	P 5
28	regions	9	P 4, H 4 (2), H 5 (2), H 10 (3), H 21
29	regis [Latin]	1	H 22
30	regne	8	P 4, P 10, H 11, H 13, H 14, H 16, H 19, H 22
31	Regnes	2	H 12, H 13
32	regnes	3	P 4, H 11 (2)
33	reigle	1	H 4
34	rejectant	1	P 8

reli - reve

35	religieux	1	H 11
36	religion	3	P 4, H 12, H 20
37	religionis [Latin]	1	H 22
38	religions	1	P 4
39	remettant	3	H 7, H 12 (2)
40	remettra	1	H 21
41	remis	1	H 21
42	rend	2	P 9, P 11
43	rendant	2	P 8, P 11
44	rendoit	1	P 7
45	rendz	1	H 8
46	renommee	1	H 15
47	renouvellé	1	H 22
48	renouvellement	1	H 15
49	renouvellera	1	H 11
50	renovation	1	H 18
51	repentance	1	H 10
52	repos	2	H 6, H 22
53	reprendra	1	P 10
54	reprise	1	H 14
55	reprouvée	1	P 7
56	reprov	1	P 7
57	requiers	1	H 23
58	requiert	2	H 8, H 23
59	respandu	1	H 20
60	respect	1	P 4
61	respondra	1	H 5
62	restant	1	H 4
63	reste	1	H 14
64	restitué	1	H 12
65	resveries	1	P 7
66	retirer	3	P 4, P 8, H 22
67	retour	1	P 10
68	retourné	1	H 14
69	retournera	1	P 11
70	retourneront	1	P 11
71	revelation	2	P 7, P 9
72	revelée	2	P 8, P 11
73	reveler	2	P 5, P 9

74	revoluës	1	P 12
75	revolution	5	P 8, P 10, P 11 (2), H 17
76	Revolutions	1	P 11
77	revolutions	1	P 3
78	rex [Latin]	1	H 22
79	rien	7	P 5 (2), P 10, H 5, H 6 (2), H 8
80	rithme	1	H 5
81	Romain	1	H 18
82	Romanie	1	H 10
83	Rome	1	H 18
84	Rouges	1	H 13
85	rougira	1	H 20
86	rougiront	1	H 20
87	Roy	10	H 3 (2), H 5, H 8, H 20 (3), H 21, H 22, H 23
88	Royal	1	H 15
89	royal	1	H 11
90	Royalle	1	H 4
91	Royaume	1	H 11
92	Royaumes	2	H 9, H 21
93	royaumes	1	H 15
94	Roys	7	H 4, H 6, H 15 (2), H 18, H 20 (2)
95	rubuit [Latin]	1	H 21
96	rues	2	H 13, H 20
97	ruyner	1	H 10

S,s

*	s'	14	P 5, P 6, P 10, P 11 (2), H 4 (3), H 5, H 6, H 8 (2), H 18, H 21
1	sa	9	P 9 (2), H 10, H 12, H 14, H 17, H 18, H 20, H 22
2	sacré	1	H 14
3	sacrees	5	H 7, H 15, H 16, H 17, H 20
4	sacrées	1	P 7
5	sacrifice	1	H 15
6	sacrifices	1	H 4
7	sæculi [Latin]	1	P 11
8	sæculum [Latin]	1	P 11
9	sage	1	H 11
10	sain	1	H 7
11	sainct	1	H 20
12	saincte	1	H 15
13	saincteté	1	H 12
14	sainctuaire	1	H 19
15	sainctz	1	H 6
16	saint	2	H 8, H 10
17	Salomon	1	H 16
18	Salon	2	P 12, H 23
19	Salonæ [Latin]	1	H 23
20	*Sancta* [Latin]	1	H 21
21	sanctissime	1	P 11
22	*Sanctorum*[Latin]	1	H 21
23	sanctum [Latin]	1	P 4
24	Sanè [Latin]	1	H 22
25	sang	7	H 9, H 19, H 20 (4), H 21
26	sans	10	P 6, P 7, P 9, H 8 (2), H 13 (2), H 17, H 18, H 20
27	sapientibus [Latin]	1	P 5
28	sarrazins	1	H 7
29	satam	1	H 19
30	Satan	2	H 21, H 22
31	satan	1	H 13
32	Saturne	6	P 10 (2), H 17 (2), H 22 (2)

Concordance of the Letters of Nostradamus (1568 Lyon)

saul - sepa

33	sault	1	H 14
34	saulve	1	H 16
35	Sauveur	1	P 4
36	sauveur	1	H 7
37	scabreux	1	H 5
38	scandalizer	1	P 4
39	scaura	1	H 13
40	sçavoir	1	H 5
41	scavoir	1	H 6
42	scavroit	2	H 5, H 20
43	Scorpio	1	H 17
44	se	26	P 5 (2), P 6, P 7 (2), P 8 (2), P 9, P 11 (3), H 3, H 4, H 9 (2), H 10, H 12 (4), H 13, H 17, H 18 (2), H 21 (2)
45	second	4	H 3, H 9, H 13, H 18
46	seconde	1	H 9, H 10
47	secondement	1	H 8
48	secretement	2	H 12, H 15
49	secretz	4	P 5 (2), P 6, H 8
50	secte	4	P 4, H 9, H 10, H 15
51	sectes	5	P 4, H 9, H 10, H 13, H 17
52	sed [Latin]	3	P 12, H 22 (2)
53	seduction	2	H 19, H 20
54	seduitz	1	H 19
55	seichent	1	P 7
56	Seigneur	1	P 12
57	Seigneurs	1	H 15
58	seize	1	H 7
59	seline	1	P 8
60	selon	9	P 10, H 6, H 7 (4), H 17 (3)
61	semble	1	P 11
62	semblera	1	H 13
63	sen	1	H 11
64	sens	7	P 7, P 8, P 9, P 11(2), H 5, H 8
65	sensuit	1	H 15
66	sentence	3	P 4, H 8 (2)
67	sentences	1	P 4
68	separé	1	H 18
69	separez	1	H 11

sepm - simi

70	sepmaine	1	P 8
71	sepmaines	1	H 4
72	sept	5	P 10, H 11, H 15, H 17, H 18
73	septante	4	P 10, H 7, H 11, H 17
74	Septembre	1	H 17
75	Septentrion	1	H 10
76	septentrionaulx	1	H 14
77	septiesme	3	P 10, H 5, H 19
78	sepulchre	1	H 14
79	sera	74	P 3, P 4, P 8, P 10 (5), P 11 (2), P 12 (2), H 5, H 6 (2), H 9 (6), H 10 (3), H 11 (6), H 12 (4), H 13 (3), H 14 (10), H 15 (4), H 17 (2), H 18 (7), H 19 (7), H 20 (2), H 21 (2), H 22 (3)
80	serain	1	H 14
81	seray	1	P 3
82	sereniss	1	H 22
83	serenissime	3	H 3, H 8, H 23
84	seroit	3	P 3, H 6, H 16
85	Seront	1	H 14
86	seront	24	P 10, P 12 (2), H 9, H 10 (2), H 11, H 12 (3), H 13 (2), H 14 (3), H 15 (3), H 19, H 20, H 21 (3), H 22
87	serpens	1	H 6
88	serviteur	1	H 3
89	servitude	2	P 10, H 12
90	SES	1	P 3
91	ses	11	P 11, H 4, H 6, H 10 (2), H 14, H 15 (2), H 18, H 20, H 21
92	seul	4	P 9 (2), H 6, H 8
93	seulement	4	P 4, H 7, H 11, H 23
94	si	30	P 4 (3), P 5, P 6 (2), P 7, P 9 (3), P 10 (7), H 6, H 7, H 9, H 13 (2), H 15 (2), H 16, H 18, H 19, H 21 (2), H 23
95	siecle	4	P 10H 15, H 18, H 22
96	siecles	2	P 4, P 7
97	signe	1	H 17
98	signes	1	P 10
99	significatrices	1	P 11
100	similitude	1	P 5

Concordance of the Letters of Nostradamus (1568 Lyon)

sing - sous

101	singulier	1	H 4
102	singuliere	2	H 3, H 23
103	sinistres	2	P 4, P 12
104	sinon	1	P 7
105	Sire	3	H 5, H 15, H 16
106	sire	1	H 20
107	sit [Latin]	1	H 22
108	six	4	H 7, H 16 (3)
109	sixiesme	1	H 9
110	societé	1	H 15
111	sois	1	P 3
112	soit	7	P 9, P 10 (3), H 6, H 11, H 21
113	soixante	1	H 16
114	solaire	2	H 11, H 23
115	Solaires	2	H 16
116	Soleil	3	P 5, H 14, H 17
117	soleil	2	P 10, H 14
118	Soli [Latin]	1	P 4
119	solicitude	1	H 6
120	solitaire	1	P 8
121	solus [Latin]	1	H 22
122	soluta [Latin]	1	P 12
123	solveret [Latin]	1	H 15
124	sommes	1	P 5
125	sommes	1	P 10
126	son	25	P 7, P 9 (2), P 10 (3), P 11, H 3, H 5, H 9, H 11 (3), H 12, H 13, H 15, H 16, H 17, H 18, H 20 (2), H 21 (3), H 22
127	songes	1	P 11
128	sont	25	P 3, P 4, P 5, P 6 (3), P 7 (2), P 8 (3), P 9, P 10, P 11, P 12, H 5, H 6, H 7 (3), H 8, H 16, H 17, H 20, H 22
129	sortira	2	H 11, H 12
130	soubstenant	1	H 13
131	soubstenu	1	H 15
132	soubz	8	P 4, P 6, P 8, P 9, P 12, H 7, H 8, H 14
133	souefve	1	P 8
134	soustenue	1	H 9
135	soustenuz	1	H 8

136	souvent	2	P 11, H 4
137	souverain	3	H 4, H 7, H 23
138	souveraine	2	H 3, H 8
139	soy	3	P 6, H 5, H 12
140	soyent	2	P 6, H 8
141	soyons	1	P 10
142	sphere	1	P 10
143	spiritu [Latin]	1	P 4
144	spiritum [Latin]	1	H 8
145	splendeur	2	H 4, H 23
146	spoliant	1	H 12
147	stable	1	P 11
148	Stechades	1	H 14
149	sterile (see also sterille)	2	H 10, H 11
150	sterilité	1	H 9
151	sterille (as l'sterile)	1	H 12
152	stimluler	1	H 12
153	sub [Latin]	1	P 12
154	subit	1	P 7
155	subite	1	P 8
156	subitement	2	H 4, H 9
157	subject	2	P 8, H 3
158	subjects	1	P 5
159	subjectz	1	P 5
160	sublime	1	H 12
161	sublimité	1	P 6
162	substances	1	H 14
163	subtil	1	P 5
164	succombé	2	H 10
165	sucitateur	1	H 11
166	suis	2	P 4, P 8
167	summa [Latin]	1	H 22
168	sunt [Latin]	2	P 8, H 22
169	super [Latin]	1	H 8
170	superflu	1	H 5
171	superieur	2	P 11, H 15
172	supernaturelle	2	P 8, P 9
173	supplie	1	P 7
174	Supputant	1	H 5
175	supputation	9	H 6 (2), H 7 (3), H 8, H 17 (2), H 20

Concordance of the Letters of Nostradamus (1568 Lyon)

supp - suyv

176	supputations	2	H 4, H 19
177	supputé	2	H 5, H 17
178	sur	3	H 10, H 13, H 15
179	surprins	2	P 6, P 8
180	surviendra	1	H 20
181	sus	2	H 15, H 16
182	susdit	1	H 19
183	suyvant	1	H 17
184	suyvantes	1	H 21

T,t

1	ta	1	P 9
2	taire	1	P 4
3	tant	13	P 4, P 8, P 10, H 3, H 4, H 5, H 7, H 11 (2), H 14, H 15, H 21, H 22
4	tanta [Latin]	1	H 22
5	TARD	1	P 3
6	tarde	1	H 10
7	te	6	P 3, P 5, P 7, P 8, P 9, P 12
8	tel	2	H 8, H 22
9	telle	9	P 9 (2), H 8, H 9, H 10, H 11 (2), H 15, H 21
10	Tellement	1	H 13
11	tellement	5	H 4, H 5, H 8, H 10, H 20
12	telles	4	P 7, P 10, H 9, H 20
13	telz	3	H 7, H 8, H 19
14	temeraire	1	H 4
15	temerité	1	H 9
16	tempestes	1	P 12
17	temple	2	H 16, H 17
18	temples	5	H 4 (2), H 8, H 12, H 20
19	tempora [Latin]	1	P 5
20	temporelz	2	H 18, H 20
21	temporis [Latin]	1	H 11
22	temps	45	P 3 (2), P 4 (3), P 6 (2), P 8 (2), P 10, P 12 (2), H 3, H 4, H 5 (3), H 6 (2), H 7 (6), H 8, H 9 (2), H 11 (2), H 12 (3), H 13, H 14, H 15, H 16, H 17 (2), H 18 (2), H 19 (2), H 22 (2)
23	tempus [Latin]	1	H 11
24	tenant	1	P 8
25	tenantz	1	H 9
26	tendre	1	P 8
27	tenebres	3	H 11, H 13, H 18
28	tenebreux	1	H 11
29	tenue	1	H 18
30	tenuibus [Latin]	1	P 5

term - tout

31	terme	2	P 10, P 12
32	terre	9	P 8 (2), P 9, P 11 (2), H 11 (2), H 12, H 16
33	terrene	1	P 3
34	terrenne (as n'terrene)	1	H 6
35	terrestrement	1	H 8
36	terroir	1	P 10
37	tes	2	P 3
38	testament	1	H 21
39	teste	2	H 17
40	tiendra	2	H 11, H 20
41	tiennent	1	H 16
42	tiens	1	H 16
43	tierce	1	H 13
44	tiers	2	H 10, H 21
45	tige	1	H 11
46	tiltre	3	P 6, H 8, H 21
47	timidité	1	H 10
48	tombant	1	H 9
49	tombera	2	P 10, P 11
50	TON	1	P 3
51	ton	8	P 3 (2), P 6, P 7, P 8, P 9 (2), P 12
52	topographies	1	P 10
53	torne	1	H 22
54	tornera	1	H 22
55	tost	3	H 4, H 8, H 23
56	total	1	P 10
57	totale	2	P 6, P 10
58	totalement	1	P 5
59	totalle	1	H 14
60	totallement	1	H 13
61	totius [Latin]	1	H 22
62	touchant	1	H 12
63	tourner	1	H 12
64	tournera	2	H 17, H 21
65	tous	9	H 4, H 6, H 10 (2), H 12, H 15, H 16, H 21 (2)
66	tout	31	P 3, P 4 (3), P 6 (2), P 7, P 10 (3), P 11, P 12, H 5 (3), H 6, H 7, H 8, H 10 (2), H 12, H 13, H14, H15 (2), H 17 (3), H 20 (2), H 21
67	toute	11	P 6 (2), P 7, P 9 (3), H 4, H 6, H 11, H 19, H 20

tout - trou

68	toutes	8	P 8, P 11, H 5 (2), H 7, H 14, H 21, H 22
69	Toutesfois	1	H 16
70	toutesfois	1	P 5
71	toy	2	P 3, P 12
72	tranquilité	1	H 6
73	transformation	1	P 8
74	translatee	1	H 9
75	translation	1	H 11
76	transmigration	1	H 10
77	transportee	1	H 4
78	trasibulus	1	H 13
79	tremblante	1	H 9
80	tremblemens	1	H 11
81	tremblera	2	H 10, H 15
82	trembleront	3	H 9, H 10, H 21
83	trencheront	1	H 19
84	trente	3	H 9, H 16 (2)
85	trentesept	1	H 18
86	tres-	6	H 3 (5), H 5
87	tresclement	1	H 23
88	tresgrande	1	H 14
89	treshault	1	H 18
90	tresprudent	1	H 4
91	tressage	1	H 4
92	tribulation	1	H 19
93	tribulations	1	H 21
94	Trinacrie	2	H 10, H 19
95	tripode	1	H 6
96	tristes	1	H 8
97	triumvirat	1	H 15
98	trois (see also troys)	13	P 8, P 10, P 11, H 4, H 7, H 9 (3), H 10, H 11, H 13, H 15, H 17
99	troisiesme (see also troysieme)	1	P 5
100	trop	6	P 5, P 7 (2), P 9, P 11, H 4
101	tropeau	1	H 14
102	trouble	1	P 7
103	trouve	3	P 9 (2), P 11
104	trouvera	3	P 10, H 9, H 21
105	trouveroient	1	P 4

trou - tumu

106	trouveront	1	H 22
107	troys (as trois)	2	H 13, H 20
108	troysieme (as troisiesme)	1	H 9
109	tu	5	P 3, P 7, P 8, P 9 (2)
110	tua [Latin]	2	H 22
111	tumulte	1	H 15

U,u

1	un	21	P 5, P 8, P 12, H 4 (3), H 7, H 8 (3), H 9 (2), H 12, H 15, H 16, H 17 (2), H 20 (3), H 22
2	undes	2	P 8, H 18
3	une	24	P 7, P 8, P 9 (3), P 10, P 12, H 3, H 4 (5), H 6, H 8, H 9, H 11, H 12 (2), H 17 (2), H 18, H 19, H 22
4	ung	4	H 11, H 13, H 15, H 19
5	ungs	1	H 22
6	unies	1	H 9
7	union	2	H 10, H 11
8	unique	2	H 7, H 8
9	univers	2	H 4, H 12
10	universel	3	H 7, H 16, H 21
11	universelle	5	P 10, H 14, H 16, H 19, H 22
12	universellement	1	P 9
13	uns	2	P 9, P 10
14	uny	4	H 6, H 11, H 18, H 20
15	unys	3	H 9, H 15, H 20
16	unyz	2	H 9, H 10
17	unze	1	P 10
18	urgentes	1	P 4
19	usurperont	1	H 14
20	Ut [Latin]	1	H 15
21	ut [Latin]	2	H 15, H 22

V,v

1	vague	1	P 9
2	vaincu	1	H 14
3	vains	1	H 14
4	valable	1	H 7
5	vanité	1	P 7
6	vanitez	1	P 7
7	Varron	1	H 7
8	vaticination	1	P 5
9	vaticinations	3	P 5, P 8, P 11
10	vaticinatrice	1	P 5
11	vayne	1	H 10
12	vefves	1	H 21
13	venant	1	P 11
14	veneration	2	H 14
15	venerer	1	H 3
16	vengeance	1	H 14
17	Venise	1	H 18
18	venois	1	P 4
19	venoit	3	P 5 (2), P 7
20	ventura [Latin]	1	H 22
21	venu	1	P 3
22	venue	1	H 10
23	Venus	2	H 17
24	venus	1	P 12
25	veoir	2	P 7, H 22
26	verberibus [Latin]	1	P 12
27	veritable	1	H 7
28	veritas [Latin]	1	H 5
29	vernal	1	H 11
30	verras	1	P 9
31	verront	2	P 12, H 20
32	vers	1	H 10
33	vertu	4	P 4, P 6 (2), P 8
34	vestal	1	H 21

Concordance of the Letters of Nostradamus (1568 Lyon)

vest - voit

35	vestiges	1	H 21
36	vestræ [Latin]	1	H 8
37	vestri [Latin]	1	H 8
38	veu	4	P 3, P 4, P 6, P 7
39	veux	3	P 3, P 6, P 8
40	vicaire	3	H 11, H 18, H 21
41	victoire	1	H 3
42	victorieux	2	H 3, H 15
43	videare [Latin]	1	H 22
44	videns [Latin]	1	P 6
45	Vie	1	P 3
46	vie	3	P 11, P 12, H 4
47	viendra	2	P 10, P 11
48	viendroient	1	P 4
49	viendront	4	P 7, P 12, H 19, H 20
50	viendroys	1	H 4
51	viennent	2	P 5
52	Viens	1	P 11
53	vient	9	P 5 (2), P 6, P 8, P 9 (2), P 11 (2), H 8
54	vierge	1	H 7
55	vieux	1	H 21
56	vigilant	1	P 6
57	vigilations	1	P 3
58	villes	5	H 4, H 5, H 12, H 21 (2)
59	vin	1	H 20
60	vingt	1	H 7
61	vingts	1	H 17
62	vint	2	H 7
63	violees	1	H 21
64	virga [Latin]	1	P 12
65	vis	1	P 9
66	visible	1	P 10
67	visibles	1	H 22
68	vision	2	H 8, H 14
69	Visitabo [Latin]	1	P 12
70	vivant	1	H 6
71	vocabatur [Latin]	1	P 6
72	voire	1	P 4
73	voit	1	P 6

74	voix	1	P 7
75	vollant	1	H 14
76	volontaire	2	P 5, H 12
77	volonté	2	H 6, H 19
78	volumes	1	P 7
79	volumus [Latin]	1	H 22
80	vos	1	P 4
81	vostre	9	H 3 (2), H 4 (2), H 6, H 16, H 23 (3)
82	voudroit	1	H 19
83	voudroyent	1	H 6
84	voulant	1	H 12
85	vouldra	1	H 10
86	vouldront	1	H 12
87	vouloir	1	P 11
88	voulois	1	H 15
89	voulu	6	P 4 (2), P 5, P 7, P 8, P 9
90	vous	1	H 23
91	voyant	6	P 9, H 4 (3), H 8, H 22
92	voye	3	H 5, H 9, H 15
93	voyent	1	P 5
94	voyes	1	H 12
95	voyle	1	H 10
96	voyles	1	H 18
97	voz	1	H 6
98	vray	5	P 4, P 9, H 5, H 6, H 18
99	vraye	2	H 6, H 13
100	vrayement	1	P 11
101	vrays	1	H 20
102	vueille	4	P 8, P 10, P 12, H 6
103	vueilles	1	P 7
104	vuidant	1	H 6
105	Vulcan	1	P 7

W,w

No words beginning with W.

X,x

1	xj. [see Numerals]	1	H 20
2	xxvij. [see Numerals]	1	H 23

Y,y

1	y	4	P 11, H 5, H 8 (2)
2	yeulx	3	H 13, H 14, H 23
3	yeux	1	P 11
4	yre (as ire)	1	H 14
5	yssue	3	H 16

Z,z

1	Zerses	1	H 10

Numerals

1	xj.	1	H 20
2	xxvij.	1	H 23
3	3.	1	H 17
4	7.	1	H 17
5	9.	1	H 17
6	14.	1	H 17
7	16.	1	H 17
8	17.	1	H 17
9	22.	2	H 17
10	24.	1	H 17
11	25.	3	H 17, H 21
12	27.	1	H 17
13	48.	2	H 10
14	50.	1	H 10
15	52.	1	H 10
16	1555.	2	P 12
17	1557.	1	H 5
18	1587.	1	H 5
19	1606 (no period mark)	1	H 5
20	3797.	1	P 8

Katrina Pearls Nostradamus Series, by Robert Tippett

Other Symbols

Ampersands

339 P3 (4), P4 (15), P5 (14), P6, P7 (7), P8 (11), P9 (15), P10 (18), P11 (6), P12 (8), H3 (6), H4 (15), H5 (12), H6 (10), H7 (7), H8 (10), H9 (6), H10 (14), H11 (17), H12 (16), H13 (10), H14 (17), H15 (16), H16 (3), H17 (11), H18 (12), H19 (8), H20 (11), H21 (21), H22 (16), H23 (2)

Period Marks

134 P3 (4), P4 (4), P5 (4), P6 (5), P7 (5), P8 (6), P9 (3), P10 (3), P11 (2), P12 (6), H3 (3), H4, H5 (5), H6 (4), H7 (2), H8 (3), H9 (2), H10 (8), H11 (2), H12 (2), H13 (4), H14 (7), H15, H16 (8), H17 (16), H18 (2), H19 (4), H20 (3), H21 (4), H22 (6), H23 (5)

Comma Marks

263 P3 (11), P4 (31), P5 (29), P6 (30), P7 (21), P8 (33), P9 (27), P10 (31), P11 (25), P12 (25), H3 (10), H4 (23), H5 (20), H6 (21), H7 (23), H8 (18), H9 (22), H10 (15), H11 (18), H12 (24), H13 (19), H14 (17), H15 (23), H16 (13), H17 (19), H18 (11), H19 (8), H20 (13), H21 (17), H22 (19), H23 (3)

Colon Marks

46 P3 (3), P4 (2), P5 (7), P6 (4), P7 (5), P8 (7), P9 (4), P10 (6), P11 (4), P12 (4), H3, H5 (2), H6, H7 (3), H8 (3), H9 (4), H10, H14, H16, H17, H19

No Other Marks Present

The Letter of Preface

introducing the quatrains

of *The Prophecies* of Nostradamus

The Preface to *The Prophecies* of Nostradamus (1568 Lyon)

Foreword

The words listed are based on the facsimiles of *The Prophecies* made available on the Internet. They are primarily reproduced here as spelled in the 1568 Lyon edition. However, some of those facsimiles are not clear in some areas, making it necessary to view other editions, based on the 'chapter' the words are from.

Clear 1555 editions ("*Centuries*" I through VII) may have been used to confirm some spelling. The 1566 Lyon edition has been made the last resort to check spelling of a blurred word, due to it being the source of misspelling, demanding the 1568 edition. Therefore, some confirmation of spelling come from later reproductions, extending into the seventeenth century.

Some of the seventeenth century editions produce additional quatrains that have been recognized as discovered after 1568. These discoveries presented come from new *Centuries*, which are numbered XI and XII. Due to the theme of those addition verses appearing to match that of the main book, those words have been collected and are included in this concordance. They are duly noted by their *Centurie* numbers.

Many words that are misspelled are considered to be anagrams. Some, such as words containing an extra "l" in the spelling, are considered "simple anagrams," where the extra "l" is removed and placed at the beginning, acting as a contracted word. Other words are more complex and cannot so simply be solved. Still, some unique words that are not known are noted as how they might possibly be read.

PREFACE
DE M. MICHEL
NOSTRADAMUS A SES
Propheties.

Ad Cæsarem Nostradamum filium
Vie & felicité.

TON TARD advenement Cæsar Nostradame mon filz, m'a faict mettre mon long temps par continuelles vigilations nocturnes referer par escript, toy delaisser memoire, apres la corporelle extinction de ton progeniteur, au commun proffit des humains, de ce que la Divine essence par Astronomiques revolutions m'ont donné cognoissance. Et depuis qu'il a pleu au Dieu immortel que tu ne sois venu en naturelle lumiere dans ceste terrene plaige, & ne veux dire tes ans, qui ne sont encores accompaignez, mais tes moys Martiaux incapables à recevoir dans ton debile entendement ce que je seray contrainct apres mes jours definer : veu qu'il n'est possible te laisser par escrit, ce que seroit par l'injure du temps obliteré : car la parolle hereditaire de l'occulte prediction sera dans mon estomach intercluse : considerant aussi les aventures de l'humaine definement estre incertaines, & que le tout est regi & gouverné par la puissance de Dieu inextimable,

4

nous inspirant non par bacchante fureur, ne par limphatique mouvement, mais par astronomiques assertions. Soli numine divino afflati præsagiunt, & spiritu prophetico particularia. Combien que de long temps par plusieurs foys j'aye predict long temps au paravant ce que depuis est advenu, & en particulieres l'regions, attribuant le tout estre faict par la vertu & inspiration divine, & autres felices & sinistres adventures de acceleree promptitude prononcées, que depuis sont advenues par les climatz du monde : ayant voulu taire & delaissé pour cause de l'injure, & non tant seulement du temps present, mais aussi de la plus grande part du futeur, de mettre par escrit, pource que les regnes, sectes, & religions feront changes si opposites, voire au respect du present diametralement, que si je venois à referer ce que à l'advenir sera, ceux de regne, secte, religion, & foy trouveroient si mal accordant à leur fantasie auriculaire, qu'ilz viendroient à damner ce que par les siecles advenir on cognoistra estre veu & apperceu. Considerant aussi la sentence du vray Sauveur : Nolite sanctum dare canibus, nec mittatis margaritas ante porcos, ne conculcent pedibus & conversi dirumpant vos. Qui à esté la cause de faire retirer ma langue au populaire, & la plume au papier, puis me suis voulu estendre eclarant pour le commun advenement, par obstruses & perplexes sentences les causes futures, mesmes les plus urgentes, & celles que j'ay apperceu, quelque humaine mutation que advienne ne scandalizer l'auriculaire fragilité, & le tout escript soubz figure nubileuse, plus que du tout prophetique combien que, Abscondisti hæc à

5

sapientibus, & prudentibus, id est, potentibus & regibus, enucleasti ea exiguis & tenuibus, & aux Prophetes : par le moyen de Dieu immortel, & des bons Anges ont receu l'esprit de vaticination, par lequel ilz voyent les causes loingtaines, & viennent à prevoir les futurs advenements : car rien ne se peut parachever sans luy, ausquelz si grande est la puissance & la bonte aux subjects, que pendant qu'ilz demeurent en eux, toutesfois aux autres effectz subjectz, pour la similitude de la cause du bon genius, celle chaleur & puissance vaticinatrice s'approche de nous : comme il nous advient des rayons du Soleil, qui se viennent gettans leur influence aux corps elementaires, & non elementaires. Quant à nous qui sommes humains ne pouvons rien de nostre naturelle cognoissance & inclination d'engin, cognoistre des secretz obstruses de Dieu le Createur : Quia non est nostrum noscere tempora, nec momenta, & c. Combien qu'aussi de present peuvent advenir & estre personnaiges, que Dieu le createur aye voulu reveler par imaginatives impressions, quelques secretz de l'advenir, accordes a l'Astrologie judicielle, comme du passe, que certaine puissance & volontaire faculté venoit par eux, comme flambe de feu apparoir, que luy inspirant on venoit à juger les divines & humaines inspirations. Car les œuvres divines, que totalement sont absolues, Dieu les vient parachever : la moyenne qui est au milieu, les Anges : la troisiesme les mauvais.
Mais mon filz je te parle icy un peu trop obstrusement : mais quant aux occultes vaticinations qu'on vient à recevoir par le subtil esprit du feu, qui quelquesfois par l'entendement agite contemplant

6

le plus haut des astres, comme estant vigilant, mesmes qu'aux prononciations, estant surprins escriptz prononcant sans crainte, moins attainct d'inverecunde loquacité : mais quoy tout procedoit de la puissance Divine de grand Dieu eternel, de qui toute bonté procede. Encores, mon filz, que j'aye inferé le nom de Prophete, je ne me veux attribuer tiltre de si haulte sublimité pour le temps present : car qui Propheta dicitur hodie, olim vocabatur videns: car Prophete proprement, mon filz, est celuy qui voit choses loingtaines de la cognoissance naturelle de toute creature. Et cas advenant que le Prophete moyennant la parfaicte lumiere de la prophetie, luy appaire manifestement des choses divines, comme humaines, que ce ne peut faire, veu les effectz de la futur prediction s'estendent loing. Car les secretz de Dieu sont incomprehensibles, & la vertu effectrice contingent de longue estendue de la cognoissance naturelle, prennent leur plus prochain origine du liberal arbitre, faict apparoir les causes qui d'elles mesmes ne peuvent acquerir celle notice pour estre cognues, ne par humains augures, ne par autre cognoissance, ou vertu occulte, comprinse soubz la concavité du ciel, mesme du faict present de la totale eternité, que vient en soy embrasser tout le temps. Mais moyennant quelque indivisible eternité, par comitiale agitation Hiraclienne, les causes par le celeste mouvement sont cogneuës. Je ne dis pas, mon filz, affin que bien l'entendez, que la cognoissance de ceste matiere ne se peut encores imprimer dans ton debile cerveau, que les causes futures bien loingtaines ne soyent à la cognoissance de la creature raisonnable : si sont nonobstant bonnement

7

la creature de l'ame intellectuelle des causes presentes loingtaines, ne luy sont du tout ne trop occultes, ne trop referées : mais la parfaicte des causes notices ne se peut acquerir sans celle divine inspiration : veu que toute inspiration prophetique recoit prenant son principal principe mouvant de Dieu le createur, puis de l'heur, & de nature. Parquoy estans les causes indifferantes, indifferentement produictes, & non produictes, le presaige partie advient, ou a esté predit. Car l'entendement crée intellectuellement ne peut veoir occultement, sinon par la voix faicte au lymbe moyennant la exigue flamme en laquelle partie les causes futures se viendront à incliner. Et aussi mon filz je te supplie que jamais tu ne vueilles employer ton entendement à telles resveries & vanitez qui seichent le corps & mettent à perdition l'ame, donnant trouble au foyble sens : mesmes la vanité de la plus que execrable magie reprouvée jadis par les sacrées escritures, & par les divins canons, au chef duquel est excepté le jugement de l'Astrologie judicielle : par lequelle & moyennant inspiration & revelation divine par continuelles supputations, avons noz propheties redigé par escrit. Et combien que celle occulte Philosophie ne fusse reprovée, n'ay onques voulu presenter leurs effrenées persuasions : combien que plusieurs volumes qui ont esté cachés par longs siecles ne sont esté manifestées. Mais doutant ce qui adviendroit, en ay faict apres la lecture, present à Vulcan, que ce pendant qu'il les venoit à devorer la flamme leschant l'air rendoit une clarté insolite, plus claire que naturelle flamme, comme lumiere de feu de clystre fulgurant, illuminant subit la maison, comme si elle fust esté

8

en subite conflagration. Parquoy à fin que à l'advenir ne feussies abusé, perscrutant la parfaicte transformation tant seline que solitaire, & soubz terre metaux incorruptibles, & aux undes occultes, les ay en cendres convertu. Mais quant au jugement que se vient parachever, moyennant le jugement celeste, cela te veux je manifester : parquoy avoir cognoissance des causes futures, rejectant loing les fantastiques imaginations qui adviendront, limitant la particularité des lieux, par divine inspiration supernaturelle : accordant aux celestes figures, les lieux, & une partie du temps de proprieté occulte par vertu, puissance, & faculté divine : en presence de laquelle les trois temps sont comprins par eternité, revolution tenant à la cause passée, presente & future : quia omnia sunt nuda & aperta &c. Parquoy mon filz, tu peux facilement nonobstant ton tendre cerveau, comprendre que les choses qui doivent advenir, se peuvent prophetizer par les nocturnes & celestes lumieres, que sont naturelles, & par l'esprit de prophetie : non que je me vueille attribuer nomination ny effect prophetique, mais par revelée inspiration, comme homme mortel, esloigné non moins de sens au ciel, que des piedz en terre. Possum non errare, falli, decipi: suis pecheur plus grand que nul de ce monde, subject à toutes humaines afflictions. Mais estant surprins par fois la sepmaine limphatiquant, & par longue calculation, rendant les estudes nocturnes de souefve odeur, j'ay composé livres de propheties, contenant chacun cent quatrains astronomiques de propheties, lesquelles j'ay un peu voulu raboter obscurement : & sont perpetuelles vaticinations, pour d'icy à année 3797. Que possible sera retirer

9

le front à quelques uns, en voyant si longue entension, & par soubz toute la concavité de la Lune aura lieu & intelligence : & ce entendant universellement par toute la terre les causes, mon filz. Que si tu vis l'aage naturel & humain tu verras devers ton climat, au propre ciel de ta nativité, les futures adventures prevoir. Combien que le seul Dieu eternel soit celuy seul qui cognoist l'eternité de sa lumiere, procedant de luy mesmes, & je dis franchement que à ceux à qui sa magnitude immense, qui est sans mesure & incomprehensible, a voulu par longue inspiration melancolique reveler, que moyennant icelle cause occulte manifestée divinement, principalement de deux causes principales, qui sont comprinses à l'entendement de celuy inspiré qui prophetise, l'une est que vient à infuser, esclarcissant la lumiere supernaturelle, du personnaige qui predit par la doctrine des Astres & prophetise par inspirée revelation : laquelle est une certaine participation de la divine eternité, moyennant le Prophete vient à juger de cela que son divin esprit luy a donné, par le moyen de Dieu le createur, & par une naturelle instigation : c'est assavoir que ce que predit, est vray & a prins son origine etheréement : & telle lumiere & flamme exigue est de toute efficace, & de telle altitude, non moins que la naturelle clarté, & naturelle lumiere rend les Philosophes se asseurez, que moyennant les principes de la premiere cause ont attainct à plus profondes abysmes de plus hautes doctrines. Mais à celle fin, mon filz, que te ne vague trop profondement pour la capacité future de ton sens, & aussi que je trouve que les lettres feront si grande & incomparable jacture, que je trouve le monde avant

10

l'universelle conflagration advenir tant de deluges & si hautes inundations, qu'il ne sera guieres terroir qui ne soit covert d'eau : & sera par si long temps que hors mis enographies & topographies que le tout ne soit pery : aussi avant telles & apres inundations, en plusieurs contrées les pluyes seront si exigues, & tombera du ciel si grande abondance de feu & de pierres candentes, qui ny demourera rien qu'il ne soit consummé : & cecy advenir, en brief, & avant la derniere conflagration. Car encores que la planette de Mars paracheve son siecle, & à la fin de son deniere periode, si le reprendra il : mais assemblez les uns en Aquarius par plusieurs années, les autres en Cancer par plus longues & continues. Et maintenant que sommes conduicts par la Lune, moyennant la totale puissance de Dieu eternel, que avant qu'elle aye parachevé son total circuit, le soleil viendra, & puis Saturne. Car selon les signes celestes le regne de Saturne sera de retour, que le tout calculé, le monde, s'approche, d'une anaragonique revolution : & que de present que cecy j'escriptz avant cent septante sept ans trois mois unze jours, par pestilence, longue famine, & guerres, & plus par les inundations le monde entre cy & ce terme prefix, avant & apres par plusieurs foys, sera si diminué, & si peu de monde sera, que lon ne trouvera qui vueille prendre les champs, qui deviendront liberes aussi longuement qu'ilz sont estés en servitude : & ce quant au visible jugement celeste, que encores que nous soyons au septiesme nombre de mille qui paracheve le tout, nous approchant du huictiesme, ou est le firmament de la huictiesme sphere, qui est en dimension latitudinaire, on le grand Dieu eternel

11

viendra parachever la revolution : ou les images celestes retourneront à se mouvoir, & le mouvement superieur qui nous rend la terre stable & ferme, non inclinabitur in sæculum sæculi: hors mis que son vouloir sera accomply, ce sera, mais non point autrement : combien que par ambigues opinions excedants toutes raisons naturelles par songes Machometiques, aussi aucunesfois Dieu le createur par les ministres de ses messagiers de feu en flamme missive vient à proposer aux sens exterieurs mesmement à noz yeux, les causes de futur prediction significatrices du cas futur, qui se doit à celuy qui presaige manifester. Car le presaige qui se faict de la lumiere exterieure vient infalliblement a juger partie avecques & moyennant le lume exterieur : combien vrayement que la partie qui semble avoir par l'œil de l'entendement, ce que n'est par la lesion du sens imaginatif, la raison est par trop evidence, le tout estre predict par afflation de divinité, & par le moyen de l'esprit angelicque inspiré à l'homme prophetisant, rendant oincles de vaticinations le venant à illuminer, luy esmouvant le devant de la phantasie par diverses nocturnes apparitions, que par diurne certitude prophetise par administration Astronomicque, conjoincte de la sanctissime future prediction, ne considerant ailleurs qu'au courage libre. Viens à cest heure entendre mon filz, que je trouve par mes Revolutions que sont accordantes à revelée inspiration, que le mortel glaive s'approche de nous maintenant, par peste, guerre plus horrible que à vie de trois hommes n'à esté, & famine, lequel tombera en terre, & y retournera souvent, car les Astres s'accordent à la revolution,

12

& aussi à dict : Visitabo in virga ferrea iniquitates eorum, & in verberibus percutiam cos, car la misericorde de Dieu ne sera point dispergée un temps, mon filz, que la pluspart de mes Propheties seront accomplies, & viendront estre par accomplissement revoluës. Alors par plusieurs fois durant les sinistres tempestes, Conteram ergo, dira le Seigneur, & confringam, & non miserebor: mille autres adventures qui adviendront par eaux & continuelles pluyes, comme plus à plain j'ay redigé par escrit, aux miennes autre Propheties, qui sont composées tout au long, in soluta oratione, limitant les lieux, temps, & le terme prefix, que les humains apres venus, verront cognoissants les adventures advenues infalliblement, comme avons noté par les autres, parlans plus clairement : nonobstant que soubz nuée seront comprinses les intelligences : sed quando sub movenda erit ignorantia, le cas sera plus esclarci. Faisant fin mon filz,
    prens donc ce don de ton pere M. Nostradamus,
    esperant toy declarer une chacune Prophetie des
        quatrains icy mis. Priant au Dieu im-
          mortel qu'il te vueille prester vie, long-
            ue, en bonne & prospere felici-
              té. De Salon ce premier de
                Mars 1555.
                  * *
                   *

The Epistle to Henry II explaining the quatrains of *The Prophecies* of Nostradamus

The Epistle to Henry II from Nostradamus (1568 Lyon)

Foreword

The pages following are a reproduction of the pages in the 1568 Lyon edition that are placed between the end of the quatrains in *Centurie* VII and before the beginning of the quatrains in *Centurie* VIII. As in the Preface, the words of the letter sent to King Henry II of France were not too enigmatic to decipher. The problem with understanding this letter is it reads like a madman rambling, with little congruence in lone run-on "sentences."

The way to read this letter so it makes sense is to divide it into congruent parts. By coming to that realization, one can see the broadest stroke explanation Nostradamus sent to his king says the same divide and reorganization must be done with the quatrains. That says all who offer conjecture that Nostradamus gazed into a bowl of water and had visions (which he saw poetically), so he had no control over the randomness of what he saw, is wrong. Everything is made most confusing because of the purposeful omission of order. The epistle to Henry makes that clear, without needing to delve into the specifics of the letter

A L'INVICTISSIME,
tres-puissant, & tres-chrestien Henry
Roy de France second :Michel
Nostradamus son tres-humble,
tres-obeissant serviteur &
subject,victoire &
felicité.

POUR icelle souveraine observation que j'ay eu, ô tres-chrestien & tres-victorieux Roy, depuis que ma face estant long temps obnubilee se presente au devant de la deité de vostre majesté immesuree, depuis en ça j'ay esté perpetuellement esblouy, ne desistant, d'honnorer & dignement venerer iceluy jour que premierement devant icelle je me presentay, Comme a une singuliere majesté tant humaine. Or cherchant quelque occasion par laquelle je peusse manifester le bon cœur & franc courage que moyennant iceluy mon pouvoit eusse faict ample extension de cognoissance envers vostre serenissime majesté.

4

Or voyant que par effectz le declairer ne m'estoit possible, joint avec mon singulier desir de ma tant longue obtenebration & obscutité estre subitement eclarcie & transportee au devant de la face du souverain œil & du premier monarque de l'univers, tellement que j'ay esté en doubte longuement a qui je viendroys consacrer ces trois Centuries du restant de mes propheties, parachevant la miliade, & apres avoir eu longuement cogité d'une temeraire audace ay prins mon adresse envers vostre magesté, n'estant pour cela estonné, comme racompte le gravissime aucteur Plutarque en la vie de Lycurgue, que voyant les offres & presens qu'on faisoit par sacrifices aux temples des dieux immortelz d'iceluy temps, & a celle fin que lon ne s'estonnast par trop souvent desdicts fraiz & mises ne se osoient presenter aux temples, Ce nonobstant voyant vostre splendeur Royalle, accompagnee d'une incompotable humanité ay prins mon addresse, non comme aux Roys de Perse, qu'il n'estoit nullement permis d'aller à eulx, ny moins s'en approcher. Mais a un tresprudent, a un tressage prince j'ay consacré mes nocturnes & prophetiques supputations, composees plus tost d'un naturel instinct, accompagné d'une fureur poëtique que par reigle de poësie, & la plus part compose & accordé à la Calculation astronomique, correspondant aux ans, moys, & sepmaines des regions, contrees & de la plus part des villes & citez de toute l'Europe comprenant de l'Affrique & une partie de l'Asie par le changement des regions, qui s'approchent la plus part de tous ses climatz, & composé d'une naturelle

5

faction : respondra quelcun qui auroit bien besoing de soy moucher la rithme estre autant facile comme l'intelligence du sens est difficile. Et pource ò tres-humanissime Roy la plus part des quatrains prophetiques sont tellement scabreux que lon ny scavroit donner voye ny moins aucuns interpreter, toutes fois esperant de laisser par escript les ans, villes, citez, & regions ou la plus part adviendra, mesme de l'annee 1585. & de l'annee 1606 acommançant depuis le temps present, qui est le quatorziesme de Mars 1557. & passant oultre bien loing jusques a l'advenement qui sera apres au commencement du septiesme millenaire profondement supputé, tant que mon calcul astronomique & autre sçavoir s'a peu estendre, ou les adversaires de Jesus Christ & de son eglise commenceront plus fort de pulluler, le tout a esté compose & calculé en jours & heures d'election & bien disposees, & le plus justement qu'il m'a esté possible. Et le tout Minerva libera, & non invicta, Supputant presque autant des adventures du temps advenir, comme des eages passez, comprenant de present & de ce que par le cours du temps par toutes regions l'on cognoistra advenir tout ainsi nommeement comme il est escript, ne y meslant rien de superflu, combien que lon dic : Quod de futuris non est determinata omnino veritas. Il est bien vray, Sire, que pour mon naturel instinct qui m'a esté donné par mes avites ne cuidant presager, & presager, adjoustant

6

& accordant iceluy naturel instinct avec ma longue supputation uny & vuidant l'ame, l'esprit, & le courage toute cure, solicitude, & facherie par repos & tranquilité de l'esprit. Le tout accordé & presagé l'une partie tripode æneo. Combien qu'ilz sont plusieurs qui me attribuent ce qu'est autant a moy, comme de ce que n'en est rien, Dieu seul eternel, qui est perscrutateur des humains courages pie, Juste, & misericordieux, en est le vray Juge, Auquel je prie qu'il me vueille deffendre de la calumnie des mechantz, qui voudroyent aussi calumnieusement s'enquerir pour quelle cause tous voz antiquissimes progeniteurs Roys de France ont guery des escrouelles, & des autres nations ont guery de la morsure des serpens, les autres ont heu certain instinct de l'art divinatrice, & d'autres cas qui seroit longs ici a racompter. Ce nonobstant ceulx a qui la malignité de l'esprit maling ne sera comprins par le cours du temps apres la terrenne mienne extinction, plus sera mon escrit que a mon vivant, ce pendant si a ma supputation des ages je faillois ou ne pourroit estre selon la volonté d'aucuns, Plaira a vostre plus que imperialle majesté me pardonner. Protestant devant Dieu & ses sainctz que je ne pretens de mettre rien quelconques par escript en la presente epistre qui soit contre la vraye foy catholique, conferant les calculations astronomiques, jouxte mon scavoir : Car l'espace de temps de noz premiers,

7

qui nous ont precedez sont telz, me remettant soubz la correction de plus sain jugement, que le premier homme Adam fut devant Noë environ mille deux cens quarante deux ans, ne computant les temps par la supputation des gentilz, comme a mis par escript Varron : mais tant seulement selon les sacrees escriptures, & selon la foiblesse de mon esprit, en mes calculations astronomiques : Apres Noë de luy & de l'universel deluge vint Abraham environ mille huictante ans lequel a esté souverain astrologue, selon aucuns, il inventa premier les lettres caldeiques, apres vint Moyse environ cinq cens quinze ou seize ans, & entre le temps de David a Moyse ont esté cinq cens septante ans, la environ. Puis apres entre le temps de David & le temps de nostre sauveur, & redempteur Jesus Christ, nay de l'unique vierge, ont esté selon aucuns Cronographes mille trois cens cinquante ans, pourra objecter quelcun ceste supputation n'estre veritable, pource qu'elle differe a celle de Eusebe. Et depuis le temps de l'humaine redemption jusques a la seduction detestable des sarrazins, sont esté six cens vingt & un an, là environ, depuis en ça lon peut facilement colliger quelz temps sont passez, si la mienne supputation n'est bonne & valable par toutes nations, pour ce que tout a esté calculé par le cours celeste, par association de esmotion infuse a certaines heures delaissees, par l'esmotion des mes antiques progeniteurs :

8

Mais l'injure du temps ô serenissime Roy requiert que telz secretz evenemens ne soyent manifestez, que par ænigmatique sentence, n'ayant que un seul sens, & unique intelligence, sans y avoir rien mis d'ambigue ne emphibologique calculation : mais plus tost soubz obnubilee obscurité par une naturelle infusion approchant a la sentence d'un des mille & deux prophetes, qui ont esté depuis la creation du monde jouxte la supputation & Cronique punique de Joel, Effundam spiritum meum super omnem carnem & prophetabunt filii vestri & filiæ vestræ, Mais telle prophetie procedoit de la bouche du saint esprit, qui estoit la souveraine puissance eternelle, adjoincte avec la celeste a d'aucuns de ce nombre ont predit de grandes & esmerveillables adventures : Moy en cest endroict je ne m'attribue nullement tel tiltre. Ja a Dieu ne plaise, je confesse bien que le tout vient de Dieu & luy en rendz graces, honneur & louange immortelle, sans y avoir meslé de la divination que provient a fato. Mais a Deo: a natura, & la plus part accompagnee du mouvement du cours celeste, tellement que voyant comme dans un mirouer ardant, comme par vision obnubilee, les grans evenements tristes prodigieux, & calamiteuses adventures qui s'aprochent par les principaulx culteurs. Premierement des temples de Dieu, secondement par ceulx qui sont terrestrement soustenuz s'approcher

9

telle decadence, avecques mille autres calamiteuses adventures, que par le cours du temps on cognoistra advenir : Car Dieu regardera la longue sterilité de la grand dame, qui puis apres concevra deux enfans principaulx : Mais elle periclitant, celle qui luy sera adjoustee par la temerité de l'eage de mort periclitant dedans le dixhuictiesme ne pouvant passer le trente sixiesme que en delaissera trois masles, & une femelle, & en aura deux, celuy qui n'en eut jamais d'un mesme pere, des trois freres seront telles differences puis unies & accordees que les trois & quatre parties de l'Europe trembleront : par le moindre d'eage sera la monarchie Chrestienne sostenue, augmentee : sectes eslevees, & subitement abaissees, Arabes reculez, Royaumes unyz, nouvelles Loix, promulguees, des autres enfans le premier occupera les Lions furieux coronnez, tenantz les pattes dessus les armetz intrepidez. Le second se profondera si avant par les Latins accompagné, que sera faicte la seconde voye tremblante & furibonde au mont Jouis descendant pour monter aux pyrenees ne sera translatee à l'antique monarchie, sera faite la troysieme innondation de sang humain, ne se trouvera de long temps Mars en caresme. Et sera donnee la fille pour la conservation de l'Eglise chrestienne, tombant son dominateur a la paganisme secte des nouveaux infidelles, elle aura deux enfans l'un de fidelité,

10

& l'autre d'infidelité par la confirmation de l'eglise catholique. Et l'autre qui a sa grande confusion & tarde repentance la vouldra ruyner, seront trois regions par la extreme difference des ligues c'est assavoir la Romanie, la Germanie, l'Espaigne, qui feront diverses sectes par main militaire, delaissant le 50. & 52. degrez de hauteur, & feront tous hommaige des regions loingtaines aux regions de l'Europe de Septentrion du 48. degrez d'hauteur, qui premier par vayne timidité tremblera, puis les plus occidentaulx, meridionaulx & orientaulx trembleront, telle sera leur puissance, que ce qui se fera par concorde & union insuperable des conquestes belliques. De nature seront egaulx : mais grandement differentz de foy. Apres cecy la dame sterile de plus grande puissance que la seconde sera receuë par deux peuples, par le premier obstiné par celuy qui a eu puissance sur tous par le deuxiesme & par le tiers qui estendra ses forces vers le circuit de l'Orient de l'Europe aux pannons l'a proflige & succombé & par voyle marine fera ses extensions a la Trinacrie Adriatique par Mirmidons & Germaniques du tout succombé, & sera la secte Barbarique du tout des Latins grandement affligee & deschassee. Puis le grand empyre de l'Antechrist commencera dans la Atila & Zerses descendre en nombre grand & innumerable, tellement que la venue du saint Esprit procedant du 48. degrez fera transmigration, deschassant

11

à l'abomination de l'Antechrist, faisant guerre contre le royal qui sera le grand vicaire de Jesus Christ, & contre son eglise, & son regne per tempus, & in occasione temporis, & precedera devant une eclypse solaire le plus obscur, & le plus tenebreux, qui soit esté depuis la creation du monde jusques a la mort & passion de Jesus Christ, & de la jusques icy & sera au moys d'Octobre que quelque grande translation sera faite, & telle que lon cuydera la pesanteur de la terre avoir perdu son naturel mouvement, & estre abismee en perpetuelles tenebres, seront precedans au temps vernal & sen ensuyvant apres d'extremes changemens permutations de regnes, par grands tremblemens de terre, avec pullulation de la neufve Babylonne fille miserable augmentee par l'abomination du premier holocauste, & ne tiendra tant seulement que septante trois ans, sept moys, puis apres en sortira du tige, celle qui avoit demeuré tant long temps sterile procedant du cinquantiesme degré qui renouvellera toute l'eglise Chrestienne. Et sera faicte grande paix union & concorde entre ung des enfans des frons esgarez & separez par divers regnes, & sera faicte telle paix que demeurera ataché au plus profond baratte le sucitateur & promoteur de la martialle faction par la diversité des religieux & sera uny le Royaume du Rabieux qui contrefera le sage.

12

Et les contrees, villes, citez, Regnes, & province qui auront delaissé les premieres voyes pour se delivrer se captivant plus profondement seront secretement fachés de leur liberté, & perfaicte religion perdue, commanceront de frapper dans la partie gauche, pour tourner à la dextre, & remettant la saincteté profligee de long temps avec leur pristin escript que apres le grand chien sortira le plus gros matin, qui fera destruction de tout, mesme de ce que auparavant sera esté perpetré, seront redressés les temples comme au premier temps & sera restitué le clerc a son pristin estat, & commencera a meretricquer & luxurier, faire & commettre mille forfaictz. Et estant proche d'une autre desolation par lors qu'elle sera a sa plus haulte & sublime dignité se dresseront de potentatz & mains militaires & luy seront ostez les deux glaives, & ne luy demeurera que les enseignes, desquelles par moyen de la curvature qui les attire le peuple le faisant aller droict, & ne voulant se condescendre a eux par le bout opposite de la main aygu touchant terre vouldront stimluler jusques a ce, que naystra d'un Rameau de la sterile, de long temps, qui delivrera le peuple univers de celle servitude benigne & volontaire, soy remettant a la protection de Mars, spoliant Jupiter de tous des honneurs & dignitez, pour la cité libre, constitutee & assize dans une autre exigue mezopotamie. Et sera le chef & gouverneur jecté du milieu,

13

& mys au hault lieu de l'ayr ignorant la conspiration des conjurateurs, avecques le second trasibulus, qui de long temps aura manié tout cecy, alors les immundicitez, les abominations seront par grande honte objectees & manifestees aux tenebres de la lumiere obtenebre, cessera devers la fin du changement de son regne & les chiefz de l'Eglise seront en arriere de l'amour de Dieu, & plusieurs d'entre eulx apostateront de la vraye Foy, & des troys sectes, celle du milieu, par les culteurs d'icelle sera ung peu mys en decadence. La prime totallement par L'europe, la plus part de l'Affrique exterminee de la tierce, moyennant les povres d'Esprit, que par insensez eslevez par la luxure libidineuse adultereront. La plebe se levera soubstenant, dechassera les adherans des legislateurs, & semblera que les Regnes affoyblis par les orientaulx que Dieu le Createur aye deslie satan des prisons infernales, pour faire naistre le grand Dog & Dogam, lesquelz feront si grande fraction abominable aux eglises que les Rouges ne les blancs sans yeulx ne sans mains plus n'en jugeront. Et leur sera ostee leur puissance a lors sera faicte plus de persecution aux eglises que ne fut jamais, & sur ces entrefaictes naistra la pestilence si grande que des trois pars du monde plus que les deux defauldront. Tellement qu'on ne scaura ne cognoistra les appartenans, des champs & maisons, & naistra l'herbe par les rues des citez

14

plus haulte que les genoulx. Et au clerge sera
faicte totalle desolation, & usurperont les Marciaulx : ce
que sera retourné de la cité du Soleil de Melite, & des
isles Stechades & sera ouverte la grande cheyne du port
qui prend sa denomination au beuf marin. Et sera faite
nouvelle incursion par les maritimes plages,
vollant le sault Castulum delivrer de la premiere reprise
Mahumetane. Et ne seront du tout leurs assaillemens
vains, & au lieu que jadis fut l'habitation de Abraham,
sera assaille par personnes qui auront en veneration les
Jovialistes. Et icelle cité de Achem sera environnee &
assaillie de toutes pars en tresgrande puissance de gens
d'armes. Seront affoiblies leurs forces maritimes par
les occidentaulx, & a ce regne sera faicte grande desola-
tion, & les plus grandes citez seront depeuplees, & ceulx
qui entreront dedans, seront comprins a la vengeance de
l'yre de Dieu. Et demeurera le sepulchre de tant grande
veneration par l'espace de long temps soubz le serain a
l'universelle vision des yeulx du ciel, du soleil, & de la
lune, & sera converty le lieu sacré en ebergement de
tropeau menu & grand, & adapté en substances
prophanes. O quelle calamiteuse affliction sera par lors
aux femmes enceintes, & sera par lors du principal chef
oriental la plus part esmeu par les septentrionaulx &
occidentaulx vaincu, & mis a mort, profligez, & le reste
en fuite & ses enfans de plusieurs femmes

15

emprisonnez, & par lors sera accomplie la prophetie du Royal Prophete, Ut audiret gemitus compeditorum, ut solveret filios interemptorum, quelle grande oppression que par lors sera faicte sus les princes & gouverneurs des royaumes mesme de ceulx qui seront maritimes & orientaux & leurs langues entremeslees a grande societé, la langue des Latins & des Arabes par la communication punique, & seront tous ses Roys orientaux chassez profligez exterminez, non du tout par moyen des forces des Roys d'Aquilon, & par la proximité de nostre
siecle par moyen des trois unys secretement cherchant la mort & insidies par embusches l'un de l'autre, & durera le renouvellement du triumvirat sept ans, que la renommee de telle secte fera son estendue par l'univers, & sera soubstenu le sacrifice de la saincte & immaculee hostie, & seront lors les Seigneurs deux en nombre, d'Aquilon victorieux, sur les orientaux, & sera en iceulx faict si grand bruict & tumulte bellique, que tout iceluy orient tremblera de l'effrayeur d'iceulx freres non freres Aquilonaires. Et pour ce, Sire, que par ce discours je metz presque confusement ses predictions & quant ce pourra estre & l'advenement d'iceulx, pour le denombrement du temps qui sensuit qu'il n'est nullement ou bien peu conforme au superieur, lequel tant par voye astronomique que par autre, mesme des sacrees escriptures, qui ne peuvent faillir nullement, que si je voulois a ung

16

chacun quatrain mettre le denombrement du temps
ce pourroit faire : Mais a tous ne seroit agreable, ne
moings les interpreter, jusques a ce, Sire, que vostre
Majesté m'aye octroyé ample puissiance pour ce faire,
pour ne donner cause aux calumniateurs de me mor-
dre. Toutesfois comptans les ans depuis la creation
du monde jusques à la naissance de Noë, sont passez
mille cinq cens & six ans, & depuis la naissance de Noë
jusques a la parfaicte fabrication de l'arche approchent
de l'universelle inundation passerent six cens ans si les
dons estoyent Solaires ou lunaires ou de dix mixtions. Je
tiens ce que les sacrees escriptures tiennent qu'estoient
Solaires. Et a la fin d'iceulx six cens ans Noë entra dans
l'arche pour estre saulve du deluge, fut iceluy deluge
universel sus la terre, dura un an & deux moys. Et depu-
is la fin du deluge jusques a la nativité d'Abraham passa
le nombre des ans de deux cens nonante cinq. Et dep-
uis la nativité de Abraham jusques a la nativité de Isaac,
passerent cent ans. Et depuis Isaac jusques à Jacob,
soixante ans, des l'heure qu'il entra dans Egipte, jusques
a l'yssue d'iceluy passerent cent trente ans. Et depuis
l'entree de Jacob en Egypte jusques a l'yssue d'iceluy
passerent quatre cens trente ans. Et depuis l'yssue
d'Egipte jusques a la edification du temple faicte par
Salomon au quatriesme an de son regne passerent quatre
cens octante ou quatre

vingts ans. Et depuis l'edification du temple jusques a Jesus Christ selon la supputation des hierographes passerent quatre cens nonante ans. Et ainsi par ceste supputation que j'ay faicte colligee par les sacrees lettres sont environ quatre mille cent septante trois ans, & huict moys peu ou moins. Or de Jesuchrist en ça par la diversité des sectes, se le laisse & ayant supputé & calculé les presentes propheties, le tout selon l'ordre de la chaysne qui contient sa revolution le tout par doctrine astronomique, & selon mon naturel instinct, & apres quelque temps & dans iceluy comprenant depuis le temps que Saturne qui tournera entrer a sept du moys d'Avril jusques au 25. d'Aoust Jupiter a 14. de Juin jusques au 7. d'Octobre, Mars depuis le 17. d'Avril jusques au 22. de Juing, Venus depuis le 9. d'Avril, jusques au 22. de May, Mercure depuis le 3. de Fevrier, jusques au 27. dudit. En apres du premier de Juing jusques au 24. dudit & du 25. de Septembre jusques au 16. d'Octobre Saturne en Capricorne Jupiter en Aquarius, Mars en Scorpio, Venus en Pisces, Mercure dans un moys en Capricorne Aquarius & Pisces, la lune en Aquarius la teste du dragon en libra : la queue a son signe opposite suyvant une conjonction de Jupiter a Mercure, avec un quadrin aspect de Mars a Mercure, & la teste du dragon sera avec une conjonction du Soleil a Jupiter, l'annee sera pacifique sans eclipse, & non du tout, &

18

sera le commencement comprenant se de ce que durera & commençant icelle annee sera faicte plus grande persecution a l'eglise Chrestienne que n'a esté faicte en Affrique & durera ceste icy jusques l'an mille sept cens nonante deux que lon cuydera estre une renovation de siecle apres commancera le peuple Romain de se redresser & deschasser quelques obscures tenebres recevant quelque peu de leur pristine clarté, non sans grande division & continuelz changemens. Venise en apres en grande force, & puissance levera ses aysles si treshault ne distant gueres aux forces de l'antique Rome, & en iceluy temps grandes voyles Bisantines associees aux ligustiques par l'appuy & puissance Aquilonaire donnera quelque empeschement que des deux Cretenses ne leur sera la Foy tenue. Les arcz edifiez par les antiques Marçiaux s'acompagneront aux undes de Neptune en l'Adriatique sera faicte discorde grande, ce que sera uny sera separé approchera de maison ce que paravant estoit & est grande cité comprenant le Pempotam la mesopotamie de l'Europe a quarante cinq, & autres de quaranteung, quarantedeux, & trentesept, & dans iceluy temps & en icelles contrees la puissance infernalle mettra à l'encontre de l'eglise de Jesus Christ la puissance des adversaires de sa loy, qui sera le second antechrist, lequel persecutera icelle eglise son vray vicaire par moyen de la puissance des Roys temporelz,

19

qui seront par leur ignorance seduitz par langues qui trencheront plus que nul glaive entre les mains de l'insense le susdit regne de l'antechrist ne durera que jusques au definement de ce nay pres de l'eage & de l'autre a la cité de Plancus acompagnez de l'esleu de Modene Fulcy par Ferrare maintenu par liguriens Adriatiques & de la proximité de la grande Trinacrie. Puis passera le mont Jovis. Le Galique ogmium acompagné de si grand nombre que de bien loing l'Empire de la grande loy sera presenté & par lors & quelque temps apres sera espanché profuscement le sang des Innocens par les nocens ung peu eslevez, alors par grand deluges la memoire des choses contenues de telz instrumens recevra innumerable perte mesme les lettres : qui sera devers les Aquilonaires par la volonté divine & entre une foys lyé satam. Et sera faicte Paix universelle entre les humains, & sera delivree l'eglise de Jesus Christ de toute tribulation, combien que par les Azoarains voudroit mesler dedans le miel du fiel, & leur pestifere seduction, & cela sera proche du septiesme millenaire que plus le sainctuaire de Jesus Christ, ne sera conculqué par les infideles qui viendront de l'Aquilon, le monde aprochant de quelque grande conflagration, combien que par mes supputations en mes propheties les cours du temps aille beaucoup plus loing. Dedans l'Epistre que ces ans passez ay

20

dedié à mon fils Cesar Nostradamus j'ay assez apertement declaré aucuns poinctz sans presage. Mais icy, O sire sont comprins plusieurs grands & merveilleux advenemens que ceulx qui viendront apres les verront & durant icelle supputation Astrologicque conferee aux sacrees lettres la persecution des gens ecclesiastiques prendra son origine par la pussiance des Roys aquilonaires unys avecques les orientaux, & celle persecution durera xj. ans quelque peu moings, que par lors defaillira le principal Roy aquilonaire, lesquelz ans acomplis surviendra son uny meridional qui persecutera encore plus fort par l'espace de troys ans les gens d'eglise, par la seduction apostatique d'un qui tiendra toute pussiance absolue a l'eglise militante & le sainct peuple de Dieu observateur de sa loy & tout ordre de religion sera grandement persecuté & affligé, tellement que le sang des vrays ecclesiasticques nagera par tout, & un des horribles Roys temporelz, par ses adherans luy seront donnees telles louanges qu'il aura plus respandu de sang humain des innocentz ecclesiastiques que nul ne scavroit avoir du vin, & iceluy Roy commetra de forfaictz envers l'eglise incroyables, coulera le sang humain par les rues publiques & temples, comme l'eau par pluye impetueuse, & rougiront de sang les plus prochains fleuves, & par autre guerre navalle rougira la mer que le raport d'un Roy a l'autre luy sera dit.

21

Bellis rubuit navalibus æquor. Puis dans la mesme annee & les suyvantes s'en ensuivra la plus horrible pestilence, & la plus merveilleuse par la famine precedante, & si grandes tribulations que jamais soit advenue telle depuis la premiere fondation de l'Eglise Chrestienne & par toutes les regions Latines. Demeurant par les vestiges en aucunes contrees des Espagnes. Par lors le tiers Roy Aquilonaire entendant la plainte du peuple de son principal tiltre dressera si grande armee & passera par les destroitz de ses derniers avites & bisayeulx qui remettra la plus part en son estat, & le grand vicaire de la cappe sera remis en son pristin estat, mais desolé & puis du tout habandonné & tournera estre *Sancta Sanctorum*, destruicte par paganismes & le vieux, & nouveau testament seront dechassez, bruslez en apres l'antecrist sera le prince infernal, encores par la derniere foy trembleront tous les Royaumes de Chrestienté & aussi des infidelles par l'espace de 25. ans, & seront plus grieves guerres & batailles, & seront villes citez chasteaux & tous autres edifices bruslez desolez destruictz, avec grande effusion de sang vestal, mariees, & vefves violees, enfans de laict contre les murs des villes allidez & brisez, & tant de maux se commettront par le moyen de Satan prince infernal, que presque le monde universel se trouvera defaict & desolé, & avant iceulx advenemens aucuns oyseaulx insolites

22

crieront par l'air. Huy, huy, & seront apres quelque temps esvanouys, & apres que tel temps aura duré longuement sera presque renouvellé un autre regne de Saturne, & siecle d'or, Dieu le createur dira entendant l'affliction de son peuple, Satan sera mis & lyé dans l'abisme du barathre dans la profonde fosse, & adoncques commencera entre Dieu & les hommes une paix universelle & demeurera lyé environ l'espace de mille ans, & tornera en sa plus grande force, la puissance ecclesiastique, & puis torne deslié. Que toutes ces figures sont justement adaptees par les divines lettres aux choses celestes, visibles c'est assavoir par Saturne Jupiter & Mars, & les autres conjoinct comme plus a plain par aulcuns quadrins lon pourra veoir. J'eusse calculé plus profondement & adapté les ungs avecques les autres. Mais voyant ò sereniss. Roy que quelcuns de la censure trouveront difficulté qui sera cause de retirer ma plume a mon repos nocturne, Multa etiam ò rex omnium potentissismè præclara & Sanè in brevi ventura sed omnia in hac tua epistola innectere non possumus, nec volumus, sed ad intelligenda quædam facta, horrida fata, pauca libanda sunt, quamvis tanta sit in omnes tua amplitudo & humanitas homines deósque pietas ut solus amplissimo & Christianissimo regis nomine, & ad quem summa totius religionis auctoritas deferatur dignus esse videare. Mais tant

23

seulement je vous requiers ò Roy tresclement par icelle vostre singuliere & prudente humanité de entendre plus tost le desir de mon courage, & le souverain estude que j'ay de obeyr a vostre serenissime Majesté, depuis que mes yeulx furent si proches de vostre splendeur solaire, que la grandeur de mon labeur ne attainct ne requiert. De Salon ce xxvij. de Juing. Mil cinq cens cinquantehuit.

Faciebat Michaël Nostradamus Salonæ Petræ Provinciæ.

Reproduction of the Letter to Henry (1568 Lyon)

www.ingramcontent.com/pod-product-compliance
Lightning Source LLC
Chambersburg PA
CBHW081738100526
44592CB00015B/2230